ALINE SAMPAIO MARCATTO

365 doses
de sabedoria
e coragem

DEVOCIONAL

seja **mulher sábia**

CITADEL
Grupo Editorial
2025

Devocional Seja mulher sábia

1ª edição: Maio 2025

Autor:
Aline Sampaio Marcatto

Revisão:
Debora Capella
Gabriel Silva

Diagramação e capa:
Jéssica Wendy

DADOS INTERNACIONAIS DE CATALOGAÇÃO NA PUBLICAÇÃO (CIP)

Marcatto, Aline Sampaio
Devocional Seja mulher sábia : 365 doses de sabedoria e coragem / Aline Sampaio Marcatto.
— Porto Alegre : Citadel, 2025.
416 p.

ISBN: 978-65-5047-632-8

1. Devoções diárias 2. Mulheres - Vida cristã 3. Orações I. Título

25-1711 CDD - 242.2

Angélica Ilacqua - Bibliotecária - CRB-8/7057

Produção editorial e distribuição:

CITADEL Grupo Editorial

contato@citadel.com.br
www.citadeleditora.com.br

A mulher sábia edifica a sua casa, mas com as próprias mãos a insensata derruba a sua.
PROVÉRBIOS 14:1

Eu estou orando por você.

Prefácio

Ser convidada para prefaciar esta obra mais uma vez encheu meu coração de alegria e vou explicar por quê!

Em 2023, quando fui apresentada a este projeto, ouvi com atenção e interesse cada palavra que era dita com tanto entusiasmo pela Aline. Ela falava como uma gestante fala do bebê que ainda está sem forma em seu ventre; era um embrião, porém já sonhado e com muita expectativa para a sua chegada!

Agora não se trata mais de um embrião, mas sim de algo que **já vimos como verdade**, nossos olhos já viram o que aconteceu através desse devocional.

Na época, aceitei de prontidão prefaciá-lo, era fácil acreditar naquele sonho e ser contagiada pelo sentimento que transbordava da escritora, afinal de contas **essa virtude de uma vida com devocional é facilmente notada na essência da Aline, é explícita em seu dia a dia e em suas atitudes!**

Porém, voltar aqui um ano depois me traz um sentimento muito diferente. Me lembra da declaração de Jó 42:5: "Meus ouvidos já tinham ouvido a teu respeito, mas agora os meus olhos te viram". **Agora não se trata mais de um embrião, mas sim de algo que já vimos como verdade, nossos olhos já viram o que aconteceu através deste devocional.**

A primeira edição do *Devocional Seja mulher sábia* foi um sucesso, já são milhares de mulheres alcançadas com palavras diárias de sabedoria e direção! Além disso, tivemos a surpresa de ver este devocional se tornando um dos mais ouvidos nas principais plataformas digitais do nosso país.

Retomando a analogia que fiz com o embrião, ele está só no seu primeiro ano... Esta edição sem dúvida será linda e edificante; afinal de contas, como a festa do primeiro aninho de um bebê, ele também merece ser muito celebrado, mas é impossível não dizer o óbvio: trata-se apenas do começo de uma longa trilha de sucesso que está pela frente!

Aline, que Deus te dê graça, sabedoria e força para continuar abençoando mulheres em todos os lugares, tornando cada mulher que tem acesso a este devocional mais sábia em seus desafios diários, que são muitos. Que sejamos sábias, e com certeza este devocional nos ajudará nessa missão.

Bispa Jeiza Pontes

À minha incrível esposa

É com muito amor e admiração que dedico estas palavras a você. Cada página deste livro é uma expressão genuína da sua fé, da sua sabedoria e do seu amor por Deus, virtudes que eu tenho a honra de testemunhar e aprender com você.

A sua busca pela verdade, a sua fé inabalável e o seu compromisso com a vida espiritual são fontes de inspiração para todos nós. O que está registrado nestas páginas não são apenas palavras impressas, mas a verdade que você vive, diariamente, e o legado que ensinará à nossa filha. É uma honra estar ao seu lado nessa jornada!

Sou realmente muito privilegiado por ter você ao meu lado todos os dias cuidando da nossa família com tanta sabedoria! A cada ano que você atende ao chamado de Deus as provas aumentam, e sou testemunha da sua obediência e determinação em fazer tanto por todos nós!

Que as palavras e o exemplo da Aline toquem muitos corações, vidas e lares. Assim como tocam a minha vida, todos os dias, de maneira profunda e transformadora.

Com amor eterno,

Gustavo Marcatto

Introdução

Olá, lindona!

É com imensa alegria que apresento a você o **Devocional Seja Mulher Sábia,** criado especialmente para mulheres que desejam fortalecer sua fé e caminhar lado a lado com Deus enquanto equilibram os desafios diários. Este devocional será um verdadeiro refúgio, onde você encontrará direção e inspiração na Palavra de Deus ao longo de 365 dias.

Acredito profundamente no poder transformador da leitura da Palavra. Ela nos orienta, exorta e consola nos momentos mais desafiadores, nutrindo nossa alma e trazendo vida ao nosso ser. A vida moderna muitas vezes nos sobrecarrega com ansiedades e distrações, fazendo-nos esquecer do que realmente importa. Aqui, chamo essa prioridade de **"Ordem: Deus, Saúde, Família e Trabalho".** Mantenha essa ordem e, ao ajustá-la, você descobrirá como desfrutar de uma vida próspera e feliz.

Este devocional não é apenas um livro; é um guia para uma vida com propósito, paz, alegria e sucesso. Estou aqui para inspirá-la a buscar a orientação de Deus nas principais áreas da sua vida.

Juntas, descobriremos e executaremos o grande plano que Deus tem para nós, porque sem disciplina não há liberdade.

Como aproveitar ao máximo o devocional

1. Separe um tempo da sua manhã

Começar o dia com um tempo dedicado ao devocional é fundamental. A manhã é um momento especial para se conectar com Deus, antes das distrações e da correria. Ao separar esse tempo, você cria um espaço sagrado onde pode ouvir a voz de Deus e refletir sobre Suas promessas. Lembre-se de que esse tempo é um presente para você e uma oportunidade de renovar suas forças e esclarecer seu propósito. Que tal estabelecer um horário fixo? Mesmo que sejam apenas quinze minutos, a constância fará toda a diferença.

2. Pegue a sua Bíblia

A Bíblia é a Palavra de Deus e a sua fonte de sabedoria. Ao abrir as páginas desse livro sagrado, você se permite ser guiada por ensinamentos que transformam vidas. Acompanhe os versículos de cada dia do seu devocional. Ao ler, procure entender o que Deus está dizendo a você e como essas palavras se aplicam à sua vida. Anote suas reflexões; isso ajudará a fixar as mensagens no seu coração e a fortalecer sua fé.

3. Faça uma oração

A oração é a chave para um relacionamento íntimo com Deus. Reserve um momento para falar com Ele, expressando sua gratidão, suas preocupações e seus desejos. Lembre-se de que a oração não precisa ser formal; seja sincera e converse com Deus como você faria com uma amiga próxima. Peça direção, sabedoria e força para enfrentar os desafios do dia. A prática da oração transformará sua mente e trará paz ao seu coração, lembrando-lhe de que você nunca está sozinha.

4. Coloque um louvor

A música é uma poderosa forma de adoração e pode elevar seu espírito. Escolha uma canção que toque seu coração e coloque-a para tocar enquanto medita ou ora. O louvor não só enche sua alma de alegria, mas também ajuda a alinhar sua mente com a verdade de quem Deus é. Cantar ou ouvir louvores prepara seu coração para receber as promessas de Deus e transforma a atmosfera ao seu redor. Deixe que a música a inspire e fortaleça sua jornada de fé.

Com amor,

Aline Sampaio Marcatto

A intimidade com Deus
é o que muda o jogo da sua vida!

Agradecimentos

Eu agradeço primeiramente a Deus.

Sem Ele, nada disso seria possível. Foi Deus quem me deu a ordem de realizar o **Devocional Seja Mulher Sábia**, e sou imensamente grata por ter sido escolhida para impactar tantas mulheres a cada dia.

Deus é minha prioridade, minha fonte inesgotável. Ele é meu primeiro todos os dias, minha força e meu renovo. Ouvir a voz de Deus e obedecer a esse chamado foi o que deu origem ao **Devocional Seja Mulher Sábia.** Esse devocional nasceu primeiramente no coração de Deus, e sem Ele nada disso existiria. Para Ele são todas as coisas.

Também quero agradecer à minha família. Ao meu marido, **incrível e maravilhoso**; à minha maior bênção, minha filha Helena; aos meus pais, e a todos que trabalham comigo, tanto na empresa quanto em casa. Sem vocês, isso não seria possível.

Escrever o devocional exige muita dedicação da minha parte, e eu só consigo porque tenho pessoas incríveis que me auxiliam, que estão ao meu lado e que acreditam neste projeto comigo. Vocês estão dispostas a viver os sonhos de Deus ao meu lado, por isso expresso minha mais profunda gratidão.

Vocês são a razão pela qual meus dias têm mais significado, e sou grata por todo o amor, apoio e compreensão que me oferecem ao longo dos anos. Vocês são um canal de bênção na minha vida, e sou muito grata por tê-las todos os dias.

E, por fim, eu agradeço a cada seguidora, a cada pessoa que lê e que ouve o **Devocional Seja Mulher Sábia** no Spotify diariamente, e que tem sido reabastecida em Deus através das palavras que o Espírito Santo tem colocado na minha boca.

Oração da mulher sábia

Minha oração diária pela sua vida

*Sim, mulher sábia, eu oro
todos os dias por você.*

Que o seu dia seja abençoado.

*Que agora você seja revestida
do poder de Deus.*

*Que a sua mente esteja blindada
e que você esteja coberta com
toda a armadura do Senhor.*

*Que a sua força venha de Deus,
que Ele a encha de sabedoria.*

*Que você seja uma mulher sábia
por onde passar, e que a alegria
do Senhor transborde de você.*

*Que você seja uma mulher
transbordante — transbordante
da presença de Deus.*

*Que a presença de Deus a acompanhe
em cada lugar que você for.*

*Onde você colocar a planta
dos seus pés, que a presença
de Deus esteja com você.*

*Que você leve paz, amor e a bondade
de Deus por onde passar.*

*Em nome de Jesus, que Ele a
guie em tudo que você fizer.*

*Que tudo em que você colocar
as mãos prospere.*

*Que você seja luz por onde andar,
e que as pessoas possam olhar
para a sua vida e ver Jesus.*

*Que você permaneça firme, forte,
constante e enraizada em Deus.*

*Que os frutos do Espírito Santo
surjam de você todos os dias.*

*Hábitos ruins, cansaço e desânimo
não terão lugar em você.*

*Que você não tenha medo, mas avance
em Deus, lembrando-se sempre de
que o medo não vem de Deus.*

Deus lhe deu poder, amor e equilíbrio.

*Mantenha-se focada em
buscar a presença d'Ele.*

*Que Ele seja o primeiro todos
os dias na sua vida.*

*Que você descanse em Deus,
sabendo que Ele está cuidando
de todas as coisas.*

Confie em Deus.

*A boa promessa, a boa obra
que Ele começou na sua vida,
Ele vai concluir até o fim.*

Não desista. Não pare de crer. Confie.

Eu estou orando por você.

Oração dos filhos

Meu Pai, eu entro na Tua presença agora para Te agradecer e Te louvar pela vida da Helena, pela vida da minha filha.

Que a Helena seja uma menina abençoada.

Que por onde a Helena colocar a planta dos pés hoje, ela leve a Tua luz.

Que ela seja bênção por onde passar.

Que a Helena cresça nos Teus caminhos, sabendo da sua identidade em Cristo.

Eu abençoo a identidade da Helena.

Que a identidade dela seja formada em Cristo durante todo o seu desenvolvimento.

Eu abençoo a vida da Helena, os passos da Helena, e declaro que tudo o que ela fizer, tudo em que ela colocar as mãos será bem-sucedido e próspero. Que o maior amor da vida da Helena seja sempre o Senhor, porque sei que se ela amar o Senhor acima de todas as coisas, tudo o que ela fizer será bem-sucedido e abençoado.

Eu abençoo você, minha filha, com saúde mental.

Eu abençoo você, minha filha, com possibilidades.

Você será uma menina segura. Você será uma menina abençoada.

Eu abençoo você, minha filha, com humildade.

Eu profetizo humildade sobre a sua vida. Eu profetizo amor.

Eu profetizo sabedoria sobre a sua vida.

Em nome de Jesus, que o Senhor te livre de todo o mal e que você seja bênção por onde for.

Em nome de Jesus.

Amém.

Metas do ano

Não inverta a ordem.

Quais são os seus objetivos para este ano, **mulher sábia**?

Deus	Saúde

Família	Trabalho

JANEIRO

Mês do Emunah
Creio em Deus

—

"Eu asseguro: Quem ouve a minha palavra e crê naquele que me enviou tem a vida eterna e não será condenado, mas já passou da morte para a vida."

JOÃO 5:24

Eu tenho uma palavra de Deus para o seu mês.

Leia o QR Code e assista.

A força da presença do Pai

01 | JAN

Em cada desafio e incerteza, Deus promete estar ao seu lado.

Devocional 1/365

@devocionalmulhersabia

"Não temas, porque eu sou contigo; não te assombres, porque eu sou o teu Deus; eu te esforço, e te ajudo, e te sustento com a destra da minha justiça."

ISAÍAS 41:10

Lindona, imagine uma viajante que se perdeu em uma noite escura e tempestuosa, que não consegue ver a estrada à frente, se sentindo completamente sozinha e desorientada. O medo e a ansiedade tomam conta dela, pois a escuridão parece interminável e as suas dúvidas se multiplicam. Mas uma luz surge no horizonte, e ela não apenas é visível, como também dá calor e segurança. Essa luz é uma guia que mostra o caminho e assegura à viajante que ela não está sozinha. Essa luz é a promessa de Deus para cada uma de nós.

Em nossas vidas, enfrentamos momentos de escuridão e incertezas, seja um desafio no trabalho, uma crise pessoal, ou até um sentimento de solidão. Nesses momentos, o medo pode se instalar e deixar a sensação de que estamos caminhando sem rumo, sem saber como superar as dificuldades.

Mas, mulher sábia, em cada desafio e incerteza, Deus promete estar ao seu lado. Ele não apenas está presente, mas também te dá a força necessária para enfrentar as adversidades. A promessa de Deus é clara: "não temas, porque eu sou contigo". Então, não permita que o medo e a ansiedade roubem a sua paz. Que você encontre coragem e serenidade na promessa de que Deus está sempre com você. Ao longo do seu dia, lembre-se dessa verdade e deixe que ela seja a luz que ilumina o seu caminho. Confie em Deus e saiba que, independentemente das circunstâncias, Ele é o seu Deus e está contigo.

Eu estou orando por você!

REFLEXÃO

GRATIDÃO

NÃO INVERTA A ORDEM

- Deus
- Saúde
- Família
- Trabalho

Intimidade gera fé

"Ora, a fé é o firme fundamento das coisas que se esperam e a prova das coisas que se não veem."

HEBREUS 11:1

02 | JAN

A fé nos transforma, pois nos permite enxergar além do presente.

Devocional 2/365

@devocionalmulhersabia

Lindona, a fé é uma força poderosa, uma certeza interior que nos leva a acreditar e a viver de acordo com promessas e verdades que ainda não se manifestaram aos nossos olhos. Hebreus 11:1 nos lembra de que a fé não é apenas uma crença vaga ou um desejo passageiro, mas uma convicção profunda e firme em algo que não podemos ver, embora saibamos que é real.

A fé nos dá a confiança necessária para lidar com os desafios e as incertezas. Ela é o combustível que nos impulsiona a esperar pelo melhor, mesmo quando as circunstâncias parecem desfavoráveis. A fé nos transforma, pois nos permite enxergar além do presente, acreditando que Deus está trabalhando em nossas vidas, mesmo quando não podemos perceber.

Mulher sábia, identifique hoje uma área de sua vida em que você está lutando para ver o resultado desejado. Faça uma oração de fé pedindo a Deus para fortalecer sua convicção e ajudá-la a esperar com esperança e confiança. Transforme a sua fé em uma rocha inabalável: *Senhor Deus, agradeço Te pela dádiva da fé, que me permite confiar em Ti e esperar com certeza pelo que ainda não vejo. Fortalece minha fé para que eu possa enfrentar os desafios da vida com confiança e esperança. Ajuda-me a ver além das dificuldades e a acreditar na Tua fidelidade e nas Tuas promessas. Em nome de Jesus, amém.*

Eu estou orando por você!

REFLEXÃO

GRATIDÃO

NÃO INVERTA A ORDEM

- Deus
- Saúde
- Família
- Trabalho

03 | JAN

"De sorte que a fé é pelo ouvir, e o ouvir pela palavra de Deus."
ROMANOS 10:17

Mulher sábia, Deus tem um caminho bom e abundante para você.

Devocional 3/365

@devocionalmulhersabia

Mulher sábia, nunca crie expectativas em pessoas, mantenha-as somente em Deus. O tamanho da expectativa que você cria nas pessoas será o tamanho da sua frustração. É um perigo enorme caminhar segundo as palavras de pessoas, pois o mundo está barulhento e maldoso, mas Deus tem um caminho bom, um caminho certo e uma vida em abundância para você.

Na Bíblia, Deus fala que quer que todas nós tenhamos vida em abundância. Para viver essa vida em abundância, é preciso ser guiada pela voz de Deus, e não pela voz do mundo ou pelo que dizem bem ou mal de você. Não dê ouvidos ao que falam sobre você, pois isso não muda quem você é diante de Deus.

A opinião de Deus sobre você é uma só: você é filha amada, por quem Ele deu o único Filho para morrer naquela cruz. E é esta certeza que você tem: a do amor de Deus por você e do quanto Ele cuida dos seus caminhos.

Para aumentar a sua fé todos os dias, é preciso tempo com Deus, buscando intimidade com Ele. Conhecer Deus não só de ouvir falar, mas de caminhar com Ele.

Eu estou orando por você!

REFLEXÃO

GRATIDÃO

NÃO INVERTA A ORDEM

- Deus
- Saúde
- Família
- Trabalho

O amor da vida eterna

"Porque Deus amou o mundo de tal maneira que deu o seu Filho unigênito, para que todo aquele que nele crê não pereça, mas tenha a vida eterna."
JOÃO 3:16

Lindona, mais importante do que o que conquistamos no mundo é o que conquistamos na eternidade. Tudo o que conquistamos no mundo passa, nada vai ficar. O que importa, na verdade, é o que se conquista na eternidade. O que você tem conquistado para a sua eternidade?

O seu amor por Deus precisa ser maior do que tudo, a sua intimidade e a sua busca diária por Deus têm que ser o seu primeiro passo. Você precisa buscar Deus de todo o seu coração e demonstrar esse amor por meio das suas atitudes e ações.

O que a Bíblia mais nos mostra é que Deus não apenas nos ama, como também demonstra esse amor. O amor de Deus por nós é muito mais do que uma emoção, é muito mais do que uma intenção. Ele é demonstrado a todo o tempo até hoje. Então, olhe para a sua vida, para tudo o que Deus já fez e todo o amor que Ele tem demonstrado por você em tantos cuidados e livramentos.

Deus nos amou tanto que demonstrou esse amor inúmeras vezes, mas a principal foi quando enviou o Seu único filho para morrer naquela cruz por nós. Por isso, nunca duvide do amor de Deus por você. Nunca duvide da fidelidade do Senhor; se Ele prometeu, é fiel para cumprir.

Eu estou orando por você!

04 | JAN

Nunca duvide da fidelidade do Senhor; se Ele prometeu, é fiel para cumprir.

Devocional 4/365

@devocionalmulhersabia

REFLEXÃO

GRATIDÃO

NÃO INVERTA A ORDEM

Deus
Saúde
Família
Trabalho

Calma na tempestade

05 | JAN

Aquiete o seu coração e saiba que você tem um Deus que está com você no barco e acalma a sua alma ansiosa.

Devocional 5/365

@devocionalmulhersabia

REFLEXÃO

GRATIDÃO

NÃO INVERTA A ORDEM

- Deus
- Saúde
- Família
- Trabalho

"Aquietai-vos e sabei que eu sou Deus; serei exaltado entre as nações; serei exaltado sobre a terra."

SALMO 46:10

Mulher sábia, sempre haverá tempos tempestuosos em nossas vidas, mas saiba que a tempestade nunca vem para destruir, e sim para aproximar você de Deus. Ela serve para gerar intimidade com o Pai e elevar o seu relacionamento com Ele. A tempestade sempre antecede um novo tempo do Senhor na sua vida. Deus não impede que as tempestades venham, mas está presente até nesses momentos, pois Ele é soberano.

Quando Jesus ficou preso em um barco durante uma tempestade com Pedro e Tiago, Ele não apenas ficou com os discípulos durante a tempestade, mas também demonstrou seu poder ao acalmá-la. Às vezes há circunstâncias na sua vida que parecem não ter jeito ou solução. Contudo, é nesses momentos que Deus entra e permanece; Deus não sai do barco. E, além de não sair do barco, Ele acalma a tempestade.

Então, quando as dificuldades, o medo e a dor persistirem, confie que Deus lhe dará a paz que excede todo o entendimento. Aquiete o seu coração e saiba que você tem um Deus que está com você no barco e acalma a sua alma ansiosa. A palavra de Deus fala que o verdadeiro amor lança fora todo o medo. Quanto mais você aumentar o amor e a confiança no seu Deus, menos medo você vai ter. Por isso, gere intimidade com Deus e creia que durante a tempestade Ele está ao seu lado.

Eu estou orando por você!

Descanse, mas não desista

"Mas os que esperam no Senhor renovarão as suas forças e subirão com asas como águias; correrão e não se cansarão; caminharão e não se fatigarão."

ISAÍAS 40:31

06 | JAN

A alegria do Senhor é a sua força, Ele é o seu sustento e o seu ânimo.

Lindona, quando estiver cansada, aprenda a descansar no Senhor e nunca desistir. Nosso Deus renova as nossas forças. Nos dias em que você se sentir exausta, peça ao Senhor para renovar suas forças e lhe dar o sono justo. Quando você acordar, terá suas energias restauradas para viver mais um dia que agrada ao coração d'Ele.

O que nos faz ficar cansadas é a busca incansável, é estar o tempo todo com a mente ansiosa e com medo. O medo e a ansiedade a cansam. E o medo não vem de Deus, porque a Palavra fala que Deus lhe deu poder e amor. Aprenda a ter equilíbrio para que as suas forças sejam renovadas todos os dias.

A alegria do Senhor é a sua força, Ele é o seu sustento e o seu ânimo em qualquer situação. Se você se entregar ao cansaço, ele a puxa para um grande desânimo. Por isso é muito importante você aprender a descansar e entender a prioridade de cuidar do seu corpo para alimentá-lo com nutrientes que deem energia e ânimo. A força que vem de Deus é sobrenatural, inigualável e faz você resistir a qualquer situação. Quando você espera em Deus, sai da condição de cansaço e exaustão e se torna uma pessoa cheia de vida e em abundância.

Eu estou orando por você!

REFLEXÃO

GRATIDÃO

NÃO INVERTA A ORDEM

- Deus
- Saúde
- Família
- Trabalho

Deus proverá

07 | JAN

"Porque andamos por fé e não por vista."
2 CORÍNTIOS 5:7

Porque Deus vai prover, então não viva pelo que vê, mas pelo que crê e creia que Deus proverá.

Devocional 7/365

@devocionalmulhersabia

Para vivermos a promessa de Deus, mulher sábia, precisamos dar um passo de fé e andar não pelo que se vê, pelo óbvio ou fácil, mas ficar atenta à voz do Espírito Santo de Deus porque é Ele quem a direciona. Assim como Deus disse para a Abraão "larga a tua Terra, a tua parentela, a tua comodidade e vai para a Terra que Eu te mostrarei". Porque Deus vai prover, então não viva pelo que vê, mas pelo que crê, e creia que Deus proverá.

A fé em Deus é o que cura; por meio dela você tem certeza da salvação, e ela traz alegria e esperança de um futuro melhor. Por meio da fé você alegra e agrada o coração do Senhor. A fé é a base da oração, e por meio dela vencemos a maldade do mundo.

Vivemos dias difíceis em que o inimigo quer abalar justamente nossa fé, destruir nossa casa, nossa família. Por isso, tenha os ouvidos atentos para a voz de Deus e saiba que ele vai prover, mesmo quando você olhar adiante e não conseguir ver.

Você, que é uma mulher sábia, não pode andar pelo que você vê, mas sim pelo que crê.

Eu estou orando por você!

REFLEXÃO

GRATIDÃO

NÃO INVERTA A ORDEM

- Deus
- Saúde
- Família
- Trabalho

Pedir com confiança

"Peça-a, porém, com fé, não duvidando; porque o que duvida é semelhante à onda do mar, que é levada pelo vento e lançada de uma para outra parte."

TIAGO 1:6

08 | JAN

A vontade de Deus para sua vida é boa, perfeita e agradável.

Devocional 8/365

@devocionalmulhersabia

Lindona, o Pai nos atende porque Ele é bom. A Palavra fala que nós não somos bons, porque Jesus falou: "vocês, que não são pessoas boas, sabem fazer coisas boas aos seus filhos". Se mesmo não tendo um coração bom só desejamos dar o melhor para um filho, imagine Deus Pai, que é perfeito e bondoso. Você acha que Ele não quer atender os desejos do seu coração, ou que a vontade Dele para a sua vida não é boa, perfeita e agradável?

A vontade de Deus para sua vida é boa, perfeita e agradável, por isso você precisa aprender a pedir para Deus com confiança, com fé e sem duvidar do que o seu Deus pode fazer e que Ele tem o melhor para você.

A Palavra também fala que todas as coisas cooperam para o seu bem. Quando você entende essa premissa de que tudo está cooperando para o seu bem, aprende a confiar. Deus ama quando temos um coração que confia, independentemente da circunstância.

Creia em Deus, não duvide que Ele a ama de uma forma que não dá para mensurar e ama realizar os desejos mais íntimos do seu coração. Mulher sábia, receba esta mensagem no seu coração e comece a viver uma vida acreditando que o seu Deus pode fazer além. Peça e descanse em nome de Jesus.

Eu estou orando por você!

REFLEXÃO

GRATIDÃO

NÃO INVERTA A ORDEM

- Deus
- Saúde
- Família
- Trabalho

Ore com coração aberto

09 | JAN

"E tudo o que pedirdes na oração, crendo, o recebereis."
MATEUS 21:22

Quando você ora de coração aberto, está convidando Deus para entrar no seu mundo.

Devocional 9/365

@devocionalmulhersabia

REFLEXÃO

GRATIDÃO

NÃO INVERTA A ORDEM

- Deus
- Saúde
- Família
- Trabalho

Uma oração é simplesmente uma conversa de coração aberto entre você e Deus, é simplesmente rasgar o seu coração diante d'Ele. Mulher sábia, você precisa aprender a ter orações estratégicas diante de Deus.

Quando você ora de coração aberto, está convidando Deus para entrar no seu mundo, na sua casa. Mulher sábia, você é a mulher de oração dentro do seu lar. Você é o posicionamento dentro da sua casa. Você e a sua oração têm poder sobre a vida do seu esposo, sobre a vida dos seus filhos.

Então você precisa todos os dias fazer uma oração e abrir seu coração diante de Deus para Ele trazer os frutos do espírito sobre a sua vida. Quando orar de coração aberto, ainda que as ansiedades venham, elas não permanecerão. Tenha sempre conversas de coração aberto com Deus, abra o seu coração para o Pai, porque tudo o que você pedir em oração, se você crer, você receberá.

Creia que o nosso Deus é muito maior do que qualquer dificuldade que você esteja passando hoje. Seja constante diante de Deus, e tudo o que pedir em oração, se você crer, Ele vai lhe dar.

Eu estou orando por você!

Peça e lhe será dado

"Por isso, vos digo que tudo o que pedirdes, orando, crede que o recebereis e tê-lo-eis."

MARCOS 11:24

10 | JAN

O seu pedir nunca deve ser maior do que o seu louvor e a sua gratidão a Deus.

Devocional 10/365

@devocionalmulhersabia

Partindo da premissa de que é preciso pedir, buscar e bater (sendo o "bater" a ação), Jesus nos ensina a pedir, buscar e bater. Se ninguém bater, nenhuma porta vai se abrir; se ninguém buscar, nada encontrará; se ninguém pedir, ninguém vai receber.

Lindona, o nosso "pedir" é muito importante e valioso, porque demonstra nossa confiança em Deus, e Ele se agrada ao ver que confiamos n'Ele de coração. Pedir é buscar Deus de todo o coração, com louvor, oração e tempo de devocional. O "bater" é agir, é fazer a sua parte, pois Deus tem prazer em realizar os desejos do nosso coração, mas é essencial tomar cuidado para que as nossas petições não excedam o nosso louvor e a nossa gratidão. Não precisamos pedir mais do que as coisas pelas quais somos gratas. Quando você equilibra o pedir com o louvor e a gratidão, o ato de pedir a Deus se torna algo maravilhoso. É lindo pedir algo para Deus, acreditar que Ele fará, e depois presenciar a realização em sua vida, sua casa e sua família.

Deus se alegra em realizar os desejos mais íntimos do seu coração, mas Ele faz isso com sabedoria, no tempo d'Ele e da forma d'Ele. Por isso, nunca desista de pedir, buscar e bater. Mas lembre-se sempre: o seu pedir nunca deve ser maior do que o seu louvor e a sua gratidão a Deus.

Eu estou orando por você!

REFLEXÃO

GRATIDÃO

NÃO INVERTA A ORDEM

- Deus
- Saúde
- Família
- Trabalho

Você é filha amada

11 | JAN

Você não tem motivo para ficar abatida, caída e desanimada. Levante-se e se posicione porque Deus tem grandes coisas para fazer na sua vida.

Devocional 11/365

@devocionalmulhersabia

"Quem crê no Filho de Deus em si mesmo tem o testemunho; quem em Deus não crê mentiroso o fez, porquanto não creu no testemunho que Deus de seu Filho deu."

1 JOÃO 5:10

Deus tem prazer em ouvir a oração de uma filha. Para isso, é preciso que você entenda a sua identidade em Deus. Mulher sábia, n'Ele você é filha amada, em quem Ele tem muito prazer. Quando você entende a sua real identidade de ser escolhida e amada por um Pai, você entende que Ele tem prazer em ouvi-la e realizar os desejos mais íntimos do seu coração.

A vida é marcada por recomeços; sendo assim, recomece e não olhe para o que você perdeu ou onde você parou. Esqueça o que ficou para trás e fixe os seus olhos no que está à sua frente. Olhe para o alto porque é do alto que vem o seu sustento.

Lindona, se você está viva, é porque o Senhor tem um plano para a tua vida, e o melhor ainda está por vir. Confie nesta verdade: o nosso Deus pode nos dar tudo, basta buscar primeiro o Reino de Deus e a sua justiça, e tudo mais será acrescentado. É a hora de você parar de buscar coisas e começar a buscar um relacionamento íntimo e sincero com o Pai.

O Reino de Deus está dentro de você, e, com a sua real identidade de filha amada, você tem livre acesso a esse Reino. Por isso, você não tem motivo para ficar abatida, caída e desanimada. Levante-se e se posicione porque Deus tem grandes coisas para fazer na sua vida.

Eu estou orando por você!

REFLEXÃO

GRATIDÃO

NÃO INVERTA A ORDEM

- Deus
- Saúde
- Família
- Trabalho

As virtudes de ter um pai

"Posso todas as coisas naquele que me fortalece."
FILIPENSES 4:13

12 | JAN

O nosso Pai é um Deus que não só fala, mas faz.

Devocional 12/365

@devocionalmulhersabia

Esta mensagem é para você, mulher sábia, que talvez não tenha uma imagem tão positiva do pai terreno e, assim, acabe vinculando tal figura ao seu relacionamento com Deus. Lembre-se de que o nosso Deus é perfeito, Ele não erra e não falha, então pare de comparar Deus com o seu pai terreno. Você tem um Deus Pai que é amor e cuida de você nos detalhes.

Deus é amor e nos ama tanto que prova esse amor o tempo todo. O nosso Pai é um Deus que não só fala, mas faz. Ele cura, cuida, protege, e o Seu amor é infinito, incondicional, indescritível, eterno, inigualável, profundo, puro e verdadeiro. Entenda o quanto você é amada.

O amor de Deus se revela a nós em forma de entrega genuína, uma entrega que ninguém mais poderia fazer por você. Ele entregou o Seu único filho para morrer no seu lugar, mesmo sem você ser merecedora; e, diferentemente do amor do mundo, Ele é perfeito e nunca decepciona. O amor de Deus também se manifesta em provisão, não lhe falta nada. O amor de Deus se manifesta em correção, pois o pai corrige, repreende e disciplina o filho que ama.

Você é filha amada, então nunca deixe ninguém tirar essa verdade do seu coração; e, se você ainda não reconheceu o Senhor Jesus Cristo como seu único Senhor Salvador, ainda há tempo. Faça hoje uma oração, aceitando Jesus.

Eu estou orando por você!

REFLEXÃO

GRATIDÃO

NÃO INVERTA A ORDEM

- Deus
- Saúde
- Família
- Trabalho

Fortifique-se na fé, e não no mundo

13 | JAN

Só Deus quebra prisões, porque tudo o que vem de Deus é liberdade e traz paz.

Devocional 13/365

@devocionalmulhersabia

"E não duvidou da promessa de Deus por incredulidade, mas foi fortificado na fé, dando glória a Deus; e estando certíssimo de que o que ele tinha prometido também era poderoso para o fazer."

ROMANOS 4:20-21

Talvez você esteja vivendo algumas prisões, seja financeira, emocional ou espiritual. Contudo, lindona, saiba que toda algema pode ser quebrada pelo sobrenatural de Deus, pois Ele cumpre promessas e não é homem para mentir; o que Ele promete sempre cumpre. Por isso, você precisa começar a acreditar no sobrenatural de Deus.

Deus deseja que a sua família e a sua casa sejam libertas e passem por restauração para ter a dupla honra e a dignidade. Só Deus quebra prisões, porque tudo o que vem de Deus é liberdade e traz paz.

Para começar a viver o sobrenatural de Deus hoje e fortificar na fé, você precisa estar ligada com o que é espiritual, e não com o que é mundano. Para isso, você precisa estar em uma aliança com Deus e entregar a sua vida para Cristo.

Busque intimidade com Deus e tenha tempo de qualidade, faça orações e devocionais para gerar intimidade. Faça jejum, para modificar a sua carne e vivificar o Espírito Santo de Deus. O jejum a tira das coisas carnais do mundo para fortificar a sua fé e aumentar o seu louvor. E tenha expectativa, porque sem expectativa você não terá experiência.

Eu estou orando por você!

REFLEXÃO

GRATIDÃO

NÃO INVERTA A ORDEM

- Deus
- Saúde
- Família
- Trabalho

Olhando para a promessa

"Olhando para Jesus, autor e consumador da fé, o qual, pelo gozo que lhe estava proposto, suportou a cruz, desprezando a afronta, e assentou-se à destra do trono de Deus."

HEBREUS 12:2

14 | JAN

Não olhe para o momento, olhe para a promessa.

Devocional 14/365

@devocionalmulhersabia

Lindona, não olhe para o momento, mas para a promessa. A jornada de José foi assim, ele não tirou os olhos da promessa. Por mais que as circunstâncias pareçam totalmente contrárias, talvez a sua vida hoje se encontre toda desregulada, mas permaneça firme porque você tem promessa, e a sua casa servirá ao Senhor, de vida eterna, de uma vida abundante. José tinha promessa, mas precisou primeiro superar diversos desafios.

Ele foi vendido como escravo pelos irmãos, sofreu inveja daqueles que viviam com ele. José chegou no fundo do poço, passou por inúmeras tentações, por injustiça, prisão. Mas ele saiu do fundo do poço e chegou até o palácio; e eu quero lhe falar hoje que o que é impossível para os homens é possível para o Senhor, porque a palavra de Deus nos fala que para Ele tudo é possível.

Aquelas experiências foram fundamentais para José chegar à promessa, para desenvolver habilidades necessárias para assumir o cargo de governador. O que você está passando hoje, o processo que está enfrentando é fundamental para você viver as promessas de Deus. O que você precisa é olhar para a promessa, e não para o momento, e perseverar, pois no tempo certo tudo vai se cumprir. Então, mulher sábia, não desista. Persevere e faça da intimidade com Deus o seu estilo de vida. Continue, olhe para o alto e não desista. Olhe para a promessa.

Eu estou orando por você!

REFLEXÃO

GRATIDÃO

NÃO INVERTA A ORDEM

- Deus
- Saúde
- Família
- Trabalho

A fé que move montanhas

15 | JAN

"Não coloque um limite ou duvide de Deus, pois para Ele nada é impossível.

Devocional 15/365

@devocionalmulhersabia

"E Jesus lhes disse: Por causa da vossa pequena fé; porque em verdade vos digo que, se tiverdes fé como um grão de mostarda, direis a este monte: Passa daqui para acolá – e há de passar; e nada vos será impossível."

MATEUS 17:20

O nosso Deus cumpre promessas e não é homem para mentir. O que Ele promete, Ele sempre cumpre. Por isso, lindona, você precisa acreditar no sobrenatural de Deus.

Durante a nossa jornada de vida, montanhas em forma de dificuldades surgem, e para vencê-las é necessário que você tenha fé, entregando e confiando tudo para Deus, pois Ele cuida de você nos detalhes. Muitas pessoas se frustram porque depositam a fé em coisas ou pessoas ou confiam só em si mesmas; entenda que a sua fé não tem que estar em pessoas, e sim em Deus. Não coloque um limite ou duvide de Deus, não classifique o que é fácil ou difícil para Deus, pois para Ele nada é impossível. Não classifique Deus com seu olhar mundano, descanse em Deus de verdade. Não continue querendo fazer com seus próprios braços e sua própria força o que já entregou para Deus. Faça o que Deus ordena, tenha uma vida de intimidade com Ele e busque-O de todo o seu coração.

Se você tem montes que precisam ser movidos na sua vida, confie em Jesus e entregue de coração para Ele. Faça uma oração, entregando nas mãos de Deus, e você vai ver que o impossível Ele vai fazer.

Eu estou orando por você!

REFLEXÃO

GRATIDÃO

NÃO INVERTA A ORDEM

- Deus
- Saúde
- Família
- Trabalho

Em nome de Jesus

"E tudo quanto pedirdes em meu nome, eu o farei, para que o Pai seja glorificado no Filho. Se pedirdes alguma coisa em meu nome, eu o farei."

JOÃO 14:13-14

16 | JAN

Você pode todas as coisas no nome de Jesus, você pode mover montanhas no nome d'Ele, porque todo o que n'Ele crê receberá por meio do Seu nome.

Devocional 16/365

@devocionalmulhersabia

Lindona, há um poder tremendo no nome de Jesus, e você precisa entender esse poder. O nome representa o caráter, é o que diferencia uma pessoa da outra; quando chamamos alguém pelo nome, estamos declarando algo sobre essa pessoa. Contudo, o nome de Jesus não é apenas um nome, mas o poder sobrenatural e a autoridade que vêm de Deus. Quando você declara em nome de Jesus, está declarando em nome do Salvador, daquele que é por nós, que faz por nós, que nos livra do pecado, que nos livra do nosso fracasso.

Existe um segredo espiritual para liberar um poder sobrenatural sobre a sua vida; basta ter fé e crer no poder do nome de Jesus. Comece a declarar hoje em poder do nome de Jesus e peça a Deus que lhe dê entendimento, sabedoria do poder que existe no nome d'Ele.

Você pode todas as coisas no nome de Jesus, você pode mover montanhas no nome d'Ele, porque todo o que n'Ele crê receberá por meio do Seu nome. Olhe o poder e a autoridade que você tem no nome de Jesus, existe autoridade e poder no nome de Jesus. Apodere-se do Seu nome para curar e libertar.

Eu estou orando por você!

REFLEXÃO

GRATIDÃO

NÃO INVERTA A ORDEM

- Deus
- Saúde
- Família
- Trabalho

Com Deus você está segura

17 | JAN

"Entrega o teu caminho ao Senhor; confia nele, e ele tudo fará."

SALMO 37:5

Mergulhe mais fundo, faça d'Ele a sua prioridade, e viva de uma forma transbordante em Deus. Transborde e frutifique.

Devocional 17/365

@devocionalmulhersabia

Lindona, podemos ver o amor de Deus por nós em diversos versículos da Bíblia, e a segurança que Ele nos oferece é incomparável. Estar em Deus é a única forma de nos sentirmos verdadeiramente seguras, porque Ele é a fonte de segurança, amor e proteção. Por isso, hoje quero desafiá-la a se envolver mais com Deus e a Sua palavra, em proporções maiores do que você já tem feito. Mergulhe mais fundo, faça d'Ele a sua prioridade, e viva de uma forma transbordante em Deus. Quando vivemos apenas o "suficiente", não transbordamos nem frutificamos.

O que Deus quer de você hoje é que você viva uma vida transbordante. E o que é uma vida transbordante? É quando o Espírito Santo transborda em você a tal ponto que você perde o controle da sua própria vida e se deixa ser levada pelo poder d'Ele. Quando você vive apenas pelo suficiente, não há transbordo e, portanto, não há fruto.

Comece hoje a dedicar menos tempo às coisas do mundo, ao que é mundano, e coloque seu foco naquilo que Deus ensina e promete. É assim que você vai se sentir segura, fortalecida e em paz, em nome de Jesus.

Eu estou orando por você!

REFLEXÃO

GRATIDÃO

NÃO INVERTA A ORDEM

- Deus
- Saúde
- Família
- Trabalho

Fé para o impossível

"E disse o Senhor: Se tivésseis fé como um grão de mostarda, diríeis a esta amoreira: Desarraiga-te daqui e planta-te no mar, e ela vos obedeceria."

LUCAS 17:6

18 | JAN

Os dias bons cooperam para o seu bem e os dias ruins também.

Devocional 18/365

@devocionalmulhersabia

O segredo da vida cristã é acreditar no impossível, porque é fácil termos fé quando tudo vai bem. O segredo da vida cristã é andar com Deus, crendo e alegre quando as coisas fogem do seu controle, porque você confia em Deus.

Comece a reparar na sua vida: você tem ficado feliz, grata, firme e constante nos dias difíceis? Mulher sábia, não fique firme e forte só nos dias bons, porque eles também passam. O segredo é estar firme, constante e forte nos dias desafiadores, crendo no Deus a quem serve, sabendo que Ele vai fazer além e que os dias desafiadores passam. É saber que tudo está cooperando para o bem, porque a palavra de Deus fala que todas as coisas cooperam para o bem daqueles que amam a Deus. Se você ama a Deus de todo o coração, entende o princípio de que tudo está cooperando para o seu bem. Os dias bons cooperam para o seu bem e os dias ruins também.

Deixe o seu coração em paz sabendo que Deus está cuidando da sua casa, dos seus filhos, do seu esposo, do seu trabalho. Descanse em Deus, aprenda a saber que você tem um Deus do impossível.

Eu estou orando por você!

REFLEXÃO

GRATIDÃO

NÃO INVERTA A ORDEM

- Deus
- Saúde
- Família
- Trabalho

Estejam alertas, de joelhos dobrados

19 | JAN

"Vigiai, estai firmes na fé, portai-vos varonilmente, e fortalecei-vos."

1 CORÍNTIOS 16:13

> Você precisa estar alerta e posicionada para, quando o inimigo chegar, encontrá-la de joelhos dobrados.

Devocional 19/365

@devocionalmulhersabia

Esteja vigilante, se mantenha firme na fé, seja uma mulher de coragem. Mulher sábia, você precisa estar alerta em sua casa, precisa estar posicionada e alerta para, quando o inimigo chegar, já a encontrar com os joelhos dobrados, para ele ter que bater em retirada. Porque em seu lar existe uma mulher posicionada, uma mulher que já está com os joelhos dobrados.

Esteja alerta, firme na fé, forte, corajosa; e tudo o que você fizer, faça com amor. Essas ações podem se aplicar a todos os dias da sua vida, em qualquer momento e situação. Quando você se descuida e não permanece atenta é que as coisas acontecem; a palavra de Deus fala para vigiar e orar sem cessar. E você, como uma mulher sábia dentro do seu lar, precisa estar vigilante em oração o tempo todo.

Faça tudo com amor, não grite, não seja mulher briguenta em tua casa. Esteja alegre, animada e firme na fé. Seja forte e corajosa; e tudo o que você fizer no dia de hoje, faça com amor.

Eu estou orando por você!

REFLEXÃO

GRATIDÃO

NÃO INVERTA A ORDEM

- Deus
- Saúde
- Família
- Trabalho

Nunca perca a esperança

"Ora, o Deus de esperança vos encha de todo o gozo e paz em crença, para que abundeis em esperança pela virtude do Espírito Santo."

ROMANOS 15:13

20 | JAN

O choro pode durar uma noite, mas a alegria vem pela manhã. O inverno não é para sempre, a dor um dia vai acabar.

Devocional 20/365

@devocionalmulhersabia

Lindona, você pode perder qualquer coisa, mas nunca perca a sua esperança em Deus. É muito triste ver uma pessoa sem esperança; se você chegou até aqui, se o Senhor a sustentou, é porque manteve a sua esperança em Deus.

Os problemas e as adversidades do dia a dia tendem a tirar a esperança e trazer uma sensação de estar em um beco sem saída, acreditando que tudo está acabado, mesmo que isso seja mentira. A desesperança nos deixa com a visão escura e sem fé, mas lembre-se de que você tem um Deus que pode a encher de alegria e paz, porque sempre vai haver o amanhã. E a palavra de Deus fala que o choro pode durar uma noite, mas a alegria vem pela manhã. O inverno não é para sempre, a dor um dia vai acabar.

Ter esperança é saber esperar e descansar, aprender a cair, mas continuar entendendo que tudo está cooperando para o seu bem. Quando conseguir compreender isso, nada vai pará-la. Você vai continuar tentando e aprendendo. A esperança a move, mas também a mantém no chão. Pense em tudo o que já superou e que você teve esperança até aqui; e continue crendo que a saída sempre vem de Deus.

Eu estou orando por você!

REFLEXÃO

GRATIDÃO

NÃO INVERTA A ORDEM

- Deus
- Saúde
- Família
- Trabalho

Permaneça confiante e alegre

21 | JAN

O que os seus olhos ainda não viram é o que está prometido para você, por isso não importa como você começou, mas como vai terminar.

Devocional 21/365

@devocionalmulhersabia

"Ao qual, não o havendo visto, amais; no qual, não o vendo agora, mas crendo, vos alegrais com gozo inefável e glorioso."

1 PEDRO 1:8

Lindona, quando tudo parece perdido, quando parece que nada mais vai dar certo ou que é o fim, lembre-se: esse é apenas o início. Se hoje parece que é o seu fim, o fim da sua família, esse é só o início do voo mais lindo da sua história. O que os seus olhos ainda não viram é o que está prometido para você, por isso não importa como você começou, mas como vai terminar.

A palavra de Deus também fala que é melhor o fim das coisas que o princípio delas. Ainda dá tempo de o seu milagre acontecer, de a sua história ser transformada e de os seus sonhos serem realizados. Existe uma promessa que você e sua casa servirão ao Senhor; não desista da sua casa, da sua família, de viver a vida em abundância que Deus tem para você. Deus está lutando a seu favor. Você não está sozinha.

Existe uma vida em abundância preparada para você, e o melhor de Deus foi reservado para o final.

Eu estou orando por você!

REFLEXÃO

GRATIDÃO

NÃO INVERTA A ORDEM

- Deus
- Saúde
- Família
- Trabalho

Não recue, avance

"Mas o justo viverá da fé; e, se ele recuar, a minha alma não tem prazer nele."

HEBREUS 10:38

22 | JAN

A ordem de Deus para você hoje é: não recue, avance.

Devocional 22/365

@devocionalmulhersabia

Muitas pessoas têm desistido ou recuado na vida porque estão colocando a fé no lugar errado ou colocando as expectativas em pessoas. Mas, lindona, a sua expectativa tem que estar somente em Deus. Confie em Deus, não recue, e as montanhas da sua vida serão movidas.

Você precisa ter esperança, ter fé, continuar avançando, sem recuar, sem desistir. A ordem de Deus para você hoje é: não recue, avance. A Bíblia deixa muito claro que Deus não tem prazer na alma daqueles que desistem ou recuam, mas o diabo sim, ele deseja vê-la retrocedendo, parando e desistindo.

Se hoje você está passando por lutas, adversidades, não desista e não recue. Seu milagre está chegando. Você tem um Deus que cuida de você nos detalhes, e Ele está cuidando de tudo. Se estiver cansada, descanse, mas não desista.

Não recue, mulher sábia. Avance.

Eu estou orando por você!

REFLEXÃO

GRATIDÃO

NÃO INVERTA A ORDEM

- Deus
- Saúde
- Família
- Trabalho

O medo não vem de Deus

23 | JAN

"Quando você ama Deus de todo o coração, não tem por que temer. Não tema.

Devocional 23/365

@devocionalmulhersabia

"Porque Deus não nos deu o espírito de temor, mas de fortaleza, e de amor e de moderação."

2 TIMÓTEO 1:7

Deus não nos deu espírito de medo, mas de poder, amor e equilíbrio. A palavra "poder", do grego, significa habilidade. Enquanto o amor é o amor ágape, o amor fraterno, amor de irmão, boa vontade e equilíbrio, é *sophronismos*, que significa chamado, estabilidade da mente, moderação e autocontrole.

Deus lhe deu, mulher sábia, poder, amor e equilíbrio. Deu poder, força, habilidade, amor fraterno, amor de irmão, boa vontade, estabilidade da mente, das emoções, moderação, autocontrole, domínio próprio. Por isso, o medo não vem de Deus.

A Palavra fala que o verdadeiro amor lança fora todo o medo. Quando você ama Deus de todo o coração, não tem por que temer. Deus não lhe deu o espírito de medo, mas Ele a enche de poder, amor e equilíbrio, para que você seja uma mulher cheia do poder do Espírito Santo de Deus, cheia de amor com os seus. Que da sua vida transborde amor e você seja uma mulher equilibrada.

Eu estou orando por você!

REFLEXÃO

GRATIDÃO

NÃO INVERTA A ORDEM

- Deus
- Saúde
- Família
- Trabalho

A obra de Deus

"Jesus respondeu e disse-lhes: A obra de Deus é esta: que creiais naquele que ele enviou."

JOÃO 6:29

24 | JAN

Você foi criada para adorar a Deus, busque-O todos os dias em espírito e verdade.

Devocional 24/365

@devocionalmulhersabia

Uma das primeiras perguntas que fazemos ao conhecer alguém é: "O que você faz?" ou "Qual é o seu trabalho?". Muitas vezes, as pessoas são definidas pela profissão. Mas hoje eu quero lhe dizer, lindona, que você não é definida pelo que faz nem pela sua obra. Você é definida por Deus, mediante a Sua graça. Você foi criada para adorar a Deus em primeiro lugar. Se passássemos o dia adorando a Ele, estaríamos cumprindo o nosso papel de filhas amadas. O trabalho que Deus tem para você é confiar totalmente em Jesus e buscar o Reino de Deus para que todas as outras coisas lhe sejam acrescentadas.

Lógico que hoje vivemos em um mundo onde é preciso trabalhar, cuidar da casa, da família, isso faz parte do processo. Mas você precisa entender que, mesmo assim, todos os dias o primeiro tem que ser Jesus. Estar rendida aos pés d'Aquele que pode mudar o seu dia, d'Aquele que pode transformar a sua história, a sua sorte, que pode endireitar o seu caminho, que pode abrir uma porta, mas também pode fechar outra. Por isso, a sua sobra, o seu trabalho, tem que ser primeiramente buscar Deus de todo o seu coração.

A obra de Deus é que você creia em quem Ele enviou, que você busque Jesus todos os dias, em espírito e verdade. Você foi criada para adorá-Lo, para buscá-Lo em espírito.

Eu estou orando por você!

REFLEXÃO

GRATIDÃO

NÃO INVERTA A ORDEM

- Deus
- Saúde
- Família
- Trabalho

Tudo coopera

25 | JAN

Confie na promessa de vida e abundância, não perca a esperança e não recue. Seja ativa em Deus e aumente o louvor, mas não pare.

Devocional 25/365

@devocionalmulhersabia

"E sabemos que todas as coisas contribuem juntamente para o bem daqueles que amam a Deus, daqueles que são chamados por seu decreto."

ROMANOS 8:28

Há um tempo de Deus para todas as coisas, e tudo está cooperando para o seu bem, sejam coisas boas ou não. Tanto os dias bons quanto os ruins cooperam para o bem dos que amam a Deus, para aqueles que são chamados segundo o Seu propósito.

Tudo está cooperando para o seu bem, lindona. Você precisa mudar algumas coisas na sua vida e crer nessa verdade de todo o seu coração, para que nos dias ruins, nas notícias desagradáveis, nas horas em que as coisas não saem da forma que você quer, você não fique mais tão ansiosa, com medo ou frustrada. Para que entenda que Deus é um criador e tem o controle de todas as coisas.

Quando você ama a Deus, começa a ver a Sua mão em todas as áreas da vida e pode descansar na confiança de que Ele está trabalhando para o seu bem.

Para viver uma transformação, primeiro enxergue Deus no amor e busque-O de todo o seu coração, todos os dias Ele tem que ser o primeiro. Confie na promessa de vida e abundância, não perca a esperança e não recue. Seja ativa em Deus e aumente o louvor, mas não pare, e peça sabedoria diariamente. Se você aplicar tudo isso na sua vida, entenderá que tudo está cooperando para o seu bem e vai descansar no Senhor para viver o melhor d'Ele.

Eu estou orando por você!

REFLEXÃO

GRATIDÃO

NÃO INVERTA A ORDEM

- Deus
- Saúde
- Família
- Trabalho

Confiança na proteção do Senhor

"Em ti confiarão os que conhecem o teu nome; porque tu, Senhor, nunca desamparaste os que te buscam."

SALMO 9:10

26 | JAN

Você precisa se renovar em Deus para que a alegria d'Ele encha o seu coração.

Devocional 26/365

@devocionalmulhersabia

Lindona, nos momentos difíceis da vida, você precisa orar para que Deus mantenha o seu foco n'Ele. Peça a Ele que a ajude a não recuar e não desistir, para que você consiga permanecer constante em Deus e não deixar que as circunstâncias do momento ditem suas ações.

Não importa o que esteja enfrentando, não importa qual momento você esteja vivendo, você nunca vai passar pela batalha sozinha. Deus está com você em cada passo, preocupação ou situação que tenha um forte poder de roubar a sua alegria.

Você precisa orar constantemente para que a sua mente seja renovada em Deus e esteja blindada por esses pensamentos malignos que assombram todo dia. Você precisa se renovar em Deus para que a alegria d'Ele encha o seu coração e seja a sua força diária. Até o mais fervoroso cristão se cansa, mas você precisa aprender a descansar e nunca desistir. Você nunca vai estar imune a se cansar, mas Deus é sempre forte e a enche com a sua força, se permanecer com foco n'Ele.

Se lance na presença do senhor, a sua segurança tem que estar n'Ele; permaneça firme, fiel, constante, que Deus está cuidando de todas as coisas.

Eu estou orando por você!

REFLEXÃO

GRATIDÃO

NÃO INVERTA A ORDEM

Deus

Saúde

Família

Trabalho

Lance sua ansiedade

27 | JAN

A intimidade com Deus diminui a sua ansiedade; comece o dia entregando tudo nas mãos d'Ele.

Devocional 27/365

@devocionalmulhersabia

"Lançando sobre ele toda a vossa ansiedade, porque ele tem cuidado de vós."

1 PEDRO 5:7

A ansiedade sempre existiu, tanto é que Jesus falou que precisamos lançar a nossa ansiedade sobre Ele. Nos dias de hoje, estamos cada dia mais ansiosos, nossas crianças estão cada dia mais ansiosas porque têm visto pais ansiosos e preocupados. Por isso, você, como mulher sábia, precisa diminuir essa ansiedade.

A confiança surge com a intimidade em quem você conhece; e para conhecer você precisa dedicar tempo de qualidade. Ou seja, quanto mais você buscar um relacionamento íntimo com Deus, se dedicando a orar, mais confiará em Deus e lançará sobre Ele as suas preocupações.

É um desperdício vivermos ansiosas, porque a ansiedade não muda a situação; na verdade, ela piora e ainda lhe acrescenta noites maldormidas, gastrite, estresse, doenças de pele etc. O que pode mudar as coisas na sua vida é a intimidade com Deus, é a sua oração. A intimidade com Deus diminui a sua ansiedade, porque você confia que Ele cuida de todas as coisas. Comece o dia entregando tudo nas mãos de Deus. Quando você convida Deus de verdade, Ele participa do seu dia e você descansa lançando sobre Ele a sua ansiedade, pois Ele cuida de você.

Busque o Senhor seu Deus de todo o coração e alimente-se d'Ele, conte para Ele as suas aflições e dificuldades do dia e descanse porque Ele tem cuidado de você.

Eu estou orando por você!

REFLEXÃO

GRATIDÃO

NÃO INVERTA A ORDEM

- Deus
- Saúde
- Família
- Trabalho

Lance fora o medo

"No amor, não há temor; antes, o perfeito amor lança fora o temor; porque o temor tem consigo a pena, e o que teme não é perfeito em amor."

1 JOÃO 4:18

28 | JAN

A coragem fará de você uma mulher posicionada, que tem um Deus que está à frente, que guarda a sua entrada e a sua saída.

Devocional 28/365

@devocionalmulhersabia

É comum sentir medo em determinados tempos da nossa vida; medo do fracasso, da morte ou de perder alguém. Todos esses são medos que começamos a enfrentar desde a infância, e mesmo na caminhada cristã sentimos medo. Só que quando você entende esse versículo em que o perfeito amor lança fora o medo, começa a entender o amor de Deus por você.

Quando você caminha com Deus de verdade, supera os medos e as angústias. Quando você entende que o amor de Deus por você é muito maior do que o seu por Ele, você assume a real identidade em Deus de filha. O verdadeiro amor lança fora todo o medo, pois Cristo é maior que todos eles. Isso não quer dizer que você nunca mais vai ter medo de alguma coisa, mas sim que vai enfrentar com coragem.

Coragem não é ausência de medo. Essa coragem fará de você uma mulher posicionada, que tem um Deus que está à frente, que guarda a sua entrada e a sua saída e usa isso para vencer o medo. A palavra de Deus fala que diante do mundo você vai ter medo, mas tenha bom ânimo, tenha alegria, seja forte e corajosa, porque Ele venceu o mundo e o medo.

Eu estou orando por você!

REFLEXÃO

GRATIDÃO

NÃO INVERTA A ORDEM

- Deus
- Saúde
- Família
- Trabalho

Agradando a Deus com fé

29 | JAN

A obediência promove bênçãos, e só vive as promessas quem obedece aos princípios com prazer.

Devocional 29/365

@devocionalmulhersabia

"Ora, sem fé é impossível agradar-lhe, porque é necessário que aquele que se aproxima de Deus creia que ele existe e que é galardoador dos que o buscam."

HEBREUS 11:6

Entenda o princípio de que sem fé é impossível agradar a Deus. Partindo dessa premissa, você precisa fazer tudo, todos os dias, para aumentar a fé em Deus porque precisamos agradar a Deus e não às pessoas. A fé lhe dá confiança total no Senhor, na bondade d'Ele, e a certeza de que Ele é o Deus do impossível. Agrade a Deus tendo fé, se arrependendo pelos maus caminhos, obedecendo ao Pai, amando o próximo e sendo sincera.

O arrependimento precisa gerar a mudança de atitude; não somos perfeitos, todos falhamos, contudo precisamos perdoar e pedir perdão. O pecado insulta Deus, a obediência promove bênçãos, e só vive as promessas quem obedece aos princípios com prazer. Você será testada e tentada várias vezes, mas a obediência é a melhor coisa a se fazer.

Tenha um coração bondoso, generoso e sensível à voz de Deus, à dor do outro, à necessidade do outro; seja gentil, cordial e bondosa. Quando você faz o bem, mostra o amor de Deus e O deixa feliz.

Deus ama a sinceridade, por isso leve uma vida de mulher sábia, verdadeira e sincera e espelhe isso em atitudes. Deus sabe de todas as coisas e conhece o seu coração. Seja verdadeira com Deus e com as pessoas.

Eu estou orando por você!

REFLEXÃO

GRATIDÃO

NÃO INVERTA A ORDEM

- Deus
- Saúde
- Família
- Trabalho

Nunca desista de esperar em Deus

"Esforçai-vos, e ele fortalecerá o vosso coração, vós todos os que esperais no Senhor."

SALMO 31:24

30 | JAN

Você vai suportar esperar no Senhor e vai viver, por causa da sua obediência e da sua espera, o melhor de Deus para sua vida.

Devocional 30/365

@devocionalmulhersabia

Com certeza todo mundo já passou por um momento de espera em Deus. Quando há uma espera em Deus, quando você descansa no Senhor, vive o sobrenatural. A espera no Senhor anima e fortalece o seu coração. Isso significa que você deve confiar somente em Deus e exercitar a sua fé nesse tempo da espera.

A espera não vem para desanimá-la, mas para fortalecê-la quando você se sentir fraca ou desanimada. Esperar no Senhor não significa ficar parada, esperando que as coisas caiam do céu; pelo contrário, significa confiar que Deus está trabalhando em seu favor e que você deve continuar no barco. Você deve continuar remando, perseverando mesmo nos dias mais difíceis. Nunca desista de esperar no Senhor, e Ele vai fortalecer o seu coração.

Quantos momentos de espera você achou que não ia aguentar, mas hoje você vê o quanto Deus a sustentou e fortaleceu. Você vai suportar esperar no Senhor e vai viver, por causa da sua obediência e da sua espera, o melhor de Deus para sua vida.

Eu estou orando por você!

REFLEXÃO

GRATIDÃO

NÃO INVERTA A ORDEM

- Deus
- Saúde
- Família
- Trabalho

A fé que realiza

31 | JAN

"Tocou, então, os olhos deles, dizendo: Seja-vos feito segundo a vossa fé."

MATEUS 9:29

"Se você não tem certeza do que pede, Jesus não será capaz de realizar os milagres que você busca.

Devocional 31/365

@devocionalmulhersabia

Precisamos olhar para esse exemplo dos cegos que seguiam Jesus clamando por cura, por misericórdia e por socorro mantendo a fé e a convicção do que eles queriam. Às vezes reclamamos da vida e até de Deus, sem saber o que queremos, sem constância, postura ou fé. Se você não tem certeza do que pede nem do quer, Jesus não será capaz de realizar os milagres que você busca.

Esses cegos tinham convicção e consciência da cegueira deles e sabiam que Jesus poderia fazer o milagre de que precisavam, por isso foram atendidos. Ter convicção das suas reais necessidades é o primeiro passo para receber aquilo de que você precisa, então esteja convicta e tenha fé.

Muitas vezes Jesus está lhe perguntando no que você acredita e o que deseja, mas você precisa ter convicção dos pedidos que tem feito a Jesus e fé de que Ele pode solucionar. Você tem consciência do que está precisando? O que é necessário para você? O que o seu coração deseja?

Alinhe os seus desejos, os seus sonhos, mas lembre-se de que o sonho de Deus para sua vida é muito maior. Você precisa saber para onde está indo e crer que tem um Deus que não falha e realiza.

Eu estou orando por você!

REFLEXÃO

GRATIDÃO

NÃO INVERTA A ORDEM

- Deus
- Saúde
- Família
- Trabalho

Sem disciplina não há liberdade!

....

@alinesampaio_personalize

FEVEREIRO

Mês da Aliança com Deus

—

"Agora, se me obedecerem fielmente e guardarem a minha aliança, vocês serão o meu tesouro pessoal entre todas as nações. Embora toda a terra seja minha, vocês serão para mim um reino de sacerdotes e uma nação santa. Essas são as palavras que você dirá aos israelitas."

ÊXODO 19:5-6

Eu tenho uma palavra de Deus para o seu mês.

Leia o QR Code e assista.

Aliança entre o Céu e a Terra

01 | FEV

Não viva de acordo com o momento, as circunstâncias ou o humor do dia. Seja constante, sabendo que Aquele que lhe deu a promessa é fiel para cumpri-la.

Devocional 32/365

@devocionalmulhersabia

REFLEXÃO

GRATIDÃO

"O meu arco tenho posto na nuvem; este será por sinal do concerto entre mim e a terra."

GÊNESIS 9:13

Na Palavra podemos ver que a primeira aliança feita foi a de Deus com Noé, quando lhe ordena que faça a arca por conta do dilúvio. Deus foi exato com Noé sobre a medida da arca, o tipo de madeira a ser usada e até mesmo quem deveria entrar na arca; Deus foi muito específico. Nota-se que Noé estava atento à voz de Deus, teve fé e acreditou apesar das circunstâncias contrárias. Ele começou a construir a arca quando tinha sol e levou anos construindo sem ver uma gota de água.

O exemplo dessa história pode ajudar a reforçar a sua aliança com Deus, a ponto de não deixar as circunstâncias, os momentos ou as pessoas confundirem a voz de Deus na sua mente. Fortaleça constantemente a sua conexão com Ele, permaneça próxima de Deus, conversando, orando, e dedicando tempo para estar com Ele em seu devocional.

Para reforçar essa aliança, o primeiro passo é ler a Palavra. O segundo é buscar sabedoria n'Ele. O terceiro é ser uma pessoa boa, alguém que resplandece Jesus, de modo que, à medida que as pessoas olhem para você, vejam a Glória de Deus refletida. E, por último, seja constante. Não viva de acordo com o momento, as circunstâncias ou o humor do dia. Seja constante, sabendo que Aquele que lhe deu a promessa é fiel para cumpri-la.

Eu estou orando por você!

NÃO INVERTA A ORDEM

- Deus
- Saúde
- Família
- Trabalho

Escolha agradar a Deus

"Porém, se vos parece mal aos vossos olhos servir ao Senhor, escolhei hoje a quem sirvais: se os deuses a quem serviram vossos pais, que estavam dalém do rio, ou os deuses dos amorreus, em cuja terra habitais; porém eu e a minha casa serviremos ao Senhor."

JOSUÉ 24:15

02 | FEV

Use essa liberdade para fazer as escolhas certas, para que você seja abençoada e para que essa bênção se estenda sobre a sua geração.

Devocional 33/365

@devocionalmulhersabia

Lindona, você precisa escolher hoje a quem vai servir, não tem como servirmos a dois deuses. Muitas vezes associa-se servir a Deus com cargo dentro da igreja, com algum trabalho de ministério que você tenha que fazer. Mas abra a sua visão: servir a Deus vai muito além disso.

Todos os dias, você faz escolhas sobre a quem está servindo. Às vezes, sem perceber, você pode estar servindo mais ao dinheiro do que a Deus. E quando isso acontece, você está, na verdade, servindo a outro deus.

Você tem que escolher com o que você gasta o seu tempo livre, com quem conversa, o que fala, como cuida do seu dinheiro, como pensa, os seus sentimentos, o que come, o que bebe, com quem anda, os lugares que frequenta. Diante de tudo isso, o que você tem escolhido?

Todos os dias você tem escolhas a fazer, porque Deus é um Deus de tanto amor que lhe deu o livre-arbítrio. Você é livre em Deus, pois quem escraviza é o pecado. Por isso, use essa liberdade para fazer as escolhas certas, para que você seja abençoada e para que essa bênção se estenda sobre a sua geração, a sua casa e as pessoas ao seu redor.

Escolha todos os dias agradar o coração de Deus!

Eu estou orando por você!

REFLEXÃO

GRATIDÃO

NÃO INVERTA A ORDEM

- Deus
- Saúde
- Família
- Trabalho

Paz inabalável

03 | FEV

"Jesus era a paz em pessoa porque sabia que podia descansar, independentemente do momento, do caos que estava vivendo.

Devocional 34/365

@devocionalmulhersabia

"Porque as montanhas se desviarão e os outeiros tremerão; mas a minha benignidade não se desviará de ti, e o concerto da minha paz não mudará, diz o Senhor, que se compadece de ti."

ISAÍAS 54:10

Lindona, Jesus ensina o tempo todo como ter uma paz inabalável, que excede todo entendimento e que as pessoas à sua volta não conseguem entender. Quando o mundo parece estar desmoronando, você está em paz porque sabe o Deus em quem você confia e crê.

Jesus era a paz em pessoa porque sabia que podia descansar, independentemente do momento, do caos que estava vivendo. Sendo um humano, como eu e você, Ele sentiu fome, se cansou, teve medo e precisou aprender a conviver com pessoas, mas mostrou que é possível viver confiando integralmente no amor de Deus, não importa o que aconteça. Ele não ficou preocupado quando os discípulos não sabiam o que fazer para alimentar aquela multidão que o ouvia, porque Ele sabia que quem ia prover era Deus.

Quando dormiu no meio da tempestade, Jesus sabia que Deus era muito maior do que ela, por isso podia descansar. Jesus sabia que a sua morte seria dolorosa, sofrida, mas isso não o impediu de entregar a vida por mim e por você. Muitas vezes, nossos problemas parecem grandes demais para nossa força, mas entenda que a força, a sabedoria e as estratégias certas vêm de Deus.

Por isso, mulher sábia, descanse seu coração em Deus, Ele está cuidando de tudo.

Eu estou orando por você!

REFLEXÃO

GRATIDÃO

NÃO INVERTA A ORDEM

- Deus
- Saúde
- Família
- Trabalho

Seja comprometida

"Então, clamam ao Senhor na sua tribulação, e ele os livra das suas angústias."

SALMO 107:28

04 | FEV

Não seja motivada, seja comprometida. Comprometida com Jesus.

Devocional 35/365

@devocionalmulhersabia

Lindona, não seja motivada, seja comprometida porque a motivação passa e normalmente a faz ser dependente de algo ou de uma situação. Você precisa ser comprometida com Jesus e com você; seja comprometida com o seu tempo com Deus.

Se você for só motivada, haverá dias em que não terá motivação e isso a fará desistir, mas se for comprometida, não se cansará ou continuará ainda que esteja cansada, porque tem um compromisso, uma aliança firmada.

Seja comprometida com a sua saúde, com a atividade física, com a alimentação, com o tempo com Deus, com a família. Você não vai se cansar porque a sua fonte, que é Deus, é inesgotável, e você vive na dependência d'Ele. Quando você tem comprometimento, o compromisso desenvolve o seu caráter.

Eu estou orando por você!

REFLEXÃO

GRATIDÃO

NÃO INVERTA A ORDEM

- Deus
- Saúde
- Família
- Trabalho

Ele não muda

05 | FEV

Busque Deus em primeiro lugar e seja fiel a Ele. Não duvide da fidelidade de Deus.

Devocional 36/365

@devocionalmulhersabia

REFLEXÃO

GRATIDÃO

NÃO INVERTA A ORDEM

- Deus
- Saúde
- Família
- Trabalho

"Saberás, pois, que o Senhor, teu Deus, é Deus, o Deus fiel, que guarda o concerto e a misericórdia até mil gerações aos que o amam e guardam os seus mandamentos."

DEUTERONÔMIO 7:9

Mulher sábia, a fidelidade é uma característica daquele que é confiável, honesto, sincero e verdadeiro. Deus em sua perfeita essência é fiel, por isso na Palavra é chamado de rocha. A rocha, assim como o caráter de Deus, é inabalável.

Deus foi fiel ao povo de Israel durante milhares de gerações, independentemente das adversidades, e jamais o abandonou. Ele é fiel e justo, Sua palavra não muda, porque Deus é a rocha. Ele não é fiel apenas por um dia e outro não; Ele é a própria fidelidade, e isso não é algo que Ele aprendeu a ser – é a Sua essência. A fidelidade de Deus não é momentânea.

Sempre que pensar na promessa de Deus e sentir vontade de desistir, lembre-se de que Ele é a rocha que não muda. Se Deus se comprometeu, é fiel para cumprir. Não existe meio-termo ou "meia palavra" com Deus. Você precisa aprender a confiar e a ter o Senhor como sua prioridade. Busque Deus em primeiro lugar e seja fiel a Ele. Não duvide da fidelidade de Deus. Peça a Ele que a ajude a ser fiel, e comece sendo fiel ao seu Deus, pois Ele anseia por filhas sedentas em conhecê-Lo cada vez mais.

Permaneça em Deus, todos os dias! Vai valer a pena!

Eu estou orando por você!

Permaneça em Deus

"Não me escolhestes vós a mim, mas eu vos escolhi a vós, e vos nomeei, para que vades e deis fruto, e o vosso fruto permaneça, a fim de que tudo quanto em meu nome pedirdes ao Pai ele vos conceda."

JOÃO 15:16

Lindona, permaneça em Deus, pois você é escolhida a dedo por Ele. Quando você permanece em Deus, Ele permanece em você. Você não pode dar frutos se não permanecer n'Ele.

A árvore é conhecida pelo seu fruto e só dá o fruto no tempo certo. Quando não dá colheita, é lançada fora. Por isso, não queira ser outra pessoa, pois Deus a escolheu exatamente como você é e deseja que você frutifique do seu jeito. Entenda quem você é no Senhor e o quanto você é preciosa para o Reino de Deus.

Ter sucesso é dar frutos onde Deus a plantou, onde Ele quer que você frutifique. Lembre-se: você não precisa correr atrás dos frutos. Vá em busca da água viva, que é a presença de Deus, e com ela sobre a sua vida, sobre a sua casa, sobre o seu trabalho, você vai frutificar. O seu fruto é consequência do seu caminhar e da presença d'Ele sobre a sua vida. Porque, se você tem a presença de Deus, não precisa de mais nada.

Seja uma mulher frutífera. Para isso, você precisa estar no lugar certo, dando frutos onde Deus a plantou. Não tem como uma árvore ficar trocando de lugar o tempo todo; onde ela é plantada é onde ela frutifica.

Eu estou orando por você!

06 | FEV

Ter sucesso é dar frutos onde Deus a plantou, onde Ele quer que você frutifique.

Devocional 37/365

@devocionalmulhersabia

REFLEXÃO

GRATIDÃO

NÃO INVERTA A ORDEM

- Deus
- Saúde
- Família
- Trabalho

Promessas que se cumprirão

07 | FEV

"A murmuração atrasa a bênção e impede a promessa de se realizar. No lugar de reclamar, ore.

Devocional 38/365

@devocionalmulhersabia

"Porque todas quantas promessas há de Deus são nele sim; e por ele o Amém, para glória de Deus, por nós."

2 CORÍNTIOS 1:20

Mulher sábia, só conta testemunho quem permanece. Só experimenta as promessas de Deus quem permanece n'Ele. As promessas são cumpridas para quem permanece firme em Deus.

A murmuração atrasa a bênção e impede a promessa de se realizar. No lugar de reclamar, ore. Porque muitas vezes é a sua própria língua que está impedindo você de viver o que Deus tem para você. Há esperança em sua vida, independentemente do que tenha acontecido, pois isso não muda a sua essência ou o que Deus tem preparado para você. Mesmo que esteja machucada ou cortada, lembre-se: você é uma árvore. A árvore cortada ainda tem folhas e brotos, e quem olha de fora pode não dar valor, pois ela não faz sombra ou não dá frutos no momento. Mas você está renascendo em Deus, e só você sabe o esforço que está fazendo.

E se os recursos acabarem, as pessoas sumirem ou a sua segurança acabar, lembre-se: os recursos dos céus começam a vir, porque eles são infinitos. A árvore não depende da estação, depende apenas de suas raízes tocarem o solo onde há água viva para alimentá-la. Você vai crescer novamente, florescer e dar frutos, basta tocar nas águas e ter raízes profundas. A planta e o terreno podem ser os mesmos, mas agora tudo é novo. Mulher sábia, isso significa que o casamento, os filhos, o sonho e a empresa podem ser os mesmos, mas agora é tudo novo.

Eis que faço novas todas as coisas, diz o Senhor para você hoje. Receba isso na sua vida!

Eu estou orando por você!

REFLEXÃO

GRATIDÃO

NÃO INVERTA A ORDEM

- Deus
- Saúde
- Família
- Trabalho

Propriedade peculiar de Deus

"Agora, pois, se diligentemente ouvirdes a minha voz e guardardes o meu concerto, então, sereis a minha propriedade peculiar dentre todos os povos; porque toda a terra é minha."

ÊXODO 19:5

08 | FEV

Deus deseja que, ao ouvirmos a Sua voz e vivermos de acordo com a Sua Palavra, sejamos distintos, refletindo a Sua presença e o Seu amor.

Devocional 39/365

@devocionalmulhersabia

Imagine um pai que, com todo o carinho, escolhe um presente especial para seu filho e procura algo que simbolize o seu sentimento, algo que mesmo sem ter preço será apreciado e estimado. Da mesma forma Deus nos vê, nos olha como Seu tesouro precioso; não apenas como mais uma pessoa na multidão, e sim como propriedade peculiar, um bem de valor inestimável.

No contexto de Êxodo 19:5, Deus está falando com o povo de Israel, preparando-os para uma aliança especial com Ele. Promete-lhes ser uma nação distinta, uma propriedade peculiar, desde que ouçam a Sua voz e guardem os Seus mandamentos. Para nós, essa promessa é igualmente válida. Deus deseja que, ao ouvirmos a Sua voz e vivermos de acordo com a Sua Palavra, sejamos distintos, refletindo a Sua presença e o Seu amor em um mundo que precisa desesperadamente de ambos.

Você tem se esforçado para ouvir a voz de Deus em sua vida? Como tem respondido ao Seu chamado para viver de acordo com os Seus princípios? Há áreas em sua vida onde você pode se dedicar mais a Ele e refletir a Sua luz de forma mais clara? Escolha um momento hoje para ouvir a voz de Deus em oração e meditação na Sua Palavra. Peça a Ele para mostrar como você pode viver mais plenamente como uma propriedade peculiar, honrando a aliança que tem com você.

Eu estou orando por você!

REFLEXÃO

GRATIDÃO

NÃO INVERTA A ORDEM

- Deus
- Saúde
- Família
- Trabalho

Saúde espiritual

09 | FEV

É necessário estar espiritualmente saudável para viver a vida plena e abundante que Deus preparou e a chamou para viver.

Devocional 40/365

@devocionalmulhersabia

"Mas este é o concerto que farei com a casa de Israel depois daqueles dias, diz o Senhor: porei a minha lei no seu interior e a escreverei no seu coração; e eu serei o seu Deus, e eles serão o meu povo."

JEREMIAS 31:33

Segundo a OMS, a saúde é o equilíbrio completo do bem-estar físico, mental e social. Muitas vezes passamos o dia reclamando de enxaquecas, dores no corpo, cansaço, mas o que mais nos afeta é a nossa saúde espiritual. Precisamos estar atentos à nossa saúde espiritual, assim como cuidamos da nossa saúde física.

Você cuida da sua saúde espiritual quando entende que é uma propriedade peculiar de Deus e que foi escolhida pelo Pai. Nenhuma árvore doente pode frutificar bons frutos. Para dar frutos, você precisa estar com sua saúde espiritual em dia. É necessário estar espiritualmente saudável para viver a vida plena e abundante que Deus preparou e a chamou para viver.

Lindona, você foi escolhida por Deus. Como diz a Palavra: "não fostes vós que me escolhestes a mim; pelo contrário, eu vos escolhi" (João 15:16). Para dar bons frutos, você precisa estar espiritualmente saudável.

Eu estou orando por você!

REFLEXÃO

GRATIDÃO

NÃO INVERTA A ORDEM

- Deus
- Saúde
- Família
- Trabalho

Dons irrevogáveis

"Porque os dons e a vocação de Deus são sem arrependimento."
ROMANOS 11:29

10 | FEV

Ouça o Espírito Santo e a Sua promessa de que as coisas não serão iguais, mas serão melhores. Deus tem um novo tempo para a sua vida.

Devocional 41/365

@devocionalmulhersabia

O que Deus lhe deu é seu, pois a fidelidade de Deus não muda. Ele é uma rocha, e os dons e as promessas de Deus são irrevogáveis; o propósito que Ele tem para sua vida é permanente e não pode ser mudado. O plano de Deus não pode ser mudado, Ele não retira os Seus dons, nem revoga o Seu chamado. Sua fidelidade é constante, mesmo quando não a merecemos.

Isso é profundamente encorajador, porque, apesar de nossas falhas, o que Deus prometeu permanece e será cumprido. Deus não revoga o Seu chamado e Suas promessas, nem retira os dons que lhe deu. Tudo isso permanece, independentemente das circunstâncias. Talvez hoje você esteja afastada do Senhor e queira voltar para Ele. Ouça o Espírito Santo e a Sua promessa de que as coisas não serão iguais, mas serão melhores. Os sonhos, as promessas e os dons que Deus lhe deu não mudam, independentemente da situação em que você se encontre.

Por isso, precisamos ter responsabilidade para usar os dons que Deus nos deu. Confie na fidelidade d'Ele, use seus dons, viva com propósito e encoraje outras pessoas. Se por algum motivo você estiver afastada de Deus, volte, porque não será igual, será muito melhor.

Deus tem um novo tempo para a sua vida!

Eu estou orando por você!

REFLEXÃO

GRATIDÃO

NÃO INVERTA A ORDEM

Deus
Saúde
Família
Trabalho

Deus não muda

11 | FEV

As misericórdias do Senhor se renovam a cada manhã sobre a sua vida, e Ele tem um plano perfeito para você.

Devocional 42/365

@devocionalmulhersabia

REFLEXÃO

GRATIDÃO

NÃO INVERTA A ORDEM

- Deus
- Saúde
- Família
- Trabalho

"Não quebrarei o meu concerto, não alterarei o que saiu dos meus lábios."

SALMO 89:34

O nosso Deus não muda, Ele é imutável. Quando um relacionamento termina ou enfrentamos uma decepção, muitas pessoas dizem que "tudo passa". Contudo, isso não é verdade. Acreditar que tudo passa pode levá-la a pensar que a fidelidade e o amor de Deus também passam, mas Deus não muda. Ele é fiel, e o Seu amor é imutável.

Nos momentos difíceis da vida, você pode imaginar que Deus a abandonou, mas Ele nunca a abandona, nem mesmo nas situações mais desesperadoras, que parecem não ter saída. As misericórdias do Senhor se renovam a cada manhã sobre a sua vida, e Ele tem um plano perfeito para você.

Uma das maiores características do caráter de Deus é a Sua fidelidade. Ele é fiel, mesmo diante da nossa infidelidade, e se Ele prometeu algo a você, saiba que Ele é fiel para cumprir, por amor a você. Deus não muda. Mesmo que todas as pessoas a abandonem ou rejeitem, Deus sempre permanece fiel e disposto a amá-la.

Eu estou orando por você!

"Pelas quais ele nos tem dado grandíssimas e preciosas promessas, para que por elas fiqueis participantes da natureza divina, havendo escapado da corrupção, que, pela concupiscência, há no mundo."

2 PEDRO 1:4

12 | FEV

O tempo da espera não vem para derrubá-la ou desanimá-la, mas para fazê-la crescer.

Devocional 43/365

@devocionalmulhersabia

Hoje vamos falar sobre Davi, um personagem que todos conhecemos. Davi era um jovem pastor de ovelhas que foi ungido para ser rei de Israel. Quando Davi recebeu essa promessa de Deus, acredito que ele não imaginava quanto tempo demoraria para que ela se cumprisse. Ele recebeu a promessa de ser o rei de Israel enquanto ainda era apenas um cuidador de ovelhas, e permaneceu nesse papel por muito tempo. Se Davi pudesse escolher, talvez quisesse ver os planos de Deus em sua vida se cumprirem na mesma hora em que foram feitos.

Mas há um tempo exato para que tudo aconteça, e o tempo da espera faz parte do processo. O tempo da espera não vem para derrubá-la ou desanimá-la, mas para fazê-la crescer, para lhe ensinar, para amadurecê-la e forjar o seu caráter, por isso o tempo da espera é necessário.

Enquanto você não estiver preparada para viver a promessa, ela não vai se cumprir. Então, o que precisa fazer no tempo da espera é olhar para dentro de si, para aquilo que ainda precisa melhorar. Se você ainda está no tempo de espera, permaneça firme, em obediência, e permaneça em Deus. Peça a Deus que lhe ensine e forje rapidamente o seu caráter, para que você possa viver a promessa do Senhor.

Eu estou orando por você!

REFLEXÃO

GRATIDÃO

NÃO INVERTA A ORDEM

- Deus
- Saúde
- Família
- Trabalho

Intimidade com o Senhor

13 | FEV

"Não se conforme em apenas ouvir falar de Deus, deseje conhecê-Lo de verdade, andando com Ele.

Devocional 44/365

@devocionalmulhersabia

REFLEXÃO

GRATIDÃO

"O segredo do Senhor é para os que o temem; e ele lhes fará saber o seu concerto."

SALMO 25:14

Eu sempre digo que o divisor de águas na minha vida foi a intimidade com Deus. Nossa intimidade com Deus não surge de repente; ela é uma construção. Gerar intimidade demanda tempo e energia. É muito importante conhecer Deus, não apenas de ouvir falar, mas de caminhar com Ele. Muitas pessoas se dizem cristãs, mas nunca viveram um relacionamento de verdadeira intimidade com Deus. Não adianta só viver uma vida religiosa, o que realmente muda o jogo da sua vida é a intimidade com Deus.

Para ter intimidade com Deus, é preciso abrir o coração, ter constância e determinação. Mulher sábia, tire os olhos do mundo e coloque-os em Deus. Ele está esperando para ajudá-la a ter uma vida espiritual saudável e uma intimidade real com Ele. Deixe de lado o desânimo, a preguiça, o cansaço e a falta de tempo, e busque aconchego, verdade e o seu combustível em Deus.

Chega de viver uma vida de comodismo! Não se conforme em apenas ouvir falar de Deus, deseje conhecê-Lo de verdade, andando com Ele. Não há nada melhor do que viver as promessas e as experiências com o Deus vivo.

Eu estou orando por você!

NÃO INVERTA A ORDEM

- Deus
- Saúde
- Família
- Trabalho

Vem aí uma ideia poderosa

"Tomou, pois, Jeremias outro rolo e o deu a Baruque, filho de Nerias, o escrivão, o qual escreveu nele, da boca de Jeremias, todas as palavras do livro que Jeoaquim, rei de Judá, tinha queimado; e ainda se acrescentaram a elas muitas palavras semelhantes."

JEREMIAS 36:32

14 | FEV

Erga a sua cabeça e comece de novo, porque Deus vai lhe dar uma ideia poderosa.

Devocional 45/365

@devocionalmulhersabia

Lindona, o que Deus tem para você não é de hoje, Ele já vem falando com você há algum tempo. Deus vai lhe dar uma grande ideia, tesouros escondidos estão a caminho. Vem aí uma ideia poderosa! Deus nos dá ideias assim como fez com Jeremias, mas registrar um projeto de Deus leva tempo. Requer dedicação, renúncia, atenção e, acima de tudo, intimidade.

Há momentos em que Deus quer que você aquiete o seu coração, porque Ele deseja falar. Não perca tempo murmurando e querendo explicações de Deus. Erga a sua cabeça e comece de novo, porque Deus vai lhe dar uma ideia poderosa. Então, não fique sentada reclamando. O Senhor Deus vai reconstruir tudo na sua vida. Não insista naquilo que já foi rasgado, recomece.

Deus vai lhe dar cem vezes mais do que você pediu. Ele vai acrescentar e compensar a sua dor. Nosso Deus é um Deus que sabe como compensar a dor.

Tem porção dobrada de Deus chegando para você!

Eu estou orando por você!

REFLEXÃO

GRATIDÃO

NÃO INVERTA A ORDEM

- Deus
- Saúde
- Família
- Trabalho

Você venceu o Mar Vermelho

15 | FEV

"Não se esqueça de onde Deus a tirou, de como Ele a livrou e das vitórias que Ele já lhe deu. Tudo de que você precisa Ele tem.

Devocional 46/365

@devocionalmulhersabia

"Moisés, porém, disse ao povo: Não temais; estai quietos e vede o livramento do Senhor, que hoje vos fará; porque aos egípcios, que hoje vistes, nunca mais vereis para sempre. O Senhor pelejará por vós, e vos calareis."

ÊXODO 14:13-14

Primeiro, as pessoas temiam não conseguir passar, mas o mar virou terra seca, e elas passaram, e então começaram a reclamar porque não havia água.

Pense em quantas vezes Deus já a livrou, quantas vitórias Ele já lhe deu, e quanta coisa pior você já superou. Você já venceu o seu Mar Vermelho, e agora quer parar por causa de um copo d'água? Assim como o povo que começou a reclamar da falta de água, mesmo depois de ter visto o Mar Vermelho ser aberto e transformado em terra seca, o inimigo usa coisas pequenas para a derrubar e parar. Normalmente, não são as grandes coisas que nos derrubam, mas sim as pequenas. Por isso, mulher sábia, fique atenta e vigilante, orando sem cessar, para que essas pequenas coisas não te paralisem. Não se esqueça de onde Deus a tirou, de como Ele a livrou e das vitórias que Ele já lhe deu.

Deus lhe diz que tudo de que você precisa Ele tem, e nada vai faltar. Ouça as pessoas que estão vindo do lugar certo e pare de ouvir quem nunca fez nada e nunca deu fruto. Quem você ouve determina para onde você vai.

Coloque seus ouvidos atentos à voz de Deus!

Eu estou orando por você!

REFLEXÃO

GRATIDÃO

NÃO INVERTA A ORDEM

- Deus
- Saúde
- Família
- Trabalho

Alianças certas

"E, quando dali passares mais adiante e chegares ao carvalho de Tabor, ali te encontrarão três homens, que vão subindo a Deus a Betel: um levando três cabritos, o outro, três bolos de pão, e o outro, um odre de vinho."

1 SAMUEL 10:3

16 | FEV

O que você chama de crise Deus tem chamado de oportunidades.

Deus vai começar a conectá-la, para você ter aliança com as pessoas certas; a crise que você está vivendo a está empurrando para o profético. O que você chama de crise Deus tem chamado de oportunidades. A crise acelera os processos; o que na calmaria levaria anos, na crise você alcança mais rápido.

Deus vai derramar unção e a conectar com pessoas que ajudarão a capacitá-la para você chegar mais rápido. Quando Deus a empurra para um novo ciclo, desprende-a de coisas do passado. Tem um novo tempo chegando na sua vida, olhe para a frente e rompa com os traumas que você teve. Lindona, o problema nunca foi o que fizeram com você, mas o que você fez com o que fizeram com você. Pare de caminhar pelo que vê e comece a caminhar pelo que crê.

Deus tem tudo de que você precisa, nada vai lhe faltar. Decida a quem você vai ouvir, quem alimenta a sua fé ou as suas dúvidas. Tem novas oportunidades chegando porque há unção de Deus em você. Você vai fazer a diferença no lugar em que estiver inserida, porque a unção está em você. Primeiro Ele faz em você, para depois fazer através de você.

Eu estou orando por você!

Devocional 47/365

@devocionalmulhersabia

REFLEXÃO

GRATIDÃO

NÃO INVERTA A ORDEM

Deus

Saúde

Família

Trabalho

Crise: um sinal profético

17 | FEV

A afronta vem para tentar paralisar o que Deus iniciou, mas não permita que isso a pare. Continue!

Devocional 48/365

@devocionalmulhersabia

"Quanto a mim, este é o meu concerto com eles, diz o Senhor: o meu Espírito, que está sobre ti, e as minhas palavras, que pus na tua boca, não se desviarão da tua boca, nem da boca da tua posteridade, nem da boca da posteridade da tua posteridade, diz o Senhor, desde agora e para todo o sempre."

ISAÍAS 59:21

Lindona, se você quer saber o tamanho da sua vitória, meça o tamanho da sua guerra. Tudo o que você possui é dado por Deus, mas ele quer a sua participação ativa nesse processo. Esse momento de crise que talvez você esteja vivendo existe porque há algo grande sendo gerado, a crise é um sinal profético do Senhor para sua vida. O Senhor a está preparando e curando, toda afronta é para calar a voz profética.

Se você tem sido afrontada, saiba que essa afronta é uma tentativa de calar a promessa que Deus quer lhe entregar. A afronta vem para tentar paralisar o que Deus iniciou, mas não permita que isso a pare. Não se deixe ser abatida por uma afronta, uma acusação ou pelo que estão falando de você. É na crise que a sua fé é fortalecida. O espírito de afronta sempre vem para minar a sua fé, mas você não vai permitir isso, porque estará posicionada, sabendo que a vitória está a caminho.

A afronta pode ser um sinal profético de que, se você colocar sua fé em prática e seguir firme, sairá dessa situação melhor do que entrou.

Onde houve afronta, haverá conquista, e você não vai ficar na boca ou mão de ninguém, porque o seu Deus é fiel e não muda. Ele fala que as palavras que Ele pôs na sua boca permanecem de geração em geração.

Eu estou orando por você!

REFLEXÃO

GRATIDÃO

NÃO INVERTA A ORDEM

- Deus
- Saúde
- Família
- Trabalho

Reconheça a sua aliança com Deus

"E estabelecerei o meu concerto entre mim e ti e a tua semente depois de ti em suas gerações, por concerto perpétuo, para te ser a ti por Deus e à tua semente depois de ti."

GÊNESIS 17:7

18 | FEV

Seja fiel no pouco para que Deus a coloque sobre o muito. Seja fiel para que Deus possa a abençoar em dobro!

Devocional 49/365

@devocionalmulhersabia

Pare de reclamar daquilo que você tanto pediu a Deus e Ele lhe deu. Talvez você tenha orado por um casamento, um filho, uma casa ou um carro, e Deus lhe concedeu essas bênçãos, mas hoje você se encontra reclamando. Pense: será que hoje você não está reclamando de algo que um dia pediu com tanta fé? Ou até mesmo da promessa que já se cumpriu?

Qual tem sido a sua resposta para Deus? Não permita que o medo responda a Deus por você. O que realmente importa é a sua resposta diante das circunstâncias da vida. Você precisa reconhecer Deus em todos os seus caminhos para começar a andar no sobrenatural. Comece a agir na sua vida para agradar a Deus, vença seu medo e aquilo que acha que não consegue. Lindona, pare de buscar satisfação em tudo, de ser briguenta, e seja menos previsível. Tem gente que já até sabe quem são seus inimigos, o que a machuca, como você vai brigar, o que vai falar, o que a tira do sério. Seja menos previsível, até para o inimigo.

Não reclame do que Deus lhe deu, comece a ser grata. Seja fiel no pouco para que Deus a coloque sobre o muito. Seja fiel para que Deus possa abençoá-la em dobro, e reconheça o seu Deus em todos os seus caminhos.

Eu estou orando por você!

REFLEXÃO

GRATIDÃO

NÃO INVERTA A ORDEM

- Deus
- Saúde
- Família
- Trabalho

Criada para prosperar

19 | FEV

Você pode fazer qualquer coisa, mas faça para o sucesso, faça para dar certo, porque você foi feita para prosperar.

Devocional 50/365

@devocionalmulhersabia

"Porque eu bem sei os pensamentos que penso de vós, diz o Senhor; pensamentos de paz e não de mal, para vos dar o fim que esperais."

JEREMIAS 29:11

Mulher sábia, você foi criada para prosperar, afinal, Deus a fez para que você desse certo! Você, sendo imperfeita, faz algo para dar errado? Você teria um filho para dar errado, abriria uma empresa para falhar ou trabalharia para fracassar? Se você não faz nada para dar errado, imagine Deus, que é perfeito. Ele faria menos ainda, pois a criou à imagem e semelhança d'Ele. Então, assuma essa verdade.

Deus a criou para prosperar e viver uma vida em abundância. Você não é qualquer pessoa, você é filha do Deus vivo, e tanto o sucesso quanto o fracasso são treináveis. Se você deseja fracassar, basta fazer o que não deve todos os dias: não ter tempo com Deus, não dar atenção ao seu casamento, não trabalhar, não colocar amor no que faz.

Para que as coisas deem certo, você precisa ter atitudes que reflitam essa verdade, porque o seu sucesso é também parte do projeto de Deus. Ele quer que você prospere, pois através do seu sucesso a Glória d'Ele é revelada. Você pode fazer qualquer coisa, mas faça para o sucesso, faça para dar certo, porque você foi feita para prosperar.

Eu estou orando por você!

REFLEXÃO

GRATIDÃO

NÃO INVERTA A ORDEM

- Deus
- Saúde
- Família
- Trabalho

Libertação do Reino das Trevas

"Ele nos tirou da potestade das trevas e nos transportou para o Reino do Filho do seu amor."

COLOSSENSES 1:13

20 | FEV

Estabeleça hoje o Reino de Deus na sua casa, declare que ela, o seu trabalho e a sua vida pertencem ao Senhor.

Devocional 51/365

@devocionalmulhersabia

Existem dois reinos e duas realidades espirituais: o império das trevas e o Reino de Deus. Um império é conquistado à força, ele oprime e explora as pessoas que estão sob seu governo. Um reino, por outro lado, não é conquistado por força. É um lugar governado por um rei ou príncipe e possui um governo absoluto.

Satanás não pede licença para entrar na vida das pessoas. Quem está sob seu domínio vive escravizado e oprimido por demônios, que atuam conforme a legalidade concedida pelo pecado e pela separação de Deus. Já o Reino de Deus é conquistado por amor e estabelecido em nossas vidas.

A boa notícia é que Cristo venceu o império das trevas, e você precisa se apropriar do Reino de Deus. Isso começa com um verdadeiro arrependimento, que gera uma mudança de mentalidade e atitude, reconhecendo a sua necessidade de Deus – ou seja, que sem Ele você não é nada. O Reino inabalável de Cristo é um presente que não é imposto, você pode escolher recebê-lo ou rejeitá-lo.

Nada pode destruir o Reino de Deus, e quando Ele chega, o império das trevas precisa sair. Se você ainda vive na prática do pecado, é porque o Reino de Deus ainda não foi estabelecido na sua vida e Cristo ainda não é o seu Rei. Estabeleça hoje o Reino de Deus na sua casa, declare que ela, o seu trabalho e a sua vida pertencem ao Senhor.

E você vai viver o Reino dos céus aqui na Terra.

Eu estou orando por você!

REFLEXÃO

GRATIDÃO

NÃO INVERTA A ORDEM

Deus ☐
Saúde ☐
Família ☐
Trabalho ☐

O novo de Deus está surgindo

21 | FEV

> A especialidade de Deus é fazer coisas novas todos os dias. Você vai ver o novo de Deus.

Devocional 52/365

@devocionalmulhersabia

"Não vos lembreis das coisas passadas, nem considereis as antigas. Eis que farei uma coisa nova, e, agora, sairá à luz; porventura, não a sabereis? Eis que porei um caminho no deserto e rios, no ermo."

ISAÍAS 43:18-19

Não se lembre das coisas do passado. Eis que o Senhor diz para você hoje que Ele vai fazer nova todas as coisas porque só Ele conhece os planos que tem para você. É impressionante a capacidade de Deus em fazer tudo novo, quantas vezes for preciso. As coisas de Deus nunca são iguais, Ele faz tudo de um jeito diferente que foge dos padrões.

A especialidade de Deus é fazer coisas novas todos os dias. Ele curou o cego cuspindo com a terra, e da mesma forma coisas novas estão surgindo na sua vida. Se prepare, lindona, porque vai brotar água no meio do deserto. Mude o que sai da sua boca durante os tempos de deserto, pois o deserto não é um lugar de permanência, mas sim de passagem.

Pare de reclamar, murmurar e xingar. Em vez disso, cante louvores e adore a Deus. Aumente o seu louvor, porque os reforços dos céus se levantarão. Pessoas se levantarão para a abençoar, mas para que isso aconteça você precisa estar enraizada em Deus. Quanto mais alto você deseja chegar, mais profundas devem ser as suas raízes em Deus.

Eu estou orando por você!

REFLEXÃO

GRATIDÃO

NÃO INVERTA A ORDEM

- Deus
- Saúde
- Família
- Trabalho

Decida por Jesus

"E esta é a promessa que ele nos fez: a vida eterna."
1 JOÃO 2:25

22 | FEV

Não desista, não desanime e não permita que o cansaço a afaste de Deus. Não deixe sua fé esfriar. Decida estar com Deus até o último dia da sua vida.

Devocional 53/365

@devocionalmulhersabia

Mulher sábia, pare de querer conquistar as coisas do mundo e comece a conquistar coisas para Deus. Quando você busca conquistar para Deus, aumenta sua intimidade com Ele por meio de uma vida de adoração. Ao pregar o evangelho a toda criatura, você está conquistando a vida eterna.

Tudo que pertence a este mundo é passageiro, e o tempo que você passa aqui na Terra é muito curto, incomparável ao tempo da eternidade. Comece a dar mais valor e prioridade ao que é eterno. Decida hoje por Jesus, porque o mundo vai tentar sugá-la de volta o tempo todo. Mas, até o final dos nossos dias, precisamos decidir que é a Deus que queremos servir e conquistar para a eternidade.

Conquiste para a eternidade. Pare de se preocupar com conquistas materiais, amizades passageiras ou dinheiro, pois tudo isso é transitório. Você precisa conquistar o que é eterno: a busca por Deus, o prazer do Senhor na sua vida e na sua casa. Não desista, não desanime e não permita que o cansaço a afaste de Deus. Não deixe sua fé esfriar. Decida estar com Deus até o último dia da sua vida, para que você possa viver a vida eterna. Decida por Jesus e viva a vida eterna que Ele preparou para você.

Eu estou orando por você!

REFLEXÃO

GRATIDÃO

NÃO INVERTA A ORDEM

- Deus
- Saúde
- Família
- Trabalho

A bondade de Deus a persegue

23 | FEV

"E farei com eles um concerto eterno, que não se desviará deles, para lhes fazer bem; e porei o meu temor no seu coração, para que nunca se apartem de mim."

JEREMIAS 32:40

"A bondade de Deus a está perseguindo! Por isso, todos os dias ao acordar, peça a Ele que a livre de todo mal e a faça andar nos caminhos que Ele deseja.

Devocional 54/365

@devocionalmulhersabia

Lindona, Deus tem prazer em lhe fazer o bem. Na verdade, Ele a criou para a abençoar. Para que a bondade d'Ele a persiga todos os dias, lembre-se: são suas atitudes que determinam a vida que você leva, e não as circunstâncias. Olhe quantas coisas boas Deus tem feito em sua vida e de quantas situações Ele já a livrou.

A bondade de Deus a está perseguindo! Por isso, todos os dias, ao acordar, peça a Ele que a livre de todo mal, a faça andar nos caminhos que Ele deseja e endireite suas veredas. A bondade de Deus vai persegui-la quando você estiver trilhando o caminho certo e vivendo uma vida baseada em princípios.

Só quem segue os princípios de Deus vive Suas promessas. Decida hoje começar a seguir esses princípios. Peça sabedoria e discernimento ao Senhor e pare de procurar caminhos fáceis. Não existem atalhos. Nem sempre o que é mais fácil é o melhor ou o plano de Deus para você. Não busque atalhos, siga os princípios de Deus. Assim, você viverá as promessas do Senhor na sua vida e na sua casa, e a bondade de Deus vai persegui-la.

Eu estou orando por você!

REFLEXÃO

GRATIDÃO

NÃO INVERTA A ORDEM

- Deus
- Saúde
- Família
- Trabalho

"Se os seus filhos deixarem a minha lei e não andarem nos meus juízos, se profanarem os meus preceitos e não guardarem os meus mandamentos."

SALMO 89:30-31

24 | FEV

A correção de Deus é motivo de alegria, porque Ele disciplina a quem ama. Ele cuida, protege e quer satisfazer os desejos do seu coração.

Devocional 55/365

@devocionalmulhersabia

Mulher sábia, Deus corrige a filha que ama, porque Ele sabe de todas as coisas e enxerga o que você ainda não consegue ver. Deus está em lugares onde você não está e ouve conversas que você não ouve. Lembre-se de que você vê o agora, mas Deus vê o futuro, e é por isso que Ele sabe o que é melhor para você.

Quando você faz algo que está fora dos planos de Deus, Ele a corrige mediante as circunstâncias, assim como fez com os hebreus. Eles foram libertos da escravidão no Egito, mas desobedeceram e desonraram a Deus, por isso tiveram que passar quarenta anos no deserto antes de chegar à Terra Prometida. Mas, mesmo durante esses anos de correção, Deus nunca os abandonou.

Mesmo no tempo de correção, Deus não a abandona. Ele sempre supre todas as suas necessidades e a protege de tudo. Por mais que a correção de Deus possa parecer difícil neste momento, lembre-se de que Ele nunca faz nada que não seja para o seu bem. Ele sempre estará ao seu lado, confortando-a até que você aprenda e volte a ser obediente.

Lindona, é muito melhor obedecer do que sacrificar, e mesmo que a correção de Deus pareça pesada agora, creia que ela é para o seu bem. A correção de Deus é motivo de alegria, porque Ele disciplina a quem ama. Ele cuida, protege e quer satisfazer os desejos do seu coração.

Eu estou orando por você!

REFLEXÃO

GRATIDÃO

NÃO INVERTA A ORDEM

- Deus
- Saúde
- Família
- Trabalho

Alargue as estacas da sua tenda

25 | FEV

Não ceda às ameaças, porque nenhuma arma forjada contra você prosperará. Esteja alegre no Senhor, seja grata e não oscile.

Devocional 56/365

@devocionalmulhersabia

"Amplia o lugar da tua tenda, e as cortinas das tuas habitações se estendam; não o impeças; alonga as tuas cordas e firma bem as tuas estacas. Porque trasbordarás à mão direita e à esquerda; e a tua posteridade possuirá as nações e fará que sejam habitadas as cidades assoladas."

ISAÍAS 54:2-3

Lindona, é tempo de alargar as estacas da tua tenda e avançar. É tempo de viver o transbordo do Senhor para a direita, para a esquerda, para a frente e para trás. Deus vai transbordar na sua vida! Você está debaixo de promessas e não de sentenças. Para alargar as estacas da sua tenda, tenha atitude, alegria e quebre toda vergonha. Esteja alegre no Senhor, seja grata e não oscile.

Não impeça o que Deus pode fazer em sua vida. Mulher sábia, esteja conectada com Ele, porque você é movida por aquilo a que mais está conectada. Por isso, conecte-se com Deus, e não com o mundo. Tenha constância e ousadia. Pare de oscilar! Procure viver de forma constante, sendo ousada em Deus.

Não ceda às ameaças, porque nenhuma arma forjada contra você prosperará. Não ceda à fofoca, às conversas fiadas ou às intimidações. Esteja sempre alegre e grata, pois é tempo de romper limites e avançar.

Você vai avançar e viver o sobrenatural de Deus!

Eu estou orando por você!

REFLEXÃO

GRATIDÃO

NÃO INVERTA A ORDEM

- Deus
- Saúde
- Família
- Trabalho

Guarde o seu coração

"Sobre tudo o que se deve guardar, guarda o teu coração, porque dele procedem as saídas da vida."

PROVÉRBIOS 4:23

26 | FEV

Guarde o seu coração de todo o mal e viva a abundância da presença do Senhor na sua vida.

Devocional 57/365

@devocionalmulhersabia

Lindona, hoje em dia, guardar o coração tem sido uma tarefa muito difícil. Vivemos em tempos difíceis e maus, mas a principal coisa que você deve guardar é o seu coração. Mulher sábia, você, mais do que ninguém, sabe como o coração pode ficar vulnerável a situações ou pessoas. As saídas, as fontes e as direções da vida procedem do coração.

Você precisa ter a certeza de que os desejos do seu coração estão de acordo com a vontade de Deus. Certifique-se de que os seus sentimentos conduzam sua vida no caminho certo, coloque limites para os seus desejos. Não siga e não queira tudo, porque nem tudo que você vê é para você. Às vezes você vê alguém vivendo algo, mas aquilo não é para você, porque Deus tem algo muito maior para a sua vida. Lembre-se de que é escolhida e filha amada, existe uma promessa para a sua vida, fixe seus olhos na sua meta porque o seu sustento e a direção vêm do Senhor. Guarde o seu coração da maldade das pessoas, pois a liberdade do outro começa onde a sua termina.

Cuidado com a quem você entrega o seu coração, suas emoções. Cuidado com o que guarda no seu coração. Deus tem planos maravilhosos para você, mas a sua destruição pode começar no seu próprio coração. Não permita que isso aconteça. Guarde o seu coração de todo o mal e viva a abundância da presença do Senhor na sua vida.

Eu estou orando por você!

REFLEXÃO

GRATIDÃO

NÃO INVERTA A ORDEM

- Deus
- Saúde
- Família
- Trabalho

Misericórdia e aliança

27 | FEV

"E para manifestar misericórdia a nossos pais, e para lembrar-se do seu santo concerto."
LUCAS 1:72

> **As misericórdias d'Ele se renovam a cada manhã porque Ele se importa com você e tem prazer em sua vida.**

Devocional 58/365

@devocionalmulhersabia

Mulher sábia, como é bom saber que temos um Deus bondoso e misericordioso, cuja bondade e misericórdia nos perseguem todos os dias da nossa vida. Você não precisa correr atrás da misericórdia e da bondade de Deus, porque elas já estão com você todos os dias. Não por mérito ou boas obras, mas porque você é filha de um Deus vivo que tem uma aliança com você.

A palavra de Deus nos diz que a bondade e a misericórdia d'Ele a perseguirão todos os dias, por onde quer que você vá. Isso significa que os olhos de Deus estão, todos os dias, atentos a você. As misericórdias d'Ele se renovam a cada manhã porque Ele se importa com você e tem prazer em sua vida.

Neste momento, você pode ver o caráter de Deus, porque, mesmo sem merecer, Suas misericórdias se renovam a cada manhã. Esse é o seu Pai que cuida de você e nunca muda. Confie que Ele sempre fará o melhor por você e pela sua casa. Que as misericórdias e a bondade do Senhor a persigam durante todo este dia.

Eu estou orando por você!

REFLEXÃO

GRATIDÃO

NÃO INVERTA A ORDEM

- Deus
- Saúde
- Família
- Trabalho

Mas graças a Deus, que nos dá a vitória por nosso Senhor Jesus Cristo."

1 CORÍNTIOS 15:57

28 | FEV

A força do seu braço pode parecer até grande comparada com a de outras pessoas, mas sem Deus a força do seu braço não a faz chegar aonde você tem que chegar.

Devocional 59/365

@devocionalmulhersabia

Lindona, a maior certeza que temos é de que a nossa vitória está garantida em Deus. No entanto, é preciso se preparar para receber essa vitória, assim como um competidor se prepara para vencer uma Olimpíada, vivendo uma rotina rigorosa, com constância e responsabilidade. Ele prepara sua mente e seu corpo para receber a vitória. Da mesma forma, esteja preparada, porque Deus tem uma vitória para você.

Na hora da competição, você não tem a garantia da vitória nem das suas coisas, mas o que tem o domínio e garante a sua vitória é a sua preparação combinada com a bênção que Deus tem para derramar sobre você. Independentemente do sonho do seu coração, você pode ter o seu prêmio em Deus. Mulher sábia, o único que garante a sua vitória é o Senhor, mas você precisa se esforçar, posicionar, ter constância, estar preparado e cooperando com Deus para alcançar a vitória que busca.

A força do seu braço pode parecer até grande comparada com a de outras pessoas, mas sem Deus a força do seu braço não a faz chegar aonde você tem que chegar. Por isso, faça questão, dependa de Deus em tudo e lembre-se de que é Ele que a conduz para a vitória.

Eu estou orando por você!

REFLEXÃO

GRATIDÃO

NÃO INVERTA A ORDEM

- Deus
- Saúde
- Família
- Trabalho

MARÇO

Mês da Renovação

—

"Não se amoldem ao padrão deste mundo, mas transformem-se pela renovação da sua mente, para que sejam capazes de experimentar e comprovar a boa, agradável e perfeita vontade de Deus."

ROMANOS 12:2

Eu tenho uma palavra de
Deus para o seu mês.

Leia o QR Code e assista.

Mente renovada, vida transformada

01 | MAR

Suas companhias moldam o seu modo de pensar, então se afaste das pessoas que não vivem o mesmo propósito que você tem buscado.

Devocional 60/365

@devocionalmulhersabia

"E não vos conformeis com este mundo, mas transformai-vos pela renovação do vosso entendimento, para que experimenteis qual seja a boa, agradável e perfeita vontade de Deus."

ROMANOS 12:2

Lindona, para ter uma vida transformada, você precisa, primeiramente, renovar a sua mente. O processo de transformação começa pelos seus desejos, pensamentos, sentimentos e, por fim, pelas mudanças de hábitos. Para viver a boa, perfeita e agradável vontade de Deus, é necessário mudar hábitos.

Você precisa ter uma mente transformada para viver uma vida transformada, os maus pensamentos podem levá-la a errar o alvo, é necessário andar em espírito e amor, se afastando de tudo que pode fazê-la pecar ou se afastar de Deus.

Suas companhias moldam o seu modo de pensar, então se afaste das pessoas que não vivem o mesmo propósito que você tem buscado, a mesma visão ou os princípios alinhados com os seus. Não se contente com o pouco, porque quando a vida não está de acordo com aquilo que espera, você tem a oportunidade de sondar o seu coração e descobrir o que precisa mudar na sua mente. Mulher sábia, aprenda com os seus erros. Deus a ama, independente daquilo que você faz, e tem pensamentos de paz para você. Para ter o fim que você espera, renove a sua mente para a sua vida ser transformada; essa é a vontade de Deus para sua vida.

Eu estou orando por você!

REFLEXÃO

GRATIDÃO

NÃO INVERTA A ORDEM

- Deus
- Saúde
- Família
- Trabalho

A sabedoria é um tesouro

"Filho meu, atenta para as minhas palavras; às minhas razões inclina o teu ouvido. Não as deixes apartar-se dos teus olhos; guarda-as no meio do teu coração. Porque são vida para os que as acham e saúde, para o seu corpo."

PROVÉRBIOS 4:20-22

02 | MAR

Guarde o seu coração e busque sabedoria. Esse é o segredo de uma vida abundante em Deus.

Devocional 61/365

@devocionalmulhersabia

Lindona, a Palavra nos ensina que basta pedir a Deus de boa vontade e a bênção lhe será concedida. Por isso, todos os dias, peça sabedoria a Deus. A sabedoria é um tesouro mais precioso que o ouro puro, pois ela dá segurança e longevidade. Quando você tem sabedoria, cuida do seu relacionamento com Deus e da sua saúde e, consequentemente, terá uma vida longa.

A sabedoria lhe dá direcionamento para honrar os pilares mais importantes da sua vida, que são: Deus, saúde, família e trabalho. Ela lhe dá diretriz para conseguir seguir essa ordem todos os dias. É por isso que você precisa pedir sabedoria para o Senhor, para que Ele possa renovar a sua mente, ajudando-a a tomar decisões corretas, guardando a palavra de Deus no coração, para que ela traga vida para sua alma e saúde para o seu corpo.

Mulher sábia, guarde o seu coração e busque sabedoria. Esse é o segredo de uma vida abundante em Deus.

Eu estou orando por você!

REFLEXÃO

GRATIDÃO

NÃO INVERTA A ORDEM

Deus
Saúde
Família
Trabalho

Ele sara as suas feridas

03 | MAR

"Bendize, ó minha alma, ao Senhor, e não te esqueças de nenhum de seus benefícios. É ele que perdoa todas as tuas iniquidades, que sara todas as tuas enfermidades."

SALMO 103:2-3

É tempo de vigiar e não permitir que as dificuldades a afastem de Deus ou apaguem da sua mente tudo o que Ele já fez. Prossiga com fé.

Devocional 62/365

@devocionalmulhersabia

Lindona, Davi conversava com sua alma em diversos momentos nos Salmos, dizendo que a alma precisava bendizer o nome do Senhor e não esquecer de todas as coisas boas que Deus já tinha feito em sua vida. Às vezes, os problemas, as dificuldades, os medos e as angústias apagam da sua memória tudo o que Deus já fez por você.

Pense em quantas coisas Deus já realizou em sua vida, de onde Ele já a tirou, e perceba como o inimigo tem tentado fazê-la esquecer. O inimigo está tentando tirar o seu foco, colocando-o no que você ainda não conseguiu ou resolveu, tirando sua alegria pelas vitórias que Deus já lhe deu. Traga à memória aquilo que lhe dá esperança. Mulher sábia, é tempo de vigiar e não permitir que as dificuldades a afastem de Deus ou apaguem da sua mente tudo o que Ele já fez. Não deixe que sentimentos ruins a afastem da presença de Deus. Não se esqueça do que é eterno.

Por isso, a gratidão e o louvor precisam ser frequentes e constantes em sua vida. Para que, quando o desânimo, a decepção, a dor e o medo aparecerem, você não se abale. Porque você é alegre em Deus. Lembre-se dos benefícios de Deus, do quanto é bom servi-Lo, e de onde Ele a tirou. Prossiga com fé, sabendo que o melhor ainda está por vir.

Eu estou orando por você!

REFLEXÃO

GRATIDÃO

NÃO INVERTA A ORDEM

- Deus
- Saúde
- Família
- Trabalho

Não se contente com pouco

"Dai, e ser-vos-á dado; boa medida, recalcada, sacudida e transbordando vos darão; porque com a mesma medida com que medirdes também vos medirão de novo."

LUCAS 6:38

04 | MAR

Não se contente com pouco, porque Deus quer fazer o muito na sua vida.

Devocional 63/365

@devocionalmulhersabia

Deus tem uma boa medida para nós, por isso não podemos nos contentar com pouco. Deus quer surpreendê-la e fazer além do que um dia você pensou. Por isso, você pode ter pensamentos altos em qualquer área da vida, porque todas as suas necessidades serão supridas por Ele, que lhe dá capacidade de realizar.

Talvez você olhe para suas circunstâncias e não se ache capaz de falar de Deus, de abrir seu próprio negócio ou de realizar grandes sonhos, mas quem a capacita é o Senhor. Deus ama usar os improváveis. Talvez hoje você se sinta improvável, mas mulher sábia, saiba que Deus vai usá-la da maneira certa. Basta você se colocar em movimento, pois a promessa precisa encontrá-la em ação. Não espere a situação perfeita. Coloque-se em movimento com as condições que você tem, e quem realiza o milagre é Deus.

Não se contente com pouco, porque Deus quer fazer o muito na sua vida. O que Deus pretende para você é uma boa medida, recalcada, sacudida e transbordante. Receba essa promessa na sua vida.

Eu estou orando por você!

REFLEXÃO

GRATIDÃO

NÃO INVERTA A ORDEM

- Deus
- Saúde
- Família
- Trabalho

A oração cura

05 | MAR

Deus é quem sara as feridas, Ele é o médico dos médicos e tem o poder da cura.

Devocional 64/365

@devocionalmulhersabia

"E a oração da fé salvará o doente, e o Senhor o levantará; e, se houver cometido pecados, ser-lhe-ão perdoados."

TIAGO 5:15

Lindona, há poder de cura na oração. Nunca deixe de orar e pedir a Deus a sua cura física e espiritual. Esse versículo a encoraja a buscar a comunhão entre os irmãos e com Deus, confiando na oração pela fé.

Se você está enferma ou conhece alguém que está, eu a desafio a ungir com o óleo da unção essa pessoa, ou até mesmo a si mesma. A oração pela fé salvará a doente, o Senhor a levantará, e, se houver cometido pecados, eles serão perdoados.

O ato de ungir com azeite mostra a dependência e a confiança no Senhor para a cura, seja física ou espiritual. Mulher sábia, você é incentivada a buscar não só a cura física, mas também a reconciliação com Deus, o perdão dos pecados e a cura das enfermidades.

Deus é quem sara as feridas, Ele é o médico dos médicos e tem o poder da cura. Creia nessa verdade! Você não está sozinha na sua luta e enfermidade. Deus é tão bondoso que deseja curá-la e restaurá-la.

Eu estou orando por você!

REFLEXÃO

GRATIDÃO

NÃO INVERTA A ORDEM

- Deus
- Saúde
- Família
- Trabalho

"Amado, desejo que te vá bem em todas as coisas e que tenhas saúde, assim como bem vai a tua alma."
3 JOÃO 1:2

06 | MAR

Você não nasceu para viver cansada, desanimada, sem energia e improdutiva. Deus a fez para viver uma vida em abundância.

Devocional 65/365

@devocionalmulhersabia

Lindona, precisamos aprender o princípio de cuidar da nossa saúde. Deus se alegra quando você se cuida e prioriza o cuidado do seu corpo. Afinal, você só conseguirá ter uma vida constante em Deus se estiver forte, com a sua saúde em dia, e tiver energia e disposição para isso.

Tire um tempo para fazer uma atividade física, se alimentar melhor e ter uma rotina inteligente de suplementação e alimentação correta. Deus se alegra em ver você se cuidando, porque o seu corpo é o templo do Espírito Santo, e você precisa ter um corpo onde o Espírito Santo tenha prazer em habitar. Mulher sábia, cuide do corpo que Deus lhe deu, porque para viver uma vida em abundância, você precisa de saúde. Pare de negligenciar a sua saúde hoje. Você precisa estar bem consigo mesma, pois você só pode dar o que tem. Por isso, a Palavra nos ensina a "amar o próximo como a si mesma". Negligenciar sua saúde não é autocuidado, é não cuidar do que Deus lhe deu.

Mude essa atitude na sua vida hoje, para começar a ter mais constância em Deus. Você precisa estar bem para cuidar dos seus. Você não nasceu para viver cansada, desanimada, sem energia e improdutiva. Deus a fez para viver uma vida em abundância e deseja que você vá bem em todas as coisas.

Eu estou orando por você!

REFLEXÃO

GRATIDÃO

NÃO INVERTA A ORDEM

- Deus
- Saúde
- Família
- Trabalho

Deus vai sarar suas emoções

07 | MAR

"Senhor meu Deus, clamei a ti, e tu me saraste."

SALMO 30:2

> Para o novo de Deus entrar, o velho precisa ir. Se torne nova em Deus.

Devocional 66/365

@devocionalmulhersabia

Deus quer curar as suas emoções, e uma das melhores formas de fazer isso é através do domínio próprio. Deus deseja desenvolver esse fruto do Espírito em você, para que tenha controle sobre as suas emoções.

Deus quer sará-la por completo, para que você viva uma vida em abundância, mas para isso é necessário curar as suas emoções. Deixe Deus curar as feridas do seu passado, para que possa viver o novo de Deus. Ele não derrama vinho novo em odres velhos, porque o odre não suporta o novo e acaba se rompendo. Mulher sábia, para suportar o novo de Deus, você precisa se renovar.

Permita que Deus cure suas emoções e a ajude a desenvolver o domínio próprio sobre as suas dificuldades e medos. Peça a Deus sabedoria para ter uma vida emocional e espiritual abundante em todas as fases. Deixe Deus fazer tudo novo de novo em você.

Para o novo de Deus entrar, o velho precisa ir. Deixe a falta de domínio sobre suas emoções ir embora. Torne-se nova em Deus. Ciclos precisam ser encerrados, portas precisam ser fechadas e pessoas talvez precisem sair, para que o novo de Deus se manifeste na sua vida.

Eu estou orando por você!

REFLEXÃO

GRATIDÃO

NÃO INVERTA A ORDEM

- Deus
- Saúde
- Família
- Trabalho

Mente forte e coração sensível

"Eis que vos envio como ovelhas ao meio de lobos; portanto, sede prudentes como as serpentes e simples como as pombas."
MATEUS 10:16

08 | MAR

Você precisa ter uma mente forte, um coração sensível, para ser como uma ovelha no meio dos lobos.

Devocional 67/365

@devocionalmulhersabia

Precisamos aprender a ter uma mente forte e um coração sensível para ser uma mulher segundo o coração de Deus. Quando você entende que precisa ser forte, mas ao mesmo tempo ter um coração humilde, sensível, atento para a voz de Deus, para as necessidades das pessoas, você percebe o seu posicionamento de mulher sábia e virtuosa, que agrada o coração de Deus. A mulher de mente forte e coração sensível não muda a rotina dela por causa de um dia bom ou ruim, pois ela tem posicionamento e não compactua com coisas que ferem o mundo espiritual.

Você precisa ter uma mente forte, um coração sensível, para ser como uma ovelha no meio de lobos, mas precisa também ser prudente como a serpente e inofensiva como a pomba. Você precisa encontrar um equilíbrio.

Não tem como você prosperar sem uma mente forte. Hoje, vivemos em um mundo onde não dá para ter apenas um coração sensível, pois estamos no meio de lobos. Os seus frutos, mulher, dependem de uma mente forte. Mente forte, aliada a um relacionamento com Deus, dependem de um coração sensível e sábio.

Se o seu coração fica muito duro, você se torna como um lobo, mas quando você permite que Deus cuide do seu coração, deixando-o sensível, você se torna uma mulher sábia. A mulher sábia encontra o equilíbrio e o domínio próprio. Ela não aceita sugestões negativas e não se deixa abalar pelas adversidades.

Feliz Dia das Mulheres, mulher sábia!

Eu estou orando por você!

REFLEXÃO

GRATIDÃO

NÃO INVERTA A ORDEM

Deus ☐
Saúde ☐
Família ☐
Trabalho ☐

A gramática de Deus

09 | MAR

"Eis que eu farei vir sobre ela saúde e cura, e os sararei, e lhes manifestarei abundância de paz e de verdade."

JEREMIAS 33:6

Nunca coloque um ponto-final onde Deus colocou apenas uma vírgula, e nunca coloque uma vírgula onde Deus já colocou um ponto-final.

Devocional 68/365

@devocionalmulhersabia

A gramática de Deus é diferente: nem sempre é um ponto-final. Isso quer dizer que, talvez onde você esteja colocando um ponto-final, Deus esteja colocando apenas uma vírgula. Um exemplo disso é Lázaro, cuja doença não foi para a morte, mas para a Glória de Deus através de Jesus. Há coisas que acontecem na nossa vida que são apenas uma vírgula, para que a Glória de Deus se manifeste em você.

Há circunstâncias que Deus permite que você passe, apenas para que fique claro que foi Ele quem fez, algo que para as mãos humanas seria impossível. Então, nunca coloque um ponto-final onde Deus colocou apenas uma vírgula, e nunca coloque uma vírgula onde Deus já colocou um ponto-final. Mulher sábia, há momentos em que você precisa entender que é um "não" de Deus, que é um ciclo encerrado.

O que lhe dá discernimento para diferenciar uma vírgula de um ponto-final é a sua intimidade com Deus e sua vida de oração. É impossível viver a promessa sem obediência, porque a fé e a obediência andam juntas. É preciso ter fé para escolher obedecer, e a obediência, por consequência, aumenta a fé.

Para Deus, o fim nunca é o fim, apenas o começo. O fim da pista é o início do voo. Então, continue, siga os princípios, porque essa é a gramática de Deus.

Eu estou orando por você!

REFLEXÃO

GRATIDÃO

NÃO INVERTA A ORDEM

- Deus
- Saúde
- Família
- Trabalho

Uma palavra muda a cena

"O Senhor o sustentará no leito da enfermidade; tu renovas a sua cama na doença."

SALMO 41:3

10 | MAR

É a palavra de Deus que muda uma situação, não a sua ansiedade ou a sua necessidade de urgência. Basta uma palavra de Deus para que tudo mude.

Devocional 69/365

@devocionalmulhersabia

Voltando para o exemplo de Lázaro, às vezes estamos tão presas ao peso da pedra que esquecemos que o peso da palavra de Deus é muito maior. A ansiedade de Marta e daquelas pessoas não trouxe Lázaro de volta, mas Deus trouxe. Então, basta uma palavra de Deus para que tudo mude.

É a palavra de Deus que muda uma situação, não a sua ansiedade ou a sua necessidade de urgência. O que muda é a sua confiança, dependência e a permanência em Deus. Jesus é assertivo, cirúrgico e perfeito na hora exata. Então, tire essa ansiedade do seu coração, porque ela não vai mudar a cena.

Você precisa ser renovada em tudo na sua vida. Para permitir essa renovação do Senhor, você não pode deixar a ansiedade a dominar ou achar que ela muda a cena. A única coisa que muda a sua realidade é a palavra de Deus. Basta uma palavra para que tudo mude, para que toda a situação seja transformada. O que você precisa é confiar, depender e permanecer em Deus.

Eu estou orando por você!

REFLEXÃO

GRATIDÃO

NÃO INVERTA A ORDEM

Deus

Saúde

Família

Trabalho

A sua ansiedade não acelera o agir de Deus

11 | MAR

"Fique em paz, isso não vai matá-la, pois o amor de Deus não altera o plano. Nada é tão bom ou tão perfeito quanto o tempo de Deus.

Devocional 70/365

@devocionalmulhersabia

"E, chegada à tarde, trouxeram-lhe muitos endemoninhados; e ele, com a sua palavra, expulsou deles os espíritos, e curou todos os que estavam enfermos."

MATEUS 8:16

A sua ansiedade, mulher sábia, não apressa Deus. O que somos e o que fazemos não definem quando Deus vai nos abençoar. A sua ansiedade não vai apressar o agir de Deus; quando Ele quer fazer, curar, transformar, Ele faz.

Fique em paz, isso não vai matá-la, pois o amor de Deus não altera o plano. Nada é tão bom ou tão perfeito quanto o tempo de Deus. Na ansiedade, você precisa ter prudência e sabedoria para permanecer e ouvir a voz de Deus. Ouça a direção, mas não apresse Deus. Não ande ansiosa por coisa alguma, busque em primeiro lugar o Reino de Deus, para que todas as outras coisas lhe sejam acrescentadas. Barganha não funciona com Deus.

Espere e tenha prazer em esperar o tempo que o Senhor tem para você, porque o tempo d'Ele é perfeito e exato. Não questione Deus, entenda que a sua ansiedade não vai acelerar o processo. Coloque um sorriso no rosto e aprenda a esperar em Deus, porque o tempo d'Ele é perfeito, e fique em paz porque isso não é para a sua morte, mas para a sua vida em abundância.

Eu estou orando por você!

REFLEXÃO

GRATIDÃO

NÃO INVERTA A ORDEM

- Deus
- Saúde
- Família
- Trabalho

Deus é bom o tempo todo

"Enviou a sua palavra, e os sarou, e os livrou da destruição."

SALMO 107:20

12 | MAR

Os nãos de Deus são os que a elevam e a fazem chegar no ponto que o Senhor tem para você.

Devocional 71/365

@devocionalmulhersabia

No Salmo 107 podemos ver a bondade e a fidelidade do Senhor para conosco, para todos aqueles que O buscam em espírito e em verdade. É também onde o Senhor nos convida a sermos gratas pela Sua bondade, por tudo o que Ele faz por nós e por todo o livramento que tem conosco. Deus é bom o tempo todo e está cuidando de você mesmo quando as coisas não saem como você quer, mesmo com os nãos de Deus, que são importantes porque a trouxeram até aqui.

Muitos nãos, se tivessem sido um sim, não permitiriam que você estivesse aqui. Somente Deus sabe o que é o melhor para você. Coloque no seu coração a verdade de que todas as coisas cooperam para o seu bem. Os nãos de Deus são os que a elevam e a fazem chegar no ponto que o Senhor tem para você.

Mesmo no momento da dificuldade, a bondade de Deus permanece constante e imutável. Deus está sempre pronto para cuidar, restaurar, livrar, direcionar e nos manter firmes na Sua presença. E a gratidão é a melhor forma de reconhecer a bondade de Deus.

A palavra de Deus a livra da destruição, por isso você tem que estar firmada na Palavra e não deixar ser levada pelo que o mundo diz, mas ser guiada pelo Espírito Santo e pela palavra de Deus.

Eu estou orando por você!

REFLEXÃO

GRATIDÃO

NÃO INVERTA A ORDEM

- Deus
- Saúde
- Família
- Trabalho

Jesus cura

13 | MAR

Você precisa ter fé, pois sem ela Deus não pode curar.

Devocional 72/365

@devocionalmulhersabia

REFLEXÃO

GRATIDÃO

"E, ao pôr do sol, todos os que tinham enfermos de várias doenças lhos traziam; e, impondo as mãos sobre cada um deles, os curava."

LUCAS 4:40

Precisamos crer na verdade que Jesus cura e entender que Ele já carregou na cruz todas as enfermidades. Todas as nossas dores na cruz do calvário foram carregadas. Quando você entende que a obra da cruz já foi feita em favor de todos, tudo fica mais fácil, porque você só precisa crer e tomar posse.

Não duvide do poder de Deus porque, às vezes, quando se trata da sua dor, você fica com dúvida sobre a vontade d'Ele. Você precisa ter fé, pois sem ela Deus não pode curar. Não tem como Deus agir se não for com base na certeza da pessoa em relação a Sua palavra.

Mulher sábia, você precisa ter fé, não duvide do seu Deus, porque Ele não faz acepção de pessoas. Pare de se basear na experiência do outro e comece a ter as suas próprias experiências de cura com Deus. Às vezes você está doente e nunca pediu para Deus a cura. Não existe nenhuma passagem bíblica em que Jesus não tenha curado alguém que acreditava n'Ele.

Não dê lugar à incredulidade. Deus tem os melhores planos para você. A proposta d'Ele é perfeita e maravilhosa. Você precisa crer no amor e na bondade de Deus.

Eu estou orando por você!

NÃO INVERTA A ORDEM

- Deus
- Saúde
- Família
- Trabalho

Deus não se esqueceu de você

"Não temas, porque eu sou contigo; não te assombres, porque eu sou o teu Deus; eu te esforço, e te ajudo, e te sustento com a destra da minha justiça."

ISAÍAS 41:10

14 | MAR

Não tema, porque você não está sozinha, o seu Deus é contigo o tempo todo.

Devocional 73/365

@devocionalmulhersabia

Hoje eu quero que você acredite na verdade de que Deus não a esqueceu e Ele é com você. Há momentos que a rotina parece esmagá-la, há momentos em que o medo domina e não a deixa seguir. A única coisa que a faz andar é o sustento, a força de Deus e a ajuda d'Ele; há momentos em que as ideias, a energia e a força acabam.

Não tema, porque você não está sozinha, o seu Deus é contigo o tempo todo. Não se esqueça disso, não desanime, encontre o caminho a seguir, nada é difícil para Deus, Ele pode lhe dar sabedoria que fará toda a diferença no seu caminhar. Não deixe o medo e a ansiedade esgotarem as suas forças, porque eles não vêm de Deus.

Peça a Ele para renovar as suas forças; só em saber que você tem um Deus, isso já a encoraja. Lindona, se em algum momento se esqueceu de que o Senhor está ao seu lado, hoje você foi lembrada. Então, se anime! Lembre-se da promessa: o Senhor é contigo. Não se esqueça de que Ele é seu Deus, que a fortalece, ajuda e sustenta.

Eu estou orando por você!

REFLEXÃO

GRATIDÃO

NÃO INVERTA A ORDEM

- Deus
- Saúde
- Família
- Trabalho

Oração estratégica

15 | MAR

Fale com Deus, porque a sua oração pode muito!

Devocional 74/365

@devocionalmulhersabia

"Confessai as vossas culpas uns aos outros e orai uns pelos outros, para que sareis; a oração feita por um justo pode muito em seus efeitos."

TIAGO 5:16

A oração é o portal que traz o poder do Céu aqui para a Terra. Você precisa de uma oração estratégica, pois as batalhas que o inimigo planeja contra você são muito bem pensadas. Ele é consistente e perspicaz. Por isso, sua oração deve ser estratégica para vencer todas as armadilhas do inimigo. Sua oração precisa ter início, meio e fim, e ser específica. Fale com Deus, porque a sua oração pode muito!

A palavra de Deus fala que o inimigo veio para roubar, matar e destruir, mas que Deus veio para que você tenha uma vida em abundância. Sendo assim, é necessário que esteja posicionada com orações estratégicas diante do Pai.

O louvor é um dos mais importantes aspectos da oração, pois ele expressa sua gratidão a Deus, enquanto o arrependimento cura o seu coração e alinha a sua estratégia. Mulher sábia, seja específica na oração, porque foi convidada por Deus a pedir, buscar e bater.

Mesmo que você não entenda tudo o que está acontecendo na sua vida agora, diga sim a Deus. Não há nada mais poderoso do que orar as próprias palavras de Deus. O melhor lugar para você estar é aos pés do Senhor.

Eu estou orando por você!

REFLEXÃO

GRATIDÃO

NÃO INVERTA A ORDEM

- Deus
- Saúde
- Família
- Trabalho

"Depois, Jesus encontrou-o no templo e disse--lhe: Eis que já estás são; não peques mais, para que te não suceda alguma coisa pior."

JOÃO 5:14

16 | MAR

Pare de olhar para trás. Há sempre algo novo para ser experimentado nos caminhos de Deus. Deus tem um caminho de fé para você seguir, um lugar alto e novo.

Devocional 75/365

@devocionalmulhersabia

Lindona, hoje o seu desafio é parar de olhar para trás e deixar de lado os pecados de estimação. Abandone o que lhe faz mal, o que não lhe pertence, o velho. Um personagem muito interessante da Bíblia, quando se fala em não olhar para trás, é Ló. Ele era sobrinho de Abraão e foi criado por ele. Ló seguiu seu tio quando Deus ordenou que abandonassem tudo e prosperou também. Mas, quando foi necessário se separar de Abraão, Ló escolheu o caminho mais fácil, um caminho que não exigia fé, e seus desejos ficaram para trás. Deus estava chamando Ló para subir, mas a mulher de Ló olhou para trás e se transformou em um pilar de sal.

Mulher sábia, não olhe para trás. Não volte para o pecado ou para aquilo que é condenado por Deus. Talvez hoje você tenha olhado para trás, pensando em voltar para um caminho mais fácil, mas não volte. Deus tem um caminho de fé para você seguir, um lugar alto e novo. É impossível olhar para trás e ir para a frente ao mesmo tempo. Pare de olhar para trás. Há sempre algo novo para ser experimentado nos caminhos de Deus.

A Palavra diz em Isaías 43:19: "Eis que faço uma coisa nova, que agora sairá à luz, porventura, não a percebeis? Eis que porei um caminho no deserto e rios no ermo." Se você continuar olhando para trás, perderá tudo isso.

Eu estou orando por você!

REFLEXÃO

GRATIDÃO

NÃO INVERTA A ORDEM

- Deus
- Saúde
- Família
- Trabalho

Abra seus ouvidos

17 | MAR

"Faze-me ouvir júbilo e alegria, para que gozem os ossos que tu quebraste."

SALMO 51:8

Peça para Deus lhe dar novos ouvidos, para que você possa ouvir novos sons; procure ouvir os sons dos Céus.

Devocional 76/365

@devocionalmulhersabia

Aquilo que você ouve impacta diretamente as suas decisões diárias e as direções que você escolhe para sua vida. O seu desafio de hoje é começar a ouvir novos sons, aqueles que vêm dos Céus, dos louvores e da palavra de Deus. Abra o seu ouvido para ouvir o Senhor em seu coração e sua mente. Pare de dar ouvidos ao mundo, às vozes contrárias e ao que tem tentado pará-la.

Mulher sábia, anseie pela companhia do Espírito Santo, porque ela afasta todo tipo de distração que a impede de começar a ouvir com novos ouvidos. Peça para Deus lhe dar novos ouvidos, para que você possa ouvir novos sons; procure ouvir os sons dos Céus. Você pode ouvir Deus de maneiras muito diferentes e, quando você O escuta, segue firme no caminho, mesmo em meio a dificuldades. Você pode ouvir Deus por meio de louvores, por meio da palavra do Senhor, através da oração, através do Espírito Santo.

Não é necessário ser perfeita para ouvir Deus, basta não dar ouvidos para o medo, pessoas que querem pará-la ou para conversas que não a levam a lugar nenhum. Você é digna de ouvir Deus e de ser ouvida por Ele. Quanto mais você desejar ouvir o Senhor, mais vai se esforçar para viver uma vida de intimidade com Ele.

Eu estou orando por você!

REFLEXÃO

GRATIDÃO

NÃO INVERTA A ORDEM

- Deus
- Saúde
- Família
- Trabalho

Corpo forte é você mais forte

"Ou não sabeis que o nosso corpo é o templo do Espírito Santo, que habita em vós, proveniente de Deus, e que não sois de vós mesmos?"

1 CORÍNTIOS 6:19

18 | MAR

Seu corpo precisa estar alinhado com a bênção que você deseja receber.

Devocional 77/365

@devocionalmulhersabia

Lindona, a primeira coisa que Deus lhe deu foi o sopro da vida. A reflexão que você é convidada a fazer hoje é: o que você tem feito com a vida e o corpo que Deus lhe deu? O seu corpo é o santuário do Espírito Santo, a morada d'Ele. Muitas vezes, você tem se sentido sem energia para orar, sem força para fazer um jejum ou para buscar mais de Deus. Provavelmente, o seu corpo está fraco porque faltam nutrientes ou porque está inflamado devido ao pouco cuidado, à falta de atividade física ou de suplementação.

Seu corpo precisa estar alinhado com a bênção que você deseja receber. Por isso, não se distraia com relação à sua rotina, à sua saúde e ao seu relacionamento com Deus. Mulher sábia, não se distraia dos bons hábitos. A sua vida pode ser longa, mas são as suas atitudes de hoje que definem como você vai chegar lá.

Muitas vezes, o desânimo e o cansaço são resultados de uma alimentação errada e da falta de nutrientes no seu corpo. Um corpo forte a deixa mais forte. Priorize-se e mantenha sua rotina mesmo nos dias ruins, pois Deus se alegra quando você se cuida.

Eu estou orando por você!

REFLEXÃO

GRATIDÃO

NÃO INVERTA A ORDEM

- Deus
- Saúde
- Família
- Trabalho

Deus tem um plano só para você

19 | MAR

"Siga o plano que Deus tem para a sua vida e peça ao Espírito Santo que lhe dê o entendimento da grandiosidade desse plano. Não se compare.

Devocional 78/365

@devocionalmulhersabia

"Dar-lhe-ei abundância de dias e lhe mostrarei a minha salvação."

SALMO 91:16

Lindona, às vezes você pode pensar que os planos de Deus são iguais para todo mundo, mas saiba que Deus é perfeito e tem uma criatividade infinita. Deus não copia ninguém, por isso Ele tem um plano grandioso somente para você. Pare, hoje, de se comparar com qualquer outra pessoa.

Deus não quer que você viva frustrada, e quando você se compara, deixa de viver a bênção e o plano que Ele tem para você. Ao comparar sua vida com a de outra pessoa, você está sendo injusta consigo mesma e com o outro. A inveja do que o outro possui traz ressentimento e a impede de reconhecer a bondade e as maravilhas que Deus tem feito na sua vida. Isso limita o plano e os grandes sonhos que Deus tem para você. Mulher sábia, Deus tem um plano individual para você que é muito maior do que pode imaginar.

Siga o plano que Deus tem para a sua vida e peça ao Espírito Santo que lhe dê o entendimento da grandiosidade desse plano. Não se compare, você é única para Deus, assim como o plano que Ele tem para você é único.

Eu estou orando por você!

REFLEXÃO

GRATIDÃO

NÃO INVERTA A ORDEM

- Deus
- Saúde
- Família
- Trabalho

Quem a guarda não dorme

"Não deixará vacilar o teu pé; aquele que te guarda não tosquenejará. Eis que não tosquenejará nem dormiria o guarda de Israel."

SALMO 121:3-4

20 | MAR

Você tem um segurança pessoal, que é o próprio Deus. Descanse no cuidado de Deus por você.

Devocional 79/365

@devocionalmulhersabia

Lindona, aquele que a guarda não dorme. É o Senhor quem a guarda, a livra e é o socorro presente na angústia. Ele está com você em todos os momentos. Se hoje você começou o dia questionando quando esse tempo de dor e dificuldade acabará, saiba que os desafios são oportunidades para você viver os milagres e os sonhos de Deus. Embora você deseje que as promessas se cumpram rápido em sua vida, normalmente elas acontecem quando menos esperamos, no tempo exato de Deus.

Os milagres acontecem nos tempos de crise, para que a Glória e a honra de Deus sejam evidentes. Se você está enfrentando um momento difícil, lembre-se de que isso pode ser o início do grande milagre da sua vida.

Mesmo quando tudo parece contrário, não se deixe dominar pelo pânico ou pelo sentimento de impotência. Quando esses pensamentos surgirem na sua mente, lembre-se de que o Senhor é quem a guarda. Você tem um segurança pessoal, que é o próprio Deus. Mulher sábia, descanse no cuidado de Deus por você.

Antes de começar o dia, coloque seus joelhos no chão, entregue tudo para Deus e creia que você está segura, pois Ele é contigo.

Eu estou orando por você!

REFLEXÃO

GRATIDÃO

NÃO INVERTA A ORDEM

- Deus
- Saúde
- Família
- Trabalho

Deus a livra de toda aflição

21 | MAR

"Muitas são as aflições do justo, mas o Senhor o livra de todas."

SALMO 34:19

Muitos são os desertos que você enfrenta, mas o Senhor a livra de cada um deles.

Devocional 80/365

@devocionalmulhersabia

REFLEXÃO

GRATIDÃO

A palavra "aflição" já traz um sentimento ruim ao coração, porque nos lembra de momentos difíceis ou dolorosos que vivemos. E muitas vezes o justo passa por momentos de aflição, perseguição, dor, desafios e interrupções inesperadas na vida.

Um exemplo é quando tudo parece estar indo bem, e de repente acontece algo que muda completamente sua trajetória.

A palavra de Deus nos diz que muitas são as aflições do justo, mas o Senhor o livra de todas. Muitos são os desertos que você enfrenta, mas o Senhor a livra de cada um deles. Por isso, mulher sábia, não se desespere. Há uma promessa de que o Senhor a livra de todas as dores e aflições. Você pode não evitar o dia ruim, mas tem a garantia de que Deus está contigo e a livrará. Isso é uma promessa.

Deus lhe dá livramento, alívio das piores provações, então descanse na promessa. Se neste exato momento você está passando por uma dor ou por algo que nunca imaginou enfrentar, tenha paciência. O Senhor já está enviando o livramento. Você verá que tudo faz parte dos planos de Deus para a fortalecer e a fazer viver as Suas promessas.

Eu estou orando por você!

NÃO INVERTA A ORDEM

- Deus
- Saúde
- Família
- Trabalho

A graça d'Ele é suficiente

"E disse-me: A minha graça te basta, porque o meu poder se aperfeiçoa na fraqueza. De boa vontade, pois, me gloriarei nas minhas fraquezas, para que em mim habite o poder de Cristo."

2 CORÍNTIOS 12:9

22 | MAR

Quando você sente que não merece ou acha que chegou ao fim, é exatamente nesse momento que a força de Deus se manifesta.

Devocional 81/365

@devocionalmulhersabia

A palavra "graça" é entendida como um amor incondicional, aquele amor que não merecemos, mas que Deus nos dá abundantemente. Essa graça que Ele oferece não depende do que você faz ou dos seus méritos, e é ela que a capacita a superar as dificuldades do dia a dia e a permanecer firme. Mas o que realmente significa quando Deus diz que a Sua graça lhe basta? Quando Ele falou isso a Paulo, estava dizendo que, independentemente da dor ou das circunstâncias, a graça de Deus seria suficiente.

Essa afirmação nos ensina que, mesmo em meio ao sofrimento, podemos encontrar força na graça de Deus. Pois o poder de Deus se aperfeiçoa em nossa fraqueza, e é quando estamos fracas que somos fortes em Deus. Quando você sente que não merece ou acha que chegou ao fim, é exatamente nesse momento que a força de Deus se manifesta.

A graça de Deus a torna capaz de suportar qualquer desafio. Então, mulher sábia, quando você se deparar com os espinhos da vida, lembre-se de que não está sozinha. Deus é com você, Ele é suficiente, e a Sua graça lhe basta.

Eu estou orando por você!

REFLEXÃO

GRATIDÃO

NÃO INVERTA A ORDEM

- Deus
- Saúde
- Família
- Trabalho

Conte para Deus

23 | MAR

> Quando você entrega suas dificuldades e seus desejos nas mãos de Deus, você retira essa ansiedade do coração, pois sabe que Ele cuida.

Devocional 82/365

@devocionalmulhersabia

Não estejais inquietos por coisa alguma; antes, as vossas petições sejam em tudo conhecidas diante de Deus, pela oração e súplicas, com ação de graças."

FILIPENSES 4:6

Lindona, a ansiedade não adianta nem atrasa os planos de Deus, mas pode atrasar o seu processo. Quanto mais ansiosa você fica, mais distante da solução do problema você está. A ansiedade nunca resolveu o problema de ninguém; ao contrário, ela só cria outros.

O seu desafio hoje é contar todos os seus problemas para Deus. Quantas dificuldades, medos e angústias você tem carregado e nunca falou para Deus? O que Ele está pedindo é que você entregue a Ele sua ansiedade, seus medos, suas angústias e seus pedidos. Quando você entrega suas dificuldades e seus desejos nas mãos de Deus, você retira essa ansiedade do coração, pois sabe que Ele cuida. Mulher sábia, faça isso hoje. Coloque diante de Deus tudo o que está causando dor, medo e angústia, e, quando esses pensamentos voltarem ao seu coração, lembre-se de que já estão nas mãos d'Ele. Isso vai diminuir a sua ansiedade.

Você precisa depender de Deus e entender que a ansiedade é um espírito maligno. Se você tem aberto a porta para isso, feche agora mesmo entregando tudo a Deus.

A ansiedade é um comportamento que você aprendeu e repetiu sem perceber. Muitas vezes, você fica ansiosa por coisas que não controla e que não vão mudar. Busque a paz que excede todo entendimento, a ponto de olhar para tudo de forma diferente, mesmo que as circunstâncias ainda pareçam contrárias.

Eu estou orando por você!

REFLEXÃO

GRATIDÃO

NÃO INVERTA A ORDEM

- Deus
- Saúde
- Família
- Trabalho

Olhos bons

"Não morrerei, mas viverei, e contarei as obras do Senhor."

SALMO 118:17

24 | MAR

Se os seus olhos forem bons, tudo ao seu redor se tornará iluminado.

A dificuldade que você está passando não é para sua morte, mas para sua vida. O que você precisa fazer é começar a enxergar as coisas sob a ótica de Deus, e não com seus próprios olhos. Nossos pensamentos podem ser limitados e, muitas vezes, olhamos as situações com uma visão negativa. Mas é o olhar de Deus que muda tudo.

Mulher sábia, hoje, comece a olhar com olhos bons, porque se os seus olhos forem bons, tudo ao seu redor se tornará iluminado.

O olhar de Deus sobre você é para a vida, não para a morte. Então, olhe cada situação, pessoa e momento com os olhos do Pai. Deus fala conosco através de pessoas e de coisas simples. Abra seus ouvidos e olhos para perceber as coisas boas que Ele tem feito em sua vida. Quando você experimenta Deus como um Pai que a ama e a olha com bondade, cuidado e amor, fica mais fácil ver a vida da mesma maneira. Comece a iluminar o seu caminho através do seu olhar.

Eu estou orando por você!

Devocional 83/365

@devocionalmulhersabia

REFLEXÃO

GRATIDÃO

NÃO INVERTA A ORDEM

- Deus
- Saúde
- Família
- Trabalho

25 | MAR

Quando você começar a se enxergar pelos olhos de Deus, verá o quanto Ele a ama. Coloque as lentes da fé, para que nada distorça a sua visão.

Devocional 84/365

@devocionalmulhersabia

"Portanto, agora, nenhuma condenação há para os que estão em Cristo Jesus, que não andam segundo a carne, mas segundo o espírito."

ROMANOS 8:1

Lindona, comece hoje a se olhar com os olhos de Deus, com os olhos do Pai, com os olhos de amor. Um dos maiores desafios das mulheres hoje é a falta de identidade e autoconfiança, não saber quem você é em Deus e para Deus, e não ter a imagem certa de si mesma.

Muitas mulheres vivem com a dor de não serem capazes de se amar. Continuam se culpando por algo que Deus já perdoou, e se deixam dominar pela culpa do passado ou pelo que acham que deveriam ter feito. Mulher sábia, comece a se olhar com os olhos de Deus, porque o que Ele pensa sobre você são apenas coisas boas. Não há condenação sobre a sua vida. A maneira como você se vê afeta todo o curso da sua vida. Você não pode ter uma visão distorcida de si mesma, da sua família ou do seu passado.

O que Deus pensa sobre você são pensamentos de paz. Quando você começar a se enxergar pelos olhos de Deus, verá o quanto Ele a ama. Coloque as lentes da fé, para que nada distorça a sua visão.

Deus diz que você é amada, escolhida, tem um Pai, e é uma filha amada em quem Ele tem prazer. Essa é a verdade de Deus para você, é assim que Ele olha para você.

Eu estou orando por você!

REFLEXÃO

GRATIDÃO

NÃO INVERTA A ORDEM

- Deus
- Saúde
- Família
- Trabalho

Mude e viva a abundância de Deus

"Não sejas sábio a teus próprios olhos; teme ao Senhor e aparta-te do mal. Isso será remédio para o teu umbigo e medula para os teus ossos."

PROVÉRBIOS 3:7-8

26 | MAR

Mulher sábia, seja como um barro nas mãos de Deus: moldável, puro, flexível e com um coração sensível.

Nós precisamos, todos os dias, estar dispostas a melhorar em Deus, precisamos estar dispostas a viver, aceitar e a gostar dos processos de Deus para viver a vida de uma forma mais leve.

Lindona, como você tem vivido a sua vida? Será que é bom estar ao seu lado? Será que você não está sendo pesada ou rude demais consigo mesma, ou se cobrando além do necessário? Curta o processo e, durante ele, ouça apenas a voz de Deus. Vivemos em um mundo cheio de vozes, então tenha cuidado com as que você tem escutado. Ouça a voz de Deus, e não a do ego ou da razão. Inúmeras vozes tentam tirar a sua atenção, mas você precisa focar somente a voz de Deus.

Toda pessoa que é obediente e submissa a Deus entende que pode melhorar e se tornar mais parecida com Ele. Mulher sábia, seja como um bom barro nas mãos de Deus: moldável, puro, flexível e com um coração sensível.

A obediência e a submissão a Deus trazem o melhor d'Ele para a sua vida. Não seja imatura, pois a mulher imatura sempre justifica e culpa o outro, acreditando que está certa o tempo todo e que não precisa mudar. Já a mulher madura entende que pode mudar para se aproximar mais de Deus. Você pode servir mais e ser um vaso útil nas mãos de Deus.

Amadureça em Deus para viver o que Ele tem para você.

Eu estou orando por você!

Devocional 85/365

@devocionalmulhersabia

REFLEXÃO

GRATIDÃO

NÃO INVERTA A ORDEM

- Deus
- Saúde
- Família
- Trabalho

Deus é com você e nada lhe falta

27 | MAR

As pessoas podem abandoná-la, mas Deus jamais a abandona.

Devocional 86/365

@devocionalmulhersabia

"O Senhor é o meu pastor; nada me faltará. Deitar-me faz em verdes pastos, guia-me mansamente a águas tranquilas. Refrigera a minha alma; guia-me pelas veredas da justiça por amor do seu nome. Ainda que eu andasse pelo vale da sombra da morte, não temeria mal algum, porque tu estás comigo; a tua vara e o teu cajado me consolam."

SALMOS 23:1-4

Existem momentos que parecem ser o fim, em que você se sente sozinha, abandonada, parece que todo mundo some, parece até que Deus a esqueceu. Talvez você possa ter sido surpreendida com uma notícia ruim, uma decepção, uma traição, mas independentemente disso, existe uma saída, pois Deus é com você até nos dias sombrios.

As pessoas podem abandoná-la, mas Deus jamais a abandona. Talvez você não tenha uma dimensão total da presença de Deus, porque não O vê, mas Ele está com você, cuidando, abraçando e a colocando no colo. Lindona, que nesse dia de hoje você possa sentir o refrigério do Senhor sobre a sua alma, sentir o abraço e o consolo do Pai, sentir-se deitada no colo d'Ele.

Todos nós, em algum momento, teremos dias ruins, mas Deus cuida de cada desafio a seu favor, então descanse enquanto você está sendo cuidada pelo Pai. Parece o fim, mas não é, pois Deus está com você. Descanse em Deus, e Ele vai renovar as suas forças. O choro pode durar uma noite, mas a alegria vem pela manhã, porque as misericórdias do Senhor se renovam.

Eu estou orando por você!

REFLEXÃO

GRATIDÃO

NÃO INVERTA A ORDEM

- Deus
- Saúde
- Família
- Trabalho

Uma vida de abundância para você

"O ladrão não vem senão a roubar, a matar e a destruir; eu vim para que tenham vida e a tenham com abundância."

JOÃO 10:10

28 | MAR

Você nasceu para desfrutar de uma vida abundante e plena. A abundância que Deus tem para você é uma vida de transbordo, cheia de alegria, bondade e amor.

Devocional 87/365

@devocionalmulhersabia

Lindona, você tem vivido a vida e a abundância que Deus prometeu para você? A vida em abundância é uma vida em paz com Deus, cheia de plenitude, na qual você se sente em paz em diversas áreas. Isso não significa que você não terá problemas ou desafios, mas que, apesar de tudo isso, você experimentará a paz que excede todo o entendimento, porque ela vem de Deus.

Você nasceu para desfrutar de uma vida abundante e plena. A abundância que Deus tem para você é uma vida de transbordo, cheia de alegria, bondade e amor. Ter uma vida abundante não significa bens financeiros, mas sim ser feliz, independentemente das circunstâncias, e crer na soberania de Deus sobre a sua vida. E isso está diretamente relacionado à sua intimidade com Deus.

Muitas vezes, permitimos que o inimigo entre em nosso lar e nos destrua. Por isso, mulher sábia, precisamos nos posicionar e decidir viver a vida abundante que Deus prometeu. Se hoje você não está vivendo a vida que Ele preparou, talvez algo no seu caminhar não esteja alinhado. Comece a buscar o Reino de Deus em primeiro lugar, todos os dias, para viver a abundância que Ele reservou para você.

Eu estou orando por você!

REFLEXÃO

GRATIDÃO

NÃO INVERTA A ORDEM

- Deus
- Saúde
- Família
- Trabalho

Não pare, resista

29 | MAR

"Confessai as vossas culpas uns aos outros e orai uns pelos outros, para que sareis; a oração feita por um justo pode muito em seus efeitos."

TIAGO 5:16

"Jesus lhe diz hoje: resista, porque quando você resiste, Ele faz além. Seja uma mulher resistente, forte e corajosa.

Devocional 88/365

@devocionalmulhersabia

Lindona, quando você estiver enfrentando o maior desafio da sua vida, resista. Essa prova é para fortalecê-la, e não para fazê-la parar, porque quando você resiste ao diabo, ele foge, e não há desafio, tribulação ou problema que permaneça de pé.

Jesus lhe diz hoje: resista, porque quando você resiste, Ele faz além. Então, aprenda a dizer "não" ao inimigo e se aproxime de Deus.

Resista se sujeitando a Deus. Seja uma mulher resistente, forte e corajosa. Resista às tentações do mundo e ao que é fácil.

Resista ao que tem tentado derrubá-la. Resista ao diabo, e ele fugirá da sua vida. Essa dificuldade que você está enfrentando é para a tornar ainda mais resistente.

Seja forte e corajosa, Deus tem se orgulhado de você!

Eu estou orando por você!

REFLEXÃO

GRATIDÃO

NÃO INVERTA A ORDEM

- Deus
- Saúde
- Família
- Trabalho

Acenda a luz de Deus

"Lâmpada para os meus pés é a tua palavra e luz, para o meu caminho."

SALMOS 119:105

30 | MAR

Quando você tem a luz de Deus, você caminha com confiança.

Devocional 89/365

@devocionalmulhersabia

A palavra de Deus é o que a direciona, e muitas vezes a única coisa de que você precisa na vida é direção. A única direção que você deve seguir é a de Deus. Todos os dias, comece suas orações pedindo que Deus direcione seus passos para Ele.

Quando você está em um lugar escuro e acende uma lanterna, a luz lhe mostra por onde andar e os obstáculos no caminho, para que você não caia. Da mesma forma, a palavra de Deus é essa luz que ilumina o seu caminho. Ela a direciona e guia. Por isso, você precisa criar o hábito de ler a Palavra, porque ela é a luz que vai iluminar sua vida. Se você estiver sem luz, é fácil desistir. Então, acenda a luz de Deus na sua vida para que você não tropece, se machuque ou se prejudique.

Vivemos em um mundo de trevas, por isso é tão importante ser luz no mundo. Para acender a luz de Deus em você, busque intimidade com Ele, ore e leia a Palavra. Quando a luz de Deus brilha em você, ela lhe mostra o que precisa ser feito e a ajuda a evitar muitos sofrimentos. Há muitas dores que podem ser evitadas quando você caminha com a luz de Deus. Mulher sábia, quando você tem a luz de Deus, você caminha com confiança.

Eu estou orando por você!

REFLEXÃO

GRATIDÃO

NÃO INVERTA A ORDEM

- Deus
- Saúde
- Família
- Trabalho

Deus vai multiplicar as suas forças

31 | MAR

Deus é constante em todas as situações. Peça para Ele a renovar e entregue esse cansaço em Suas mãos. Não se entregue ao desânimo.

Devocional 90/365

@devocionalmulhersabia

"Dá vigor ao cansado e multiplica as forças ao que não tem nenhum vigor."

ISAÍAS 40:29

Lindona, o que mais escuto das mulheres é que elas estão exaustas, sem forças ou ânimo. Nós, mulheres, carregamos muitas responsabilidades e temos muitas tarefas a fazer. O cansaço físico é real, mas Deus não nos criou para sermos máquinas. Temos um limite e, muitas vezes, precisamos ser renovadas para ganhar novas forças, assim como a águia.

Deus multiplica a sua força, por isso é tão importante seguir a ordem de Deus. Quando você prioriza Deus em sua vida, especialmente na sua saúde, fica muito mais fácil cuidar da casa, dos filhos e do trabalho. Você tem um limite, mulher sábia, não queira abraçar o mundo sozinha.

Se hoje você está se sentindo esgotada, sem forças, e parece que nenhum descanso é capaz de renovar suas energias, lembre-se de que Deus prometeu que multiplicaria suas forças. Ele é a sua força e o seu sustento.

Deus é constante em todas as situações. Peça para Ele a renovar e entregue esse cansaço em Suas mãos. Não se entregue ao desânimo. Fale com Deus e peça que Ele renove suas forças. Confie e espere em Deus, e você sairá desse dia de exaustão para uma vida cheia da abundância do Senhor, com forças renovadas.

Eu estou orando por você!

REFLEXÃO

GRATIDÃO

NÃO INVERTA A ORDEM

- Deus
- Saúde
- Família
- Trabalho

Não inverta a ordem: Deus, saúde, família e trabalho.

@alinesampaio_personalize

ABRIL

Mês da Graça Abundante

"Mas ele me disse: "Minha graça é suficiente a você, pois o meu poder se aperfeiçoa na fraqueza". Portanto, eu me gloriarei ainda mais alegremente em minhas fraquezas, para que o poder de Cristo repouse em mim."

2 CORÍNTIOS 12:9

Eu tenho uma palavra de Deus para o seu mês.

Leia o QR Code e assista.

01 | ABR

"Porque pela graça sois salvos, por meio da fé; e isso não vem de vós, é dom de Deus."

EFÉSIOS 2:8

> A graça é o presente mais lindo que Deus nos deu, porque ela é dada sem mérito. Hoje, o Senhor quer lhe lembrar: a minha graça lhe basta.

Devocional 91/365

@devocionalmulhersabia

REFLEXÃO

GRATIDÃO

Lindona, a graça é o presente mais lindo que Deus nos deu, porque ela é dada sem mérito. É um ato de amor e bondade de Deus por nós. É o maior ato de amor, porque a graça é um dom imerecido que o Senhor nos dá livremente, mesmo sem merecermos. Na verdade, o que merecíamos era a condenação pelos nossos pecados.

A graça é totalmente imerecida. Ela não é dada pelas obras que fazemos, nem pelo que doamos, mas sim como um favor de Deus em nossas vidas. Juntamente com a graça, precisamos aumentar a nossa fé, e isso só acontece ao ouvir a palavra de Deus. Por isso é tão importante o ato devocional diário, pois ele a enche da palavra de Deus. Sem fé, não agradamos a Deus, e agradar o coração do Pai é algo que precisamos buscar todos os dias.

O que deve ficar claro é que a graça vem gratuitamente, não pelas obras. Mulher sábia, mantenha-se firme e posicionada na obra do Senhor aqui na Terra, para que todos conheçam o amor, a graça e a misericórdia d'Ele através de você.

Mesmo sem merecer, Deus derrama graça abundante sobre a sua vida e a sua casa. Hoje, o Senhor quer lhe lembrar: a minha graça lhe basta.

Eu estou orando por você!

NÃO INVERTA A ORDEM

- Deus
- Saúde
- Família
- Trabalho

A minha Graça lhe basta

"E disse-me: A minha graça te basta, porque o poder se aperfeiçoa na fraqueza. De boa vontade, pois, me gloriarei nas minhas fraquezas, para que em mim habite o poder de Cristo."

2 CORÍNTIOS 12:9

02 | ABR

O que a sustenta é o amor de Deus. A graça d'Ele é mais do que suficiente porque o Senhor é a sua vida e Ele a completa.

Devocional 92/365

@devocionalmulhersabia

A graça de Deus é mais do que suficiente e nos basta. Se temos a graça, não precisamos de mais nada. A frase "a minha graça lhe basta" diz muita coisa. Apesar dos desafios, Deus nos deu a condição de termos paz e sermos alegres por causa da Sua graça sobre nossa vida. Quando temos a graça, possuímos a tranquilidade e o amor de Deus, sabendo que Ele luta nossas guerras e nos permite viver felizes, mesmo em meio às situações difíceis. Ele está cuidando de tudo.

Tudo coopera para o seu bem. Quando você entende a verdade da graça, começa a perceber por que, diante dos desafios ou momentos difíceis, você permanece forte e firme em Deus. O seu amor por Ele não muda, e isso é a Graça de Deus. Nos momentos em que você acha que o problema vai derrubá-la, você olha para trás e vê que passou por eles intacta, saindo mais forte, mais confiante e com mais fé. Foi o Senhor e Sua graça que a sustentaram.

O que a sustenta é o amor de Deus. A graça d'Ele é mais do que suficiente porque o Senhor é a sua vida e Ele a completa. A graça de Deus a qualifica para viver uma vida plena. Deixe Deus preencher todo o seu interior. Não espere para pedir a graça de Deus para sua vida e clame todos os dias para que ela esteja sobre você e sua casa.

Eu estou orando por você!

REFLEXÃO

GRATIDÃO

NÃO INVERTA A ORDEM

Deus

Saúde

Família

Trabalho

É tempo de voltar a sonhar

03 | ABR

"Mas Deus prova o seu amor para conosco em que Cristo morreu por nós, sendo nós ainda pecadores."

ROMANOS 5:8

É tempo de voltar a sonhar e buscar intimidade com o Senhor. Quando você tem a graça, pode sonhar, pois carrega em si o sonho de Deus.

Devocional 93/365

@devocionalmulhersabia

Por causa da graça abundante de Deus na sua vida, você carrega um sonho de Deus que é além do natural, mais do que um dia você pôde imaginar, mais do que os seus olhos puderam ver e mais do que os seus ouvidos puderam ouvir. Nosso Deus tem capacidade para imaginar aquilo que ainda não existe e que se torna real mediante a fé. Nós somos os únicos seres vivos com a capacidade de sonhar e imaginar.

Mulher sábia, hoje eu quero lhe dizer que é tempo de voltar a sonhar, de buscar intimidade com Deus, porque você tem a graça sobre a sua vida. Quando você tem a graça, pode sonhar, pois carrega em si o sonho de Deus. O que muda a sua vida é a sua intimidade com Deus, que só é gerada quando se dedica tempo. Ele tem que ser o primeiro do seu dia para que você possa realmente viver esse sonho que carrega.

Lindona, o inimigo tem tentado distraí-la com coisas que parecem urgentes, mas o que realmente importa é o seu tempo diário com Deus. Muitas vezes, essas distrações a afastam tanto que você para de sonhar, mas é tempo de voltar a sonhar e de buscar intimidade com o Senhor. Hoje, eu declaro sobre a sua vida os sonhos de Deus. Aquele sonho que ninguém viu, que ninguém imaginou, e que nem você ousou sonhar. Deus tem sonhado para você, e é muito lindo o que Ele vai fazer.

Eu estou orando por você!

REFLEXÃO

GRATIDÃO

NÃO INVERTA A ORDEM

- Deus
- Saúde
- Família
- Trabalho

A vontade de Deus se cumpre

"Cheguemos, pois, com confiança ao trono da graça, para que possamos alcançar misericórdia e achar graça, a fim de sermos ajudados em tempo oportuno."

HEBREUS 4:16

04 | ABR

Você é amada e escolhida por Deus, e o que Ele tem para você é bom, perfeito e agradável.

Devocional 94/365

@devocionalmulhersabia

Para vivermos a boa, perfeita e agradável vontade de Deus, é necessário ter fé, para acreditar que irá alcançar o trono da graça com confiança, pois em Cristo existe misericórdia. É no trono da graça que está a força para suportar os desafios e ter o socorro presente na angústia. É no trono da graça que o milagre acontece.

No Antigo Testamento era preciso um intermediário entre Deus e os homens; a Boa-Nova é que Jesus é a nossa ponte, o nosso mediador, o caminho, a verdade e a vida. Ninguém chega ao Pai senão por Ele. A Palavra nos ensina a chegar com confiança ao trono da graça, sem vergonha ou culpa, pois você é amada e já foi perdoada. É no trono da graça que você tem o favor imerecido de Deus. Se hoje você está passando por um momento de dor, de choro, é preciso que esteja rendido aos pés de Jesus, diante do trono da graça, porque é lá que você vai ter resposta para a sua oração.

Você precisa confiar que a vontade de Deus para sua vida, para sua casa é boa, perfeita e agradável. Tenha a certeza de que Deus vai atender o seu pedido, sem duvidar porque no trono da graça você já alcançou a vitória. Você é amada e escolhida por Deus, e o que Ele tem para você é bom, perfeito e agradável.

Eu estou orando por você!

REFLEXÃO

GRATIDÃO

NÃO INVERTA A ORDEM

Deus ☐
Saúde ☐
Família ☐
Trabalho ☐

Seja uma mulher notável

05 | ABR

"Porque a graça de Deus se há manifestado, trazendo salvação a todos os homens."

TITO 2:11

"Não se distraia e não queira ser notável para o mundo, mas sim para Deus.

Devocional 95/365

@devocionalmulhersabia

Lindona, nós, mulheres, temos a necessidade de sermos vistas, notadas, admiradas e amadas. Sentir-se produtiva é uma necessidade da alma feminina. Estamos sempre nos comparando, principalmente com o que é mostrado nas redes sociais. Na Palavra, vemos que Jesus amava Marta, Maria e Lázaro, três irmãos, mas hoje quero falar sobre Marta e Maria de Betânia.

Maria de Betânia aparece apenas três vezes na Bíblia, mas nos deixa um grande ensinamento, talvez o maior de todos para nós, mulheres. Sempre que ela aparece, está no mesmo lugar: aos pés de Jesus, em Sua presença. Ela encontrou o lugar onde todas nós precisamos estar e ter prazer em permanecer.

Marta também era amada por Jesus, mas vivia ocupada, sempre querendo ser produtiva. Muitas vezes, achamos que a Graça de Deus em nossa vida vem apenas pelo "fazer", mas as ordens e prioridades de Deus são diferentes. Uma mulher notável é aquela que muda o coração de Deus com suas lágrimas, seu amor e seu coração entregue. Ela se torna irresistível para Deus. Precisamos ser irresistíveis para Deus, não para o mundo.

Hoje, eu quero convidá-la a ser uma mulher notável e irresistível para Deus. O inimigo tem tentado distraí-la, mas permaneça firme, mesmo em meio à dor e às dificuldades. Mulher sábia, não se distraia e não queira ser notável para o mundo, mas sim para Deus.

Eu estou orando por você!

REFLEXÃO

GRATIDÃO

NÃO INVERTA A ORDEM

- Deus
- Saúde
- Família
- Trabalho

"Estando ele em Betânia, reclinado à mesa, em casa de Simão, o leproso, veio uma mulher trazendo um vaso de alabastro com preciosíssimo perfume de nardo puro; e, quebrando o alabastro, derramou o bálsamo sobre a cabeça de Jesus."

MARCOS 14:3

06 | ABR

Não deixe a rotina, a correria ou as tarefas diárias a afastarem de Jesus. Quando você priorizar Deus, vai se surpreender com os resultados.

Devocional 96/365

@devocionalmulhersabia

Com certeza, a história de Maria de Betânia é uma das mais encantadoras da Bíblia. Tenha o desejo de ter um coração como o de Maria, que escolheu buscar Deus em primeiro lugar, sabendo que todas as outras coisas seriam acrescentadas.

Maria foi muito criticada pelo seu ato de devoção, mas, naquele momento, o que mais importava para ela era agradar o coração de Jesus. Talvez, se você estivesse ali, também teria criticado Maria, mas precisamos parar de olhar para as pessoas e colocar o nosso olhar em Deus, assim como Maria fez.

A oferta de Maria foi mal interpretada pelos homens, mas foi bem recebida pelo Senhor, que a recompensou. Ela priorizou Jesus em sua vida e o colocou no centro de tudo. Mulher sábia, o convite de hoje é refletir se Deus tem sido o primeiro na sua vida. Quanto tempo do seu dia você tem dedicado a Jesus?

Às vezes, fazemos tantas coisas e nos esquecemos de que a primeira é buscar Deus, para que o restante nos seja acrescentado. Deus precisa ser o primeiro, assim como Maria fez. Não deixe a rotina, a correria ou as tarefas diárias a afastarem de Jesus, porque Ele é quem lhe dá força, a guarda e a livra. Quando você priorizar Deus, vai se surpreender com os resultados.

Eu estou orando por você!

REFLEXÃO

GRATIDÃO

NÃO INVERTA A ORDEM

- Deus
- Saúde
- Família
- Trabalho

Domine sua mente

07 | ABR

"Todas as nossas ações são reflexos do que enche nossa mente. Se aproxime de Deus, mantenha a mente de Cristo e conserve-a limpa.

Devocional 97/365

@devocionalmulhersabia

"Que cada um de vós saiba possuir o seu vaso em santificação e honra, não com o desejo de lascívia, como os gentios que não conhecem a Deus."

1 TESSALONICENSES 4:4-5

Precisamos aprender a dominar nossa mente contra pensamentos ruins. A palavra de Deus nos ensina que é necessário controlar o próprio corpo de maneira santa e honrosa, e não com desejos desenfreados. Se Deus nos pede para controlar nosso corpo, é porque Ele sabe que é possível. Então, eu lhe pergunto: quem está no domínio da sua mente – o pecado ou Deus? Você precisa aprender a guardar o seu coração e a sua mente. Para isso, se aproxime de Deus, mantenha a mente de Cristo e conserve-a limpa.

Mulher sábia, cuidado com o que você escuta, lê ou fala. Fique atenta ao que você tem colocado na sua mente, porque quando ela se enche de pensamentos ruins, logo fica sob o domínio deles. Existe uma luta espiritual pelo domínio da sua mente que não pode ser ignorada. Você precisa dominar os seus pensamentos e se policiar sobre o que tem visto, escutado e falado.

Todas as nossas ações são reflexos do que enche nossa mente. Por isso, precisamos controlar nossos pensamentos. Hoje, peça a Deus para blindar sua mente e seu coração, pois essa proteção é o que manterá sua vida em equilíbrio.

Eu estou orando por você!

REFLEXÃO

GRATIDÃO

NÃO INVERTA A ORDEM

- Deus
- Saúde
- Família
- Trabalho

Ele a aperfeiçoa todos os dias

"E o Deus de toda a graça, que em Cristo Jesus vos chamou à sua eterna glória, depois de haverdes padecido um pouco, ele mesmo vos aperfeiçoará, confirmará, fortificará e fortalecerá."

1 PEDRO 5:10

08 | ABR

Você está sendo lapidada pelo Senhor. Deixe Deus a curar, para que você cure outras mulheres.

Devocional 98/365

@devocionalmulhersabia

Existem momentos em que o peso do mundo parece estar sobre os nossos ombros, ou que o cansaço dominou o nosso ser. É nessas horas, em meio às dificuldades e aos desafios, que Deus a convida a entender o Seu processo e o Seu tempo.

Cada lágrima que você derrama é como água que rega o solo. Deus está usando esses momentos difíceis para germinar uma árvore que crescerá forte e frutífera. Ele a está aperfeiçoando todos os dias, confirmando, fortificando e fortalecendo. Muitas vezes, o processo é demorado, mas o resultado vem.

Deus está aperfeiçoando o seu caráter e a moldando, para que você viva a vida em abundância que Ele tem para você. As dificuldades não são em vão, elas a estão aperfeiçoando, moldando. Deus nunca falha e está do seu lado, sustentando-a para que você vença cada batalha. Então, quando você se sentir cansada, lembre-se: Deus a está aperfeiçoando. Entenda o processo d'Ele em sua vida.

Você está sendo lapidada pelo Senhor. Deixe Deus a curar, para que você cure outras mulheres. Ele está confirmando o seu ministério, o seu caráter. Ele a está fortificando e fortalecendo.

Eu estou orando por você!

REFLEXÃO

GRATIDÃO

NÃO INVERTA A ORDEM

- Deus
- Saúde
- Família
- Trabalho

Não desanime, descanse

09 | ABR

Você não está atrasada, mas no tempo exato de Deus.

Devocional 99/365

@devocionalmulhersabia

"E não nos cansemos de fazer o bem, porque a seu tempo ceifaremos, se não houvermos desfalecido."

GÁLATAS 6:9

Lindona, Satanás já entendeu que é inútil fazer a humanidade questionar a existência de Deus. Por isso, ele pode tentar fazer você desistir, inundando seu ser de desânimo, fazendo-a acreditar que está tão cansada que não consegue mais continuar. Talvez essa seja a realidade do seu dia hoje, mas existem estratégias para lutar contra o desânimo, porque maior é o que está em você do que o que está no mundo.

Todas nós já passamos por momentos de desânimo, mas o segredo é não ficar lá. A primeira atitude a tomar é descansar, pois às vezes você só está cansada. O desejo de desistir pode ser o jeito de o seu corpo dizer: pare e descanse. A misericórdia do Senhor se renova a cada manhã sobre sua vida. Em seguida, busque uma nova perspectiva em Deus. Tenha contato com as pessoas, não se isole, saia de casa e se vista. Respeite o tempo de Deus para todas as coisas; você não precisa correr com tudo. Você não está atrasada, mas no tempo exato de Deus.

Tenha paciência, mulher sábia. Não é porque as coisas não estão saindo como você planejou que o resultado não será abundante. Entregue ao Senhor as suas preocupações e ansiedades. Confie que Ele está trabalhando, mesmo que você não esteja vendo. Não desanime e não pare, porque Deus está com você.

Eu estou orando por você!

REFLEXÃO

GRATIDÃO

NÃO INVERTA A ORDEM

- Deus
- Saúde
- Família
- Trabalho

Distração, desânimo e dúvida

"Marta, porém, andava distraída em muitos serviços e aproximando-se disse: Senhor, não te importas que minha irmã me deixe servir só? Dize-lhe, pois, que me ajude."

LUCAS 10:40

10 | ABR

Não deixe a dúvida tomar o seu coração. Deus é fiel, a ama e está no controle de todas as coisas.

Devocional 100/365

@devocionalmulhersabia

Existem três "Ds" mortais a que nós, mulheres, precisamos estar muito atentas: a distração, o desânimo e a dúvida. Tudo começa na distração. Talvez esse seja o momento que você vive hoje, distraída e com muitos afazeres ou muitas coisas importantes para o mundo, mas não para Deus.

Só Deus é criativo, Satanás nunca foi. Ele usa as mesmas estratégias desde o Jardim do Éden. Ele distraiu Eva, depois Marta, e hoje tenta distrair você com coisas que não são essenciais. A estratégia da distração é desviar o seu olhar de Deus para as circunstâncias, para os momentos ou para as tarefas, focando o que é momentâneo.

Quando você se distrai, começa a pensar que Deus não se importa, e isso traz o desânimo. Depois, já distraída e desanimada, o inimigo planta a dúvida. A distração lhe traz medo, o desânimo a faz se esconder e rouba toda a sua esperança e os seus sonhos.

Nessas situações, não há melhor lugar para se estar do que nos braços do Pai, porque somente Ele sabe do que você precisa. Não se esconda, busque o Senhor e permita que Ele cuide e renove as suas forças, para encontrar cura para o seu coração ferido. Não deixe a dúvida tomar o seu coração. Deus é fiel, a ama e está no controle de todas as coisas.

Eu estou orando por você!

REFLEXÃO

GRATIDÃO

NÃO INVERTA A ORDEM

- Deus
- Saúde
- Família
- Trabalho

Preocupação inútil

11 | ABR

"A solicitude no coração do homem o abate, mas uma boa palavra o alegra."

PROVÉRBIOS 12:25

Não tema. Você não foi criada para ter preocupação. O medo não vem de Deus. Deixe a sua ansiedade para trás.

Devocional 101/365

@devocionalmulhersabia

REFLEXÃO

GRATIDÃO

A carga pesada da preocupação ou da ansiedade não traz benefício nenhum para você. A ansiedade não muda o agir de Deus, apenas a deixa mais nervosa e preocupada. A preocupação é em vão.

Se forem divididas em partes, 40% das suas preocupações são coisas que nunca acontecerão; 30% se referem ao passado, que você não vai conseguir mudar; 12% dizem respeito ao que falaram de você, que normalmente não tem fundamento e você também não pode controlar; 10% são sobre saúde, que piora com estresse; e 8% apenas se referem a problemas de verdade que podem ser resolvidos. A preocupação vem para fazê-la perder tempo, causando danos físicos e emocionais, que travam seu caminhar com Deus. Isso pode matá-la ou fragilizá-la aos poucos.

Sem contar as inúmeras doenças físicas relacionadas à ansiedade, como síndrome do pânico, depressão, transtornos obsessivos e compulsivos; tudo isso provém da preocupação inútil e da ansiedade. É por isso que, frequentemente, a Bíblia fala: não tema. Você não foi criada para ter preocupação. O medo não vem de Deus. Deixe a sua ansiedade para trás, porque a Bíblia fala para você não se preocupar. Mulher sábia, entregue na mão de Deus toda a sua ansiedade e o seu medo, porque Ele está cuidando de todas as coisas para você.

Eu estou orando por você!

NÃO INVERTA A ORDEM

- Deus
- Saúde
- Família
- Trabalho

Triunfe sobre as preocupações

"Não estejais inquietos por coisa alguma; antes, as vossas petições sejam em tudo conhecidas diante de Deus, pela oração e súplicas, com ação de graças. E a paz de Deus, que excede todo o entendimento, guardará os vossos corações e os vossos sentimentos em Cristo Jesus."

FILIPENSES 4:6-7

12 | ABR

A inquietação exalta o problema, mas a oração exalta Deus, e agradecer é muito importante.

Devocional 102/365

@devocionalmulhersabia

Não esteja ansiosa por coisa alguma, entregue tudo em oração para Deus. Para triunfar sobre as suas preocupações, você precisa ter cinco atitudes. A primeira delas é ter intimidade com Deus, pois conhecer o Deus a quem você serve muda tudo. A segunda é não estar inquieta ou ansiosa por coisa alguma. A terceira é apresentar tudo em oração. A quarta é ser obediente. E a quinta é ser grata por tudo.

Quando a Bíblia fala para você não andar ansiosa por coisa alguma, é literalmente por nada, nem por saúde, família, dinheiro ou passado. Porque essa ansiedade ou preocupação não vai mudar o trajeto, não vai mudar nada. Você precisa colocar tudo isso diante de Deus. Não ache que uma preocupação é pequena demais, porque uma preocupação que você considera pequena pode se tornar algo grande e distraí-la a ponto de a afastar de Deus. Então nunca ache que algo é pequeno. Se começar a sentir no coração, coloque diante de Deus, porque fazendo isso você tira do seu coração; quando você ora, não tem mais por que se preocupar.

Em vez de ficar obcecada mentalmente com os seus problemas, transforme isso em oração. A inquietação exalta o problema, mas a oração exalta Deus, e agradecer é muito importante. Agradeça pela bondade de Deus na sua vida e honre com a perspectiva de Deus.

Eu estou orando por você!

REFLEXÃO

GRATIDÃO

NÃO INVERTA A ORDEM

- Deus
- Saúde
- Família
- Trabalho

Nunca coloque um ponto-final

13 | ABR

O fim da pista é o início do seu voo. Então, continue e siga os princípios de Deus.

Devocional 103/365

@devocionalmulhersabia

"E Jesus ouvindo isso disse: Esta enfermidade não é para a morte, mas para a glória de Deus, para que o Filho de Deus seja glorificado por ela."

JOÃO 11:4

Lindona, existem momentos na nossa vida que parecem ser o fim para aquela situação, como se não tivesse mais jeito. Contudo, não coloque um ponto-final onde Deus está colocando apenas uma vírgula. Os caminhos de Deus não são os nossos caminhos, e o Seu tempo raramente coincide com o nosso.

Embora Deus nunca esteja atrasado, Ele também nunca está adiantado, porque o tempo de Deus é exato, e nós precisamos aprender a confiar no tempo e no caráter d'Ele. Deus não se atrasa, Ele é exato.

Não coloque um ponto-final em histórias, momentos ou sonhos, só porque não está acontecendo no tempo que você deseja. Deus está cuidando de tudo. A promessa de Deus vem para ser cumprida quando você crê, obedece e permanece constante n'Ele. Por isso, eu a desafio hoje a continuar constante em Deus.

A fé e a obediência andam juntas. É preciso ter fé. Não coloque um ponto-final, mas faça uma oração pedindo que Deus coloque a Sua pontuação, seja ela uma vírgula ou um ponto-final. A promessa vai chegar. Mulher sábia, só vive promessas quem cumpre princípios. O fim nunca é o fim, apenas o começo. O fim da pista é o início do seu voo. Então, continue e siga os princípios de Deus.

Eu estou orando por você!

REFLEXÃO

GRATIDÃO

NÃO INVERTA A ORDEM

- Deus
- Saúde
- Família
- Trabalho

Nunca coloque uma vírgula

"E, na verdade, tenho também por perda todas as coisas, pela excelência do conhecimento de Cristo Jesus, meu Senhor; pelo qual sofri a perda de todas estas coisas e as considero como esterco, para que possa ganhar a Cristo."

FILIPENSES 3:8

14 | ABR

Renuncie ao que Deus tem lhe pedido, obedeça ao que Ele já colocou no seu coração. Obedeça.

Devocional 104/365

@devocionalmulhersabia

Tem momentos em que Deus coloca um ponto--final e lhe pede para renunciar a algo, e você precisa obedecer, porque é melhor obedecer do que sacrificar. Há momentos em que Deus escreve o fim do capítulo, e você precisa entender isso.

Talvez esse ponto-final seja uma pessoa ou um trabalho. Eu não sei ao que Deus tem pedido para você renunciar, mas você precisa entender que os pontos-finais de Deus existem para o novo vir. Para o vinho novo vir, o odre tem que ser novo, então o velho tem que sair. Somente Deus sabe o que é melhor para você.

Você precisa confiar que Ele a está direcionando para o lugar certo, para você viver a abundância e a promessa, por isso creia que tudo vai dar certo e que todas as coisas estão cooperando para o seu bem. Se você ficar presa ao velho, não viverá o novo de Deus.

Mulher sábia, aceite o não de Deus, porque às vezes é isso que vai levá-la para outro nível. O fim nunca é o fim, é apenas o começo de algo novo que Deus está fazendo. Há um tempo novo do Senhor preparado para a sua vida. Renuncie ao que Deus tem lhe pedido, obedeça ao que Ele já colocou no seu coração. Obedeça, pois a mulher sábia é obediente à voz de Deus e entende que só vai viver o novo e a promessa se for obediente.

Eu estou orando por você!

REFLEXÃO

GRATIDÃO

NÃO INVERTA A ORDEM

- Deus
- Saúde
- Família
- Trabalho

Ele é seu escudo e sua proteção

15 | ABR

Dê menos atenção ao que o mundo lhe oferece e coloque o seu foco no que Deus promete.

Devocional 105/365

@devocionalmulhersabia

"Porque o Senhor Deus é um sol e escudo; o Senhor dará graça e glória; não negará bem algum aos que andam na retidão."

SALMO 84:11

Deus é a sua proteção, livra você de todo o mal e a esconde do maligno. Deus a protege e não segura nada de bom que tem para ser derramado na sua vida. As promessas que Ele lhe fez serão cumpridas, porque em Deus você está segura. Em Deus, temos todas as promessas de que precisamos: direção, proteção, conforto e o favor d'Ele. Ele está trabalhando o tempo todo a seu favor.

A Bíblia fala do cuidado, do favor de Deus e da cura, que são promessas sobre a sua vida. Mas você precisa começar a se encher com essas promessas e parar de se encher com coisas do mundo. As coisas do mundo a paralisam, lhe dão ansiedade, medo e a desequilibram. A palavra de Deus e a oração a equilibram, e quanto mais você se alimenta da palavra de Deus, mais nutrida de fé e amor você estará.

O mundo está te bombardeando o tempo todo com notícias cada vez piores, e isso gera insegurança. Mas a palavra de Deus traz notícias de bênçãos, de um futuro melhor e de esperança. Mulher sábia, envolva-se mais com a oração e a palavra de Deus. Dê prioridade para Deus, porque Ele é suficiente para a sua vida. Dê menos atenção ao que o mundo lhe oferece e coloque o seu foco no que Deus promete. Assim, você será fortalecida e viverá em paz e proteção.

Eu estou orando por você!

REFLEXÃO

GRATIDÃO

NÃO INVERTA A ORDEM

- Deus
- Saúde
- Família
- Trabalho

"E todos nós recebemos também da sua plenitude, com graça sobre graça."

JOÃO 1:16

16 | ABR

A cura de que você precisa está dentro de você.

Devocional 106/365

@devocionalmulhersabia

O segredo da nossa força está em nosso relacionamento com Deus. Quanto mais próxima e mais íntima você for de Deus, mais força emocional, espiritual e física vai ter. Porque é do Senhor que provém a vida plena; não tem como viver uma vida plena sem ter intimidade com Deus.

A alegria do Senhor é a nossa força, por isso você precisa investir na sua intimidade, que vai muito além do relacionamento com Deus, tendo a certeza de que Ele é a base para uma vida vitoriosa, equilibrada e plena.

Você precisa organizar o seu dia, pedindo sabedoria para Deus, de modo que você consiga colocá-Lo como prioridade, ou seja, você precisa começar o seu dia de dentro para fora. A cura de que você precisa está dentro de você.

Você vai ter desafios durante o seu dia, mas se estiver íntima de Deus, vai passar por cada desafio de uma forma plena. Peça o direcionamento para o Espírito Santo e use a sua fé como canal para a manifestação do poder de Deus em todas as áreas da sua vida. O nome de Jesus é poderoso. É ele que vai renovar as suas forças e a fazer voar como águia.

Seja grata. Cada dia vivido é uma graça, é um presente do Senhor. Celebre cada dia com gratidão. Cuide do seu corpo, da sua saúde e da sua intimidade com Deus para você viver a vida plena que Ele já tem preparado para você.

Eu estou orando por você!

REFLEXÃO

GRATIDÃO

NÃO INVERTA A ORDEM

- Deus
- Saúde
- Família
- Trabalho

Ele a trata com amor

17 | ABR

"Não nos tratou segundo os nossos pecados, nem nos retribuiu segundo as nossas iniquidades."

SALMO 103:10

"Deus tem para você uma vida plena e abundante, independentemente do que você fez até aqui. Basta você se perdoar. Deus já a perdoou.

Devocional 107/365

@devocionalmulhersabia

REFLEXÃO

GRATIDÃO

NÃO INVERTA A ORDEM

- Deus
- Saúde
- Família
- Trabalho

Lindona, já pensou se Deus nos tratasse de acordo com os nossos pecados, pensamentos ou merecimentos? Onde estaríamos agora? Provavelmente, nem vivas estaríamos. A Bíblia fala que o salário do pecado é a morte, e é isso que o pecador merece. Todo aquele que comete pecado merece a condenação.

Mas tudo o que vivemos já é por causa da misericórdia do Senhor, que se renova a cada manhã em nossa vida. Deus entregou Seu único Filho para morrer na cruz por mim e por você, para que Jesus fosse o caminho, a verdade e a vida.

A diferença é que Deus não nos trata segundo os nossos merecimentos, mas sim de acordo com quem Cristo é. Pela personalidade de Jesus, que é amor, misericórdia e perdão. Diferentemente de nós, Ele não julga, mas perdoa. Por isso, é essencial nos prostrarmos diariamente diante de Deus, com muita gratidão, sabendo que Sua misericórdia é imensa para conosco. Todos aqueles que temem a Deus recebem misericórdia. Mulher sábia, seja grata pela misericórdia de Deus na sua vida, pelo Seu amor e cuidado, por Ele a perdoar.

Deus tem para você uma vida plena e abundante, independentemente do que você fez até aqui. Basta você se perdoar. Deus já a perdoou e deseja que você viva uma vida em abundância. Perdoe-se e permita-se viver a vida plena que Deus tem para você.

Eu estou orando por você!

Perdoe-se e viva a vida plena

"Antes, dá maior graça. Portanto, diz: Deus resiste aos soberbos, dá, porém, graça aos humildes."

TIAGO 4:6

18 | ABR

Você pode escolher o que vai plantar hoje para fazer uma nova colheita amanhã.

Devocional 108/365

@devocionalmulhersabia

Todos nós temos um passado. Se ele foi cheio de problemas, desafios, ou se foi marcado por escolhas erradas, não importa. Para você chegar e ser a pessoa que você é hoje, precisou dos aprendizados que acumulou durante toda a vida. O seu passado não pode ser o motivo de culpa ou de vergonha, ele simplesmente ficou lá atrás. Você pode escolher o que vai plantar hoje para fazer uma nova colheita amanhã.

Talvez muitos projetos seus não estejam saindo do papel ou você ainda não desfrute da vida plena e abundante que Deus tem para você porque está presa ao passado, ao remorso, à falta de perdão ou à amargura.

Deus é misericórdia e amor. Jesus levou na cruz todos os seus pecados, então você já é perdoada e amada. Ele já jogou no mar do esquecimento.

Perdoe-se e se permita viver o novo, se permita ser amada pelo Pai. Abandone o que passou. Escolha plantar tudo o que é bom daqui para a frente, e você vai viver a vida plena e abundante que Deus preparou para você.

Eu estou orando por você!

REFLEXÃO

GRATIDÃO

NÃO INVERTA A ORDEM

- Deus
- Saúde
- Família
- Trabalho

Deus não faz nada pela metade

19 | ABR

"A boa obra que Deus começou, Ele é fiel para terminar. Ele vai concluir, pois Deus não deixa nada pela metade. Tudo o que Ele faz é perfeito e completo."

Devocional 109/365

@devocionalmulhersabia

"Aquele que nem mesmo a seu próprio Filho poupou, antes o entregou por todos nós, como não nos dará também com ele todas as coisas?"

ROMANOS 8:32

Deus não faz nada pela metade. Ele tem tudo preparado para você, para a sua casa, para o seu trabalho e para a sua vida financeira. Ele é fiel para cumprir até o fim. Basta obedecer às instruções de Deus por completo. Não obedeça pela metade, e você verá as surpresas de Deus se manifestarem em sua vida.

Quando Deus lhe der uma direção, siga nos mínimos detalhes e não pegue atalhos. Mulher sábia, siga a direção de Deus, mesmo que fazer isso por muitos dias seja desafiador. Vai valer a pena. Não obedeça pela metade. Assim diz o Senhor para você hoje: siga as ordens que Ele está lhe dando para viver as promessas d'Ele na sua vida.

A boa obra que Deus começou, Ele é fiel para terminar. Ele vai concluir, pois Deus não deixa nada pela metade. Tudo o que Ele faz é perfeito e completo. O que Deus tem para você é bom, perfeito e agradável. É a perfeição que Deus tem para você; não pegue atalhos, siga firme, siga os princípios de Deus e viva as promessas do Senhor.

Eu estou orando por você!

REFLEXÃO

GRATIDÃO

NÃO INVERTA A ORDEM

- Deus
- Saúde
- Família
- Trabalho

"E, estando elas muito atemorizadas e abaixando o rosto para o chão, eles lhe disseram: Por que buscais o vivente entre os mortos? Não está aqui, mas ressuscitou. Lembrai-vos como vos falou, estando ainda na Galileia."

LUCAS 24:5-6

20 | ABR

Talvez necessite de algo, mas tudo de que você precisa foi conquistado na cruz. Apesar de ter sido gratuito para você, teve um alto custo para Jesus.

Devocional 110/365

@devocionalmulhersabia

Lindona, Jesus venceu! O domingo chegou, e Ele venceu. Com Jesus, tivemos a vitória da cruz. Tudo custou para Ele, foi um alto preço, mas Jesus venceu a morte, o inimigo e todas as coisas. Jesus venceu as suas dores e os seus pecados. Por causa do dia da vitória de Jesus, nós podemos ser livres.

Um alto preço foi pago, um amor que nos constrange. Você precisa crer e aceitar esse amor de Jesus pela sua vida. Hoje é um dia de alegria, de vitória, de comemorar e de ser grata por aquela morte na cruz, por esse amor que constrange.

Entregue-se a Ele, glorifique o nome de Jesus e compartilhe esse amor. Mulher sábia, alegre-se e entre nessa festa. Compreenda o valor dessa morte na cruz. Jesus está hoje de braços abertos para você. No sacrifício de Jesus naquela cruz, você tem vida abundante e cura para a sua alma. Você tem o favor de Deus, o sustento para os seus dias, e o mais importante: a salvação.

Talvez você necessite de algo, mas tudo de que precisa foi conquistado na cruz. Apesar de ter sido gratuito para você, teve um alto custo para Jesus. Mas porque Ele venceu, podemos ter a vida eterna e ter acesso direto ao Pai.

Eu estou orando por você!

REFLEXÃO

GRATIDÃO

NÃO INVERTA A ORDEM

- Deus ☐
- Saúde ☐
- Família ☐
- Trabalho ☐

Ressuscite hoje

21 | ABR

Corra para o colo do Pai, e Ele vai ressuscitar essa área da sua vida.

Devocional 111/365

@devocionalmulhersabia

"Piedoso e benigno é o Senhor, sofredor e de grande vitória."

SALMO 145:8

Lindona, em qual área da sua vida você está precisando de uma ressurreição? Assim como Lázaro estava doente, morreu e, depois de quatro dias, Jesus o ressuscitou, Deus está pronto para ressuscitar as áreas da sua vida. Não sei se é sua saúde, seu casamento, seus filhos, sua vida emocional, financeira ou outra área, mas se para os seus olhos humanos parece sem solução, é exatamente lá que você precisa de uma ressurreição.

E eu quero lhe dizer que quem ressuscita é Jesus. Foi Ele quem ressuscitou Lázaro, e Ele pode ressuscitar você de qualquer situação. Para Deus, nada é impossível. Quando o mundo parece estar desabando ou quando não há mais esperança, recorra à pessoa certa: Jesus. Não se esqueça do amor d'Ele por você.

Quando você se sente perdida ou desanimada, não é aos homens que você tem que recorrer, é ao colo do Pai. É aos pés de Jesus que a vitória vem e que a ressurreição acontece. Jesus é a pessoa certa para você procurar.

Mulher sábia, você tem um Pai para quem correr. Acalme o seu coração, porque para Deus nada é impossível. Ele pode todas as coisas, mesmo nas situações que você acha que não tem saída. Corra para o colo do Pai, e Ele vai ressuscitar essa área da sua vida.

Eu estou orando por você!

REFLEXÃO

GRATIDÃO

NÃO INVERTA A ORDEM

- Deus
- Saúde
- Família
- Trabalho

Você é bênção e tem a graça

"O Senhor te abençoe e te guarde; o Senhor faça resplandecer o seu rosto sobre ti e te conceda graça; o Senhor volte para ti o seu rosto e te dê paz."

NÚMEROS 6:24-26

22 | ABR

Deus pode surpreendê-la e, do nada, fazer tudo. Você é abençoada com o favor e a graça de Deus na sua vida.

Devocional 112/365

@devocionalmulhersabia

Eu quero que você acredite hoje que é abençoada, perdoada e redimida. Deus é quem cura todas as doenças, perdoa todos os nossos pecados e tem o amor mais lindo e mais puro por mim e por você. Muitas vezes, o inimigo tenta tomar o nosso coração com incertezas e inverdades.

Mulher sábia, acredite nessa verdade todos os dias da sua vida, no dia ruim ou no dia bom acredite que é bênção e que você tem a graça. Deus jamais prometeu que não teríamos momentos difíceis, mas Ele promete que você tem a graça, que você é abençoada, que vai guardá-la e livrá-la a todo o tempo. Ele veio somente para lhe dar uma vida em abundância.

Quando surgem os desafios da sua vida, você desmorona, se entrega ou permanece firme na rocha? Como têm sido as suas reações aos desafios da vida? Cuidado com as suas reações, cuidado para o inimigo não ganhar força com as incertezas dentro do seu coração.

Que essas palavras lhe tragam coragem, amor, força. Que você creia que Deus tem o melhor para a sua vida. Deus pode surpreendê-la e, do nada, fazer tudo. Abundantemente e além do que um dia você sonhou. Você é abençoada com o favor e a graça de Deus na sua vida.

Eu estou orando por você!

REFLEXÃO

GRATIDÃO

NÃO INVERTA A ORDEM

- Deus
- Saúde
- Família
- Trabalho

Águas que saram

23 | ABR

"Quem crê em mim, como diz a escritura, rios de água viva correrão do seu ventre."

JOÃO 7:38

As águas vivas vão curar o seu coração para você começar o transbordo do Senhor.

Devocional 113/365

@devocionalmulhersabia

A água é um recurso extremamente valioso para a vida. O nosso corpo é formado por mais de 70% de água, e nós não vivemos sem ela. Para que as células do nosso corpo funcionem de forma correta, nós precisamos de água. Para o seu corpo se manter desinflamado, você precisa de água. Não há nem como discutir, nós necessitamos de água, pois ela tem o poder de limpar, curar, restaurar e santificar. A água é uma fonte de vida incomparável.

Na Bíblia, há diversas passagens que falam sobre a água. Passagens sobre rios que jorram água viva, água que prospera e dá frutos. Nós precisamos começar a beber diariamente da água da fonte viva, que é Deus. Através da intimidade com Deus, você bebe dessa água. A busca diária pelo Senhor é a maneira de obter a água que sacia, enche e transborda o seu coração. Não faça reserva com o que Deus tem lhe dado, com as águas que estão brotando em você; deixe-as transbordar.

As águas vivas que correm dentro de nós têm o poder de mudar realidades e decretos. Mulher sábia, vamos ser instrumentos do Senhor nesta Terra, intencionais com Deus, para romper tudo o que tem sido um fardo na sua vida e a impedido de crescer espiritualmente. As águas vivas vão curar o seu coração para você começar o transbordo do Senhor. Que Deus a use para ajudar aqueles que estão perecendo em terra seca, aqueles que estão precisando conhecer a fonte de água viva que sara e sacia.

Eu estou orando por você!

REFLEXÃO

GRATIDÃO

NÃO INVERTA A ORDEM

- Deus
- Saúde
- Família
- Trabalho

A bondade a persegue

"Quão preciosa é, ó Deus, a tua benignidade! E por isso os filhos dos homens se abrigam à sombra das tuas asas."

SALMO 36:7

24 | ABR

Que o Senhor a cure e a faça enxergar com os olhos d'Ele. Que a bondade e a misericórdia do Senhor a persigam a cada manhã.

Devocional 114/365

@devocionalmulhersabia

A bondade e a misericórdia do Senhor a perseguem todos os dias da sua vida, e como é bom saber disso! Você não precisa correr atrás, se esforçar ou merecer, é de graça; é pela graça e misericórdia de Deus. Você só precisa ser uma filha que crê na bondade de Deus. A palavra de Deus fala que a bondade e a misericórdia vão segui-la todos os dias como uma sombra em todos os lugares que você for.

Você precisa acreditar que Deus não nos olha com olhos de reprovação e de julgamento. Deus a olha com olhos bons, e os pensamentos que Ele tem sobre você são bons. Esse é o Pai que cuida de você, que nunca muda e quer o melhor para você e para sua família. Não importam os desafios e as barreiras que vem enfrentando, você tem um Pai cuja bondade e misericórdia andam com você. Declaro agora no seu coração que a bondade e a misericórdia de Deus a persigam o tempo todo.

Esse é um privilégio maravilhoso, e você não pode desistir disso. Não se deixe desviar nem para a direita nem para a esquerda; escolha andar sob a bondade e a misericórdia de Deus. Que o Senhor a cure e a faça enxergar com os olhos d'Ele. Que a bondade e a misericórdia do Senhor a persigam a cada manhã.

Eu estou orando por você!

REFLEXÃO

GRATIDÃO

NÃO INVERTA A ORDEM

- Deus
- Saúde
- Família
- Trabalho

Você tem um dom

25 | ABR

"Você é insubstituível para Deus. Deus tem um dom espiritual para derramar sobre a sua vida hoje.

Devocional 115/365

@devocionalmulhersabia

REFLEXÃO

GRATIDÃO

"Mas a graça foi dada a cada um de nós segundo a medida do dom de Cristo."

EFÉSIOS 4:7

Você foi criada por Deus com um propósito. Você tem um dom espiritual que foi dado por Deus, pois Ele conhece o seu interior como ninguém, e muito melhor do que você mesma. Deus conhece o seu levantar, o seu deitar, os seus anseios, os seus desejos, os seus gostos e os seus sonhos. Deus a conhece como ninguém porque se interessa por cada detalhe da sua vida.

Deus já a idealizava e sonhava com você antes mesmo de você nascer, Ele já sonhava em ter com você uma vida de intimidade. Você é insubstituível para Deus, nunca deixe o inimigo fazê-la acreditar no contrário.

Você não é mais uma na multidão; é única, e Deus lhe deu essa vida porque tem um propósito, um dom único para você. Deus planejou a sua vida de ponta a ponta, cada detalhe. Você é amada.

Você precisa primeiramente saber sua identidade em Deus, que é amada, que é filha, que Deus a planejou, para que Ele possa revelar o dom que já planejou para você. Deus tem um dom espiritual para derramar sobre a sua vida hoje.

Eu estou orando por você!

NÃO INVERTA A ORDEM

- Deus
- Saúde
- Família
- Trabalho

Use os talentos que Deus lhe deu

"Sempre dou graças ao meu Deus por vós pela graça de Deus que vos foi dada em Cristo Jesus."

1 CORÍNTIOS 1:4

26 | ABR

Não enterre o seu talento, seja uma mulher ousada. Realize aquilo que Deus tem colocado no seu coração.

Devocional 116/365

@devocionalmulhersabia

Deus lhe deu talentos; o que você tem feito com eles? Talvez Deus tenha pedido algo e você se sinta incapaz. Você questiona a vontade de Deus porque acha que há gente melhor para atender ao pedido, mas Ele escolheu você. Então, acredite e comece a usar os talentos que Deus lhe deu.

Ele já imaginava que você seria uma mulher habilidosa, que usaria cada talento que Ele lhe deu para honra e Glória d'Ele. Deus quer usá-la do jeito que você é, com as falhas e as habilidades que tem. Não fique insegura, não tenha medo ou vergonha. Deus colocou em você um grande potencial e Ele conta com você do jeito que é, porque pessoas vão se identificar com a sua história, com as suas dificuldades. Não desperdice o seu talento; coloque em ação tudo aquilo que Deus tem plantado no seu coração.

Não se intimide e não se deixe ser convencida do contrário. Não enterre o seu talento, seja uma mulher ousada. Realize aquilo que Deus tem colocado no seu coração. Só obedeça e deixe o resto com Ele. Deus vai capacitá-la e cuidar de todas as coisas. O talento já está dentro de você. Seja ousada, rompa os limites que o inimigo está querendo impor e faça, porque você pode, em nome de Jesus. Faça o que Deus planejou para você.

Eu estou orando por você!

REFLEXÃO

GRATIDÃO

NÃO INVERTA A ORDEM

- Deus
- Saúde
- Família
- Trabalho

Deus lhe prometeu, Ele cumpre

27 | ABR

"Mas, se é por graça, já não é pelas obras; de outra maneira, a graça já não é graça."

ROMANOS 11:6

Não deixe a lógica natural das coisas ou a circunstância travar ou limitar o agir de Deus. Não desista do que Deus lhe prometeu.

Devocional 117/365

@devocionalmulhersabia

Não desista do que Deus lhe prometeu, pois se Ele prometeu, Ele cumpre, pela graça d'Ele na sua vida, e não pelas suas boas obras. Deus vai cumprir tudo o que lhe prometeu, ainda que as circunstâncias atuais mostrem a promessa como algo impossível.

A esposa de Abraão, Sara, era estéril e os dois já eram bem idosos, mas Deus prometeu e cumpriu o milagre na vida de Abraão e Sara, e o mesmo Deus daquela época é o Deus de hoje. Não deixe a lógica natural das coisas ou a circunstância travar ou limitar o agir de Deus. Abraão também teve medo e ficou ansioso, mas resolveu crer na promessa. Por isso Deus orienta Abraão a olhar para o alto, porque é de lá que vem o sustento.

Lindona, quando você estiver vivendo um tempo em que parece que os sonhos de Deus não estão se cumprindo na sua vida, olhe para o alto, para Deus, e não desanime. A sua bênção vai chegar, e ela será infinitamente maior do que você sonhou ou imaginou, porque quem lhe prometeu é fiel para cumprir. Não desista do que Deus lhe prometeu, porque não será por mérito, mas pela graça.

Deus tem derramado graça abundante para você viver os sonhos na sua vida. Não desista, não pare de crer. A graça está sendo derramada sobre você, não por mérito, mas por amor.

Eu estou orando por você!

REFLEXÃO

GRATIDÃO

NÃO INVERTA A ORDEM

- Deus
- Saúde
- Família
- Trabalho

Busque a coroa da sabedoria

"Que redime a tua vida da perdição, que te coroa de benignidade e de misericórdia."

SALMO 103:4

28 | ABR

Ser uma mulher sábia é como ser uma mulher coroada para Deus, por isso você precisa buscar todos os dias a coroa da sabedoria.

Devocional 118/365

@devocionalmulhersabia

Provérbios 4:9 diz: "a sabedoria será para você um enfeite, como se fosse uma linda coroa". Ser uma mulher sábia é como ser uma mulher coroada para Deus, por isso você precisa buscar todos os dias a coroa da sabedoria. Porque a palavra de Deus também fala em Tiago que se você precisa de sabedoria, é só pedir, que Ele lhe dá.

Você precisa viver buscando sabedoria para viver o melhor de Deus. Você acha que consegue viver a abundância de Deus e sua plenitude com a mente e a sabedoria que tem hoje? Ou você acha que, para viver o melhor de Deus, precisaria mudar a sua mentalidade e ter mais sabedoria?

Por isso que todos os dias eu peço sabedoria para Deus, porque entendo que, para eu viver o novo de Deus, preciso de mais sabedoria. A sabedoria que eu tenho hoje não vai me levar a viver o melhor que Deus que tem à frente para mim.

Você precisa buscar sabedoria todos os dias, porque não há como viver o melhor de Deus, o melhor na sua casa, no seu casamento, na sua vida financeira sem sabedoria. Às vezes jogamos fora tudo que conquistamos por falta de sabedoria; não desperdice, não jogue fora o que Deus tem lhe dado. Na vida cristã, é preciso receber a bênção, zelar e cuidar dela, e só se faz isso com sabedoria. Tudo o que Deus nos entrega requer responsabilidade para manter.

Lindona, quando você tem sabedoria, enxerga com os olhos de Deus. Você reconhece que não é nada e que Deus habita em você, Ele que faz o tudo. Busque ser sábia a cada dia para que prospere em Deus e seja coroada com sabedoria, mulher sábia.

Eu estou orando por você!

REFLEXÃO

GRATIDÃO

NÃO INVERTA A ORDEM

- Deus
- Saúde
- Família
- Trabalho

Só vive a graça quem crê

29 | ABR

A graça está disponível para você, mas só vive a graça quem crê. Comece a crer hoje! Ative a sua fé!

Devocional 119/365

@devocionalmulhersabia

"A graça de nosso Senhor Jesus Cristo seja, irmãos, com o vosso espírito. Amém!"

GÁLATAS 6:18

Lindona, para viver a graça e a misericórdia de Deus, você precisa crer. Você precisa ter fé. Não basta apenas receber, é necessário acreditar no Deus vivo.

Você já recebeu, de graça, o maior presente da humanidade: a morte de Jesus naquela cruz, por mim e por você. Foi por essa morte que fomos salvos. Quando você acredita nessa graça, ela inclui cura, prosperidade, vida em abundância, plenitude de Deus e libertação.

Por isso, você precisa ativar a sua fé todos os dias. Talvez você olhe para a vida de algumas pessoas e se pergunte: "Por que comigo não acontece? Por que comigo nada dá certo?". Deus nos ama da mesma forma, o que muda é o quanto a sua fé está ativada. Quanto a sua fé está ativada? É a pergunta que faço a você hoje.

Alimente a sua fé com a palavra de Deus. A fé vem ao ouvir a palavra de Deus. Medite na Palavra dia e noite, ore, peça a Deus que a encha de sabedoria e aumente a sua fé. A graça está disponível para você, mas só vive a graça quem crê. Comece a crer hoje!

Eu estou orando por você!

REFLEXÃO

GRATIDÃO

NÃO INVERTA A ORDEM

- Deus
- Saúde
- Família
- Trabalho

Seja constante no que você crê

"Portanto, cingindo os lombos do vosso entendimento, sede sóbrios e esperai inteiramente na graça que se vos ofereceu na revelação de Jesus Cristo."

1 PEDRO 1:13

30 | ABR

Se foi Deus quem falou com você, por que vai desistir? Não se deixe guiar pela circunstância, não seja teimosa, não oscile. Persista na visão que Deus lhe deu.

Devocional 120/365

@devocionalmulhersabia

Você precisa ser constante no que você crê, mulher. Seja firmada em Deus, perseverante e constante. Enquanto você espera o milagre e a intervenção, Deus a está curando, está forjando o seu caráter e a aperfeiçoando, tornando-a melhor a cada dia. Não reclame do tempo da espera, pois ela faz parte do processo.

Enquanto você resiste à dificuldade, crendo na palavra de Deus, está sendo aprovada por Deus, e não tem nada melhor do que sermos aprovadas pelo nosso Pai. Seja constante, persista, não desanime, não pare, continue, fique firme. Seja constante no que Deus tem lhe mostrado, persista na visão que Deus lhe deu.

Se foi Deus quem falou com você, por que vai desistir? Não se deixe guiar pela circunstância, não seja teimosa, não oscile. Deus a capacita na perseverança, é por meio dela que a sua vitória vai chegar; não basta acreditar, tem que permanecer.

Animе-se e siga adiante, pois a sua vitória está chegando. Seja uma mulher perseverante em Deus. É tão bonito vermos pessoas constantes em Deus, mesmo em meio às dificuldades. Continue crendo e seguindo o propósito que Deus colocou no seu coração.

Eu estou orando por você!

REFLEXÃO

GRATIDÃO

NÃO INVERTA A ORDEM

- Deus
- Saúde
- Família
- Trabalho

MAIO

Mês da Providência

"Se Deus veste assim a erva do campo, que hoje existe e amanhã é lançada ao fogo, não vestirá muito mais a vocês, homens de pequena fé? Portanto, não se preocupem, dizendo: 'Que vamos comer?' ou 'Que vamos beber?' ou 'Que vamos vestir?' Pois os pagãos é que correm atrás dessas coisas; mas o Pai celestial sabe que vocês precisam delas. Busquem, pois, em primeiro lugar o Reino de Deus e a sua justiça, e todas essas coisas serão acrescentadas a vocês."

MATEUS 6:30-33

Eu tenho uma palavra de Deus para o seu mês.

Leia o QR Code e assista.

A mulher sábia serve com amor

01 | MAI

"E tudo quanto fizerdes, fazei-o de todo coração, como ao Senhor e não aos homens."

COLOSSENSES 3:23

Quando dedicamos nossas ações a Deus, a excelência se torna uma consequência natural.

Devocional 121/365

@devocionalmulhersabia

Trabalhar com o coração voltado para Deus é como edificar sobre uma rocha sólida, onde cada tarefa, por mais simples que seja, torna-se uma forma de adoração. Assim como a jardineira que cuida das plantas, não apenas pela beleza, mas por amor ao Criador do jardim, somos convidadas a servir com amor em tudo o que fazemos, seja ao preparar um café da manhã ou arrumar a cama, como se fosse para o Senhor. Agindo assim, vivenciaremos a providência divina em nossas vidas.

Quando dedicamos nossas ações a Deus, a excelência flui naturalmente. Trabalhamos não para agradar aos homens, mas para honrar Aquele que nos deu dons e talentos. Cada bênção que possuímos, como casa ou trabalho, é um presente de Deus, e devemos tratar essas dádivas com gratidão e dedicação, transformando nosso esforço em um ato de fé e compromisso com os valores do Reino de Deus.

Deus observa nossas intenções e recompensa as que atuam com diligência e devoção. O verdadeiro valor não está no reconhecimento humano, mas na aprovação divina. Afinal, de que adianta conquistar o mundo e perder o amor e a aprovação de Deus? Quando nos dedicamos de coração ao que fazemos, nosso trabalho se torna uma oferta de louvor e cumprimos o propósito para o qual fomos chamadas. No Reino de Deus, todo trabalho feito com amor e dedicação é honrado e valioso.

Eu estou orando por você!

REFLEXÃO

GRATIDÃO

NÃO INVERTA A ORDEM

- Deus
- Saúde
- Família
- Trabalho

Seja produtiva e frutífera

"O que lavra a sua terra se fartará de pão, mas o que segue os ociosos é falto de juízo."

PROVÉRBIOS 12:11

02 | MAI

A verdadeira sabedoria está em trabalhar com foco e perseverança.

Devocional 122/365

@devocionalmulhersabia

O trabalho produtivo e frutífero é como o de uma agricultora que lavra sua terra com a certeza de que seu esforço resultará em uma colheita abundante. Essa imagem reforça a importância de investir nosso tempo em tarefas que trazem frutos duradouros, evitando o que nos desestabiliza e nos afasta do centro da vontade de Deus.

Quando você se distrai com redes sociais, observa a vida dos outros ou consome conteúdos que não edificam, está deixando de ser produtiva. A agricultora, ao cuidar de sua terra, sabe que cada semente plantada e cada esforço serão recompensados na colheita. Seguir caminhos incertos é como cultivar uma terra estéril: pode ser tentador buscar atalhos e ganhos rápidos, mas esses são desvios do verdadeiro caminho da prosperidade.

A verdadeira sabedoria está em trabalhar com foco e perseverança, investindo naquilo que traz benefícios reais a longo prazo. Ao trilharmos o caminho da diligência e da integridade, mesmo que o progresso pareça lento, colhemos frutos abundantes. O trabalho árduo, feito com paciência e dedicação, sempre é recompensado. A Palavra nos ensina que, ao mantermos nossa mente e nossos esforços voltados para atividades produtivas, estamos no caminho da sabedoria e das recompensas que vêm do alto.

Assim, ao nos dedicarmos ao trabalho com diligência e discernimento, investimos em nosso próprio crescimento e sucesso. Deus abençoa aquelas que, com entendimento e compromisso, lavram sua terra e se empenham em atividades que fazem a diferença. Mulher sábia, seja produtiva em Deus e mantenha seu foco no essencial.

Eu estou orando por você!

REFLEXÃO

GRATIDÃO

NÃO INVERTA A ORDEM

- Deus
- Saúde
- Família
- Trabalho

Sem disciplina não há liberdade

03 | MAI

"A disciplina é essencial para a vida cristã."

Devocional 123/365

@devocionalmulhersabia

"Porque, quando ainda estávamos convosco, vos mandamos isto; que se alguém não quiser trabalhar, não coma também."

2 TESSALONICENSES 3:10

A disciplina é essencial para a vida cristã, e esse versículo nos lembra da importância do trabalho árduo como um princípio fundamental. Imagine uma colmeia, onde cada abelha tem um papel a desempenhar: sem o trabalho incessante de cada uma, a colmeia não prosperaria.

Da mesma forma, a sociedade depende do esforço de cada um para funcionar adequadamente. Negligenciar o trabalho não somente afeta a nossa própria vida, como também pode impactar todos ao nosso redor, não importa se o seu trabalho é externo ou dentro do seu lar. O que importa é você servir com excelência, ser focada e disciplinada em tudo que se propuser a fazer.

O apóstolo Paulo destaca que o trabalho é uma responsabilidade que devemos assumir com seriedade; não se trata apenas de sustentar a nós mesmas, mas de contribuir para o bem-estar coletivo e para a prosperidade do nosso ambiente. A verdadeira recompensa do trabalho vai além do sustento material; também inclui a satisfação de cumprir nosso dever e contribuir para o bem comum.

O trabalho enobrece o viver, Deus honra aqueles que trabalham diligentemente e se empenham em cumprir suas responsabilidades com integridade e fé. Portanto, ao abraçarmos o trabalho com a mesma seriedade com que cuidamos das nossas necessidades, estamos cumprindo um princípio divino e contribuindo para um ambiente mais harmonioso e produtivo. Mulher sábia, seja disciplinada e excelente em tudo.

Eu estou orando por você!

REFLEXÃO

GRATIDÃO

NÃO INVERTA A ORDEM

- Deus
- Saúde
- Família
- Trabalho

"E também que todo homem coma e beba, e goze do bem de todo o seu trabalho; isto é um dom de Deus."

ECLESIASTES 3:13

04 | MAI

O prazer de desfrutar do trabalho é uma bênção que vem de Deus.

Devocional 124/365

@devocionalmulhersabia

Hoje, convido você a aprender a desfrutar mais do que Deus já lhe deu, algo que sempre foi desafiador para mim. Estou num processo de aprender a valorizar as bênçãos de Deus, pois, para mim, tudo sempre foi muito trabalhoso, e parecia que eu não era digna de desfrutar. Mas Deus tem me mostrado que sou, sim, merecedora. O prazer de desfrutar do trabalho é uma bênção divina, como um artesão que cria uma peça única e sente satisfação ao vê-la pronta – essa alegria é uma expressão da graça de Deus.

Cada conquista e momento de alegria no trabalho são presentes de Deus, e o trabalho vai além de uma obrigação; é uma oportunidade de reconhecer e agradecer a Ele pela capacidade de criar e usufruir. Cada refeição, cada descanso após um dia produtivo, são lembretes de que Deus nos concede tanto o esforço quanto o prazer dos resultados.

Deus nos dá a capacidade de trabalhar e de colher o que plantamos, manifestando Seu amor e cuidado. Ao reconhecermos isso, somos motivadas a trabalhar com gratidão e alegria, sabendo que cada bênção é um presente d'Ele. Aproveitar o fruto do nosso trabalho é, portanto, um momento de gratidão e louvor ao Pai, incentivando-nos a continuar com o coração grato.

Lindona, aprenda a desfrutar, assim como eu, das bênçãos que Deus tem lhe dado.

Eu estou orando por você!

REFLEXÃO

GRATIDÃO

NÃO INVERTA A ORDEM

- Deus
- Saúde
- Família
- Trabalho

Não fale, faça!

05 | MAI

"A palavra sem ação é como uma semente que nunca é plantada.

Devocional 125/365

@devocionalmulhersabia

REFLEXÃO

GRATIDÃO

NÃO INVERTA A ORDEM

- Deus
- Saúde
- Família
- Trabalho

"Em todo trabalho há proveito, mas ficar só em palavras leva à pobreza."

PROVÉRBIOS 14:23

O provérbio destaca a diferença entre o discurso e a ação. Falar sobre planos e intenções é fácil, mas o verdadeiro proveito vem da ação concreta e do trabalho sábio. Imagine um construtor que planeja erguer um edifício, sem colocar mãos à obra: seus planos permanecem apenas como ideias no papel. É por meio do trabalho árduo que os sonhos se tornam realidade.

A palavra sem ação é como uma semente que nunca é plantada: pode parecer promissora, mas sem o esforço necessário para cultivá-la nunca produzirá frutos. O trabalho é o que transforma os planos e as palavras em resultados tangíveis e significativos. O esforço dedicado à realização das tarefas gera frutos e recompensas reais, enquanto a inatividade provoca falta e frustração. Quando nos comprometemos a agir com diligência e empenho, colhemos os benefícios do trabalho realizado.

A Palavra nos ensina que o verdadeiro valor está na ação consistente, no esforço contínuo; ao trabalharmos com dedicação, transformamos nossas palavras e intenções em realizações concretas. Portanto, ao dedicarmos nosso tempo e esforço ao trabalho, não apenas cumprimos nossas responsabilidades, mas também experimentamos a satisfação e o benefício que vêm da ação com foco, com responsabilidade e disciplina.

Hoje, mulher sábia, eu quero desafiá-la a falar menos. Conte menos dos seus planos, fale menos do que você vai fazer. Apenas faça, ore! Busque sabedoria, discernimento e instrução do Senhor. E faça, realize! Seja uma mulher realizadora.

Eu estou orando por você!

Seu trabalho é uma bênção

"Pois comerás do trabalho das tuas mãos; feliz serás, e te irá bem."
SALMO 128:2

06 | MAI

O trabalho bem-feito não apenas sustenta, mas também traz alegria e prosperidade.

Devocional 126/365

@devocionalmulhersabia

Hoje, quero que você comece a acreditar que seu trabalho é uma bênção. Não importa se você tem uma empresa, trabalha para alguém ou cuida da sua casa; em qualquer situação, veja seu trabalho como uma bênção do Senhor. E para você que abriu mão de muitas coisas para se dedicar ao seu lar, quero dizer que a honro e admiro profundamente. Você é escolhida por Deus para ser força, dedicação e bênção em sua família.

Encare o trabalho de cuidar da sua casa como uma bênção. Ele é fonte de felicidade e realização. Quando você, mulher sábia, renuncia até a seus próprios sonhos profissionais para educar seus filhos e cuidar do lar, Deus vê esse sacrifício e recompensará sua entrega. Ele trará não apenas abundância, mas também a satisfação de ver seus filhos prósperos e amando a Jesus acima de tudo.

O trabalho bem-feito não só sustenta, mas também traz alegria e prosperidade. Cada tarefa realizada com empenho produz frutos, tanto materiais quanto emocionais e espirituais. A felicidade que sentimos ao ver o resultado do nosso trabalho é prova de que Deus abençoa o esforço e a fidelidade. O trabalho de nossas mãos reflete nossa dedicação, e Deus honra quem se dedica com integridade.

Ao reconhecermos que nosso trabalho é uma bênção e o meio pelo qual Deus nos sustenta, somos motivadas a trabalhar com gratidão. A felicidade vem do processo de trabalhar e ver as bênçãos se manifestarem. Assim, ao dedicarmos nossas mãos e nossos corações ao trabalho, experimentamos a prosperidade prometida por Deus. Ele abençoa quem trabalha com sinceridade e compromisso, trazendo recompensas que vão além do material. Seu trabalho, mulher sábia, é uma verdadeira bênção.

Eu estou orando por você!

REFLEXÃO

GRATIDÃO

NÃO INVERTA A ORDEM

- Deus ☐
- Saúde ☐
- Família ☐
- Trabalho ☐

A mulher sábia é determinada

07 | MAI

Deus faz o impossível, mas o possível é com você.

Devocional 127/365

@devocionalmulhersabia

"A alma do preguiçoso deseja, e coisa nenhuma alcança, mas a alma dos diligentes se farta."

PROVÉRBIOS 13:4

Esse versículo ilustra a diferença entre desejar e agir. A alma preguiçosa pode ter grandes sonhos e desejos, mas sem a ação necessária, sem pagar o preço diário, esses desejos permanecem como promessas vazias. Imagine um artista que sonha em criar uma obra-prima, mas nunca se dedica ao trabalho: seus sonhos nunca se tornam realidade porque faltam esforço e determinação.

Por outro lado, a diligência e o trabalho árduos são recompensados. A pessoa que se dedica, se empenha nas tarefas, vê suas realizações sendo alcançadas. Não tem segredo, mulher sábia: é dedicação. É trabalho, disciplina e foco.

A diferença entre ter uma visão e concretizá-la está na disposição para trabalhar com perseverança e consistência. Deus nos chama para sermos disciplinados e focados em nosso trabalho, em tudo que nos propusermos a fazer. Sabendo que a recompensa vem para aqueles que não apenas sonham, mas agem. Deus faz o impossível, mas o possível é com você.

O esforço consistente e a dedicação são o caminho para alcançar nossas metas e ver nossos desejos realizados. Portanto, ao trabalharmos com foco, disciplina, gratidão e constância, transformamos nossos desejos em realizações concretas, experimentando a satisfação que vem de ver o fruto do nosso trabalho. A mulher sábia é determinada e constante.

Eu estou orando por você!

REFLEXÃO

GRATIDÃO

NÃO INVERTA A ORDEM

- Deus
- Saúde
- Família
- Trabalho

A mulher sábia é intensa

"Tudo quanto te vier à mão para fazer, faze-o conforme as tuas forças, porque na sepultura, para onde tu vais, não há obra nem projeto, nem conhecimento, nem sabedoria alguma."

ECLESIASTES 9:10

08 | MAI

Mulher sábia, viva com alegria e de forma intensa.

Devocional 128/365

@devocionalmulhersabia

Viva cada segundo, isso é o que Deus quer falar ao teu coração hoje. Seja intensa e viva os sonhos que Deus tem lhe dado. Esse versículo nos lembra da importância de aproveitar o tempo presente para trabalhar com toda a nossa capacidade. Imagine um artesão que, ao criar uma peça de arte, coloca toda a sua energia e habilidade no trabalho. Ele sabe que o tempo é precioso e que o momento presente é a única oportunidade que tem para realizar sua obra.

Quando dedicamos nossas forças e habilidades a trabalhar com intensidade, estamos aproveitando ao máximo o tempo que Deus nos deu. Cada tarefa que realizamos com empenho é uma expressão de gratidão e uma oportunidade de fazer a diferença na nossa vida, na vida do próximo. O trabalho realizado com dedicação e excelência é um testemunho da nossa valorização do tempo e dos recursos que Deus nos concede.

A vida é curta, e o tempo é um recurso que não podemos recuperar. O tempo é um bem precioso; ele nao volta e nao retrocede. Ao trabalharmos com diligência e dedicação, estamos cumprindo o nosso propósito e honrando Deus com o melhor das nossas habilidades e dos nossos esforços. Esse compromisso nos permite viver de forma significativa e impactar positivamente o mundo ao nosso redor. Portanto, ao nos dedicarmos para a vida com intensidade, com alegria, com vontade, estamos fazendo o bom uso do tempo e das oportunidades que Deus nos dá e nos preparando para uma vida que reflete Sua glória e Seu propósito. Mulher sábia, viva com alegria e de forma intensa.

Eu estou orando por você!

REFLEXÃO

GRATIDÃO

NÃO INVERTA A ORDEM

- Deus
- Saúde
- Família
- Trabalho

Seja firme e constante

09 | MAI

"Não importa quão pequeno ou grande seja o trabalho que você realiza, Deus vê e valoriza cada um deles.

Devocional 129/365

@devocionalmulhersabia

REFLEXÃO

GRATIDÃO

NÃO INVERTA A ORDEM

- Deus
- Saúde
- Família
- Trabalho

"Portanto, meus amados irmãos, sede firmes e constantes, sempre abundantes na obra do Senhor, sabendo que o vosso trabalho não é vão no Senhor."

1 CORÍNTIOS 15:58

O apóstolo Paulo nos ensina a sermos firmes e constantes em Deus, sabendo que tudo que fazemos é valioso e tem um propósito eterno. Imagine um construtor que ergue um edifício com dedicação, sabendo que cada tijolo colocado é parte de uma estrutura duradoura.

Da mesma forma, a nossa vida é parte de um plano maior com impacto para a eternidade. Por isso, precisamos ser firmes e constantes em tudo que nos propomos a fazer; Deus tem algo maior em tudo o que você faz.

Cada ato de serviço, cada esforço em prol do reino, cada esforço em prol do seu lar, da criação dos seus filhos, do seu casamento, é significativo e faz a diferença. Não importa quão pequeno ou grande seja o trabalho que você realiza, Deus vê e valoriza cada um deles.

Nosso trabalho não é em vão, pois é feito para uma causa maior e usado por Deus para Seus propósitos eternos. A perseverança e a constância na obra do Senhor são recompensadas com a certeza de que nosso trabalho contribui para a expansão do reino e para a glória de Deus.

Ele nos encoraja a continuar sabendo que tudo o que fazemos com o coração voltado para Ele tem um valor eterno. Portanto, ao permanecermos firmes e constantes na obra do Senhor, podemos confiar que nosso trabalho é significativo e que Deus usa cada esforço para cumprir Seus propósitos. Seja firme e constante em Deus.

Eu estou orando por você!

A mulher sábia pensa com clareza

"Confia ao Senhor as tuas obras, e teus pensamentos serão estabelecidos."

PROVÉRBIOS 16:3

10 | MAI

Quando você busca orientação n'Ele, a sua mente vai abrindo com clareza.

Devocional 130/365

@devocionalmulhersabia

É maravilhoso ter clareza de pensamento, e Deus deseja lhe dar sabedoria para que você tenha lucidez em tudo o que se propuser a fazer. Ele quer que você, mulher sábia, tenha clareza no agir, no falar e nos pensamentos, afastando qualquer confusão mental. Deus lhe diz hoje que, ao confiar seus planos a Ele e buscar Sua orientação, sua mente se abrirá e seus pensamentos se tornarão claros.

Ao colocarmos nossos esforços nas mãos de Deus, Ele nos guia para tomar decisões sábias e estabelece nossos pensamentos, direcionando nossos passos. Essa confiança traz paz e segurança, pois sabemos que Deus está no controle de tudo. Confiar no Senhor é não apenas buscar Sua orientação, mas também reconhecer que Ele é a fonte de nossa força e capacidade.

Deus abençoa nossos esforços e nos guia para resultados que glorificam Seu nome. Ao entregarmos nossos planos ao Senhor, podemos ter certeza de que Ele guiará nossos pensamentos e nos conduzirá ao sucesso. Peça a Deus que hoje abra sua mente, que seus pensamentos e decisões sejam claros, e que Ele a encha de sabedoria para distinguir o que é certo e o que é errado.

Você terá discernimento sobre o que Deus tem e o que não tem para você. Saberá os lugares onde deve estar e aqueles que deve evitar, e terá clareza para reconhecer as portas pelas quais deve entrar e aquelas que deve deixar fechadas.

Eu estou orando por você!

REFLEXÃO

GRATIDÃO

NÃO INVERTA A ORDEM

- Deus
- Saúde
- Família
- Trabalho

A mulher sábia é digna

11 | MAI

Deus age com pessoas improváveis e concede dons e valores para cumprir um propósito maior.

Devocional 131/365

@devocionalmulhersabia

REFLEXÃO

GRATIDÃO

NÃO INVERTA A ORDEM

- Deus
- Saúde
- Família
- Trabalho

"Porque, se de todo te calares neste tempo, socorro e livramento de outra parte sairá para os judeus, mas tu e a casa de teu pai perecereis; e quem sabe se para tal tempo como este chegaste a este reino?"

ESTER 4:14

Lindona, você já se imaginou sendo uma rainha ou princesa, vivendo em um imenso palácio? Toda criança sonha com isso – vestidos lindos, sapatos elegantes. Mas, se você veio de uma origem humilde e precisou trabalhar duro para sobreviver, talvez esse tipo de sonho nunca tenha feito parte da sua realidade. Talvez sua infância tenha sido tão difícil que não houve espaço para fantasias.

Agora, imagine uma jovem que, além de viver em condições simples, era órfã e refugiada em outro país. Essa jovem é Ester. Apesar dos desafios, Ester tinha qualidades extraordinárias: era bonita, sábia, generosa, valiosa e corajosa. No entanto, não foi sua beleza que a levou ao trono, mas seus valores. Foram esses valores que a colocaram no palácio, a serviço do seu povo.

Hoje, convido você a refletir sobre os seus valores. Como Ester, talvez você se sinta improvável para ocupar um lugar de destaque nos planos de Deus, mas a história dessa jovem nos mostra que Ele age através de pessoas improváveis e usa dons e valores para cumprir um propósito maior.

Se você se vê como improvável, inspire-se em Ester. Foram sua dignidade e coragem que a levaram ao palácio. Que você aprenda a cultivar dignidade no Senhor, sendo uma mulher com valores únicos, digna de um palácio. Pois é isto que realmente importa: a presença de Deus em sua vida.

Ester conquistou tudo porque tinha a presença de Deus. Que você, assim como ela, seja digna dessa presença e permita que Deus guie sua jornada e realize grandes propósitos através de você.

Eu estou orando por você!

Deus providencia tudo

"Olhai para as aves do céu, que nem semeiam, nem segam, nem ajuntam em celeiros; e vosso Pai celestial as alimenta. Não tendes vós muito mais valor do que elas?"

MATEUS 6:26

12 | MAI

Deus assegura que nossas necessidades sejam atendidas.

Devocional 132/365

@devocionalmulhersabia

Quando refletimos sobre a providência de Deus, percebemos que Ele se preocupa com nossas necessidades de maneira muito mais profunda do que podemos imaginar. Assim como cuida das aves do céu, Ele cuida de nós com um amor e uma atenção incomparáveis. O cuidado constante das mães em nossas vidas reflete de forma palpável essa providência divina – elas oferecem amor e apoio incondicionais, cuidando de suas famílias, assim como Deus garante que nossas necessidades sejam atendidas.

Se hoje seu coração está apertado, precisando da providência do Senhor, saiba que Ele age, e age no tempo e na forma perfeitos. Deus vê o que você não vê, está onde você não está e escuta o que você não escuta. Sua providência é sempre perfeita e agradável, mesmo quando não entendemos.

Ao observarmos o amor das mães, somos lembradas de que Deus nos valoriza e nos provê com um cuidado que supera todas as nossas expectativas. Em Mateus 7:11, lemos: "se vós, pois, sendo maus, sabeis dar boas dádivas aos vossos filhos, quanto mais vosso Pai celestial dará coisas boas aos que lhe pedirem?". Se nós, imperfeitas, desejamos o melhor para nossos filhos, quanto mais Deus, que é bondade e perfeição.

Acalme seu coração, pois Ele está cuidando de tudo. Confie que, como um Pai amoroso, Deus providencia aquilo de que precisamos no momento certo.

Eu estou orando por você!

REFLEXÃO

GRATIDÃO

NÃO INVERTA A ORDEM

- Deus
- Saúde
- Família
- Trabalho

Coloque Deus em tudo

13 | MAI

A graça de Deus nos fortalece.

Devocional 133/365

@devocionalmulhersabia

"E seja sobre nós a formosura do Senhor nosso Deus, e confirma sobre nós a obra das nossas mãos; sim, confirma a obra das nossas mãos."

SALMOS 90:17

Coloque Deus em tudo. Frequentemente eu recebo a seguinte pergunta: "Mas Aline, você coloca Deus em tudo?". Na verdade, não é uma pergunta, eu recebo esta afirmação: "Mas Aline, você coloca Deus em tudo!". Deus me livre de não O colocar, eu quero que Deus faça parte de tudo na minha vida.

E eu a desafio a colocar Deus em tudo, pois a graça d'Ele é o fundamento sobre o qual a obra das nossas mãos se estabelece e prospera. Imagine você construir algo sem a graça de Deus, sem que Ele esteja na tua vida.

Deus a livre, Deus me livre disso!

A gente precisa ver a obra da nossa mão confirmada pela graça de Deus, isso é uma expressão de humildade e confiança. Quando buscamos a graça de Deus sobre nós, reconhecemos que nossa capacidade de sucesso vem somente d'Ele.

A graça de Deus nos fortalece, nos dá a capacidade de realizar nossos objetivos com eficácia e propósito. Quando realizamos os nossos projetos com dedicação e buscando a graça do Pai, é um testemunho da fidelidade e do amor de Deus. Ele honra e abençoa nossos esforços, confirmando o valor e o impacto de tudo o que fazemos.

Portanto, ao buscar a graça de Deus para confirmar o trabalho da sua mão, reconheça a importância d'Ele nas suas realizações e permita que a benção d'Ele esteja sobre tudo o que você se propuser a fazer. Mulher sábia, coloque Deus em tudo, sim. Que Ele faça parte da sua rotina, desde o seu acordar até o seu deitar. Que em tudo Deus esteja.

Eu estou orando por você!

REFLEXÃO

GRATIDÃO

NÃO INVERTA A ORDEM

- Deus
- Saúde
- Família
- Trabalho

A mulher sábia não é preguiçosa

"A preguiça faz cair em profundo sono, e a alma negligente padecerá fome."

PROVÉRBIOS 19:15

14 | MAI

Dedique-se com esforço e seriedade a tudo que Deus lhe confiou.

Devocional 134/365

@devocionalmulhersabia

A preguiça e a negligência podem levar a consequências graves. Imagine uma mulher que, em vez de cumprir sua responsabilidade como mãe e esposa, escolhe descansar e adiar suas tarefas. Eventualmente, ela enfrentará a escassez como resultado da sua inatividade.

A diligência e o comprometimento são essenciais para evitar as consequências da preguiça; a constância, o estar comprometida é fundamental para você evitar a preguiça. Quando trabalhamos com responsabilidade e dedicação em tudo que nos propomos a fazer, garantimos não apenas nosso sustento, mas também a realização dos nossos sonhos e das nossas necessidades. Deus nos chama para evitar a preguiça e a negligência, para buscar a excelência em tudo que fazemos.

O trabalho constante e eficaz é uma expressão de nossa responsabilidade e nosso compromisso com as tarefas que Ele nos confiou.

Ele lhe confiou uma casa, um trabalho, um casamento. Não tenha preguiça, sirva com excelência, cuide do seu corpo, que é templo do Espírito que Deus lhe confiou também. Não tenha preguiça em cuidar do seu corpo. Corpo forte é igual a você mais forte. Você precisa estar bem para cuidar dos seus.

Dedique-se com esforço e seriedade a tudo que Deus lhe confiou, evitando as consequências da preguiça, para você alcançar os seus sonhos e os seus objetivos em Deus. Lembre-se, a mulher sábia não é preguiçosa.

Eu estou orando por você!

REFLEXÃO

GRATIDÃO

NÃO INVERTA A ORDEM

- Deus
- Saúde
- Família
- Trabalho

Cordão de três dobras

15 | MAI

"Melhor é serem dois do que um; porque têm melhor paga do seu trabalho."

ECLESIASTES 4:9

Deus quer trazer dupla honra para o seu casamento.

Devocional 135/365

@devocionalmulhersabia

REFLEXÃO

GRATIDÃO

NÃO INVERTA A ORDEM

- Deus
- Saúde
- Família
- Trabalho

Em Eclesiastes, vemos que é melhor serem dois do que um, e, ao lermos mais, percebemos a referência a uma terceira dobra, representando um fortalecimento adicional. Salomão explica que, se um cordão dobrado já é resistente, com uma terceira dobra se torna ainda mais forte. Essa terceira dobra simboliza o Espírito Santo no casamento, sendo Ele a presença divina que deve ser cultivada pelo casal.

O casamento é uma bênção, nascida no coração de Deus, e a terceira dobra representa a participação do Espírito Santo nessa união. A primeira dobra é o homem, a segunda é a mulher, e a terceira é Deus. Para que a presença de Deus permeie o casamento, é essencial que o casal busque e cultive essa conexão com Ele, tornando-se um cordão de três dobras.

Deus quer ser parte ativa no seu casamento, fortalecendo a aliança e trazendo dupla honra, especialmente nos lugares onde antes houve dor, medo ou traição. Ele deseja um novo tempo para o casal, uma aliança em que ambos se tornem mais parecidos com Ele, um casamento que honre Sua glória.

Para viver um casamento pleno, segundo a palavra de Deus, é necessário praticar três princípios: amar, ceder e perdoar. Seguindo essas três dobras, a presença do Espírito Santo se espalhará dentro do seu casamento e do seu lar, tornando a união resistente e cheia de propósito.

Eu estou orando por você!

A fé produz frutos

"Porque, assim como o corpo sem espírito está morto, assim também a fé sem obras é morta."

TIAGO 2:26

16 | MAI

A fé sem ação não produz frutos.

Devocional 136/365

@devocionalmulhersabia

A fé verdadeira é como um corpo animado pelo espírito: revela o que você carrega dentro de si. Imagine um artista que, embora tenha uma visão clara da sua obra-prima, nunca pega o pincel para criar. A fé não vai aparecer se você não der o primeiro passo, se você não acreditar.

Sua visão, sem ação, permanece apenas como uma ideia vazia; da mesma forma, nossa fé, se não se traduz em ações concretas, é inerte e não tem impacto algum. O que Deus nos ensina é que a verdadeira fé deve se manifestar através de obras de amor, serviço e dedicação. A fé sem ação não é viva e não produz frutos.

Para a fé transbordar, você precisa frutificar. Quando agimos com base na nossa fé, estamos demonstrando que acreditamos verdadeiramente nas promessas e nos princípios de Deus. Portanto, ao vivermos nossa fé através de ações que refletem o amor e a justiça de Deus, mostramos que a nossa crença é genuína e cheia de vida.

Nossas obras são a expressão visível da fé que habita em nós, trazendo impacto e transformação ao nosso redor. Por isso, mulher sábia, quanto mais fé você tiver, mais amor transbordará, assim como mais paz, mais alegria e mais bondade. Tudo isso vai transbordar de você, porque estará cheia dos frutos do Espírito. Para viver a providência de Deus, você precisa de fé.

Eu estou orando por você!

REFLEXÃO

GRATIDÃO

NÃO INVERTA A ORDEM

- Deus ☐
- Saúde ☐
- Família ☐
- Trabalho ☐

Agentes da mudança e da esperança

17 | MAI

"Que faz justiça aos oprimidos; que dá pão aos famintos. O Senhor liberta os encarcerados."

SALMO 146:7

> Ao imitarmos Deus em nossas ações, nos tornamos agentes de mudança e esperança.

Devocional 137/365

@devocionalmulhersabia

O nosso Pai é um Deus de justiça e provisão, que cuida dos necessitados e daqueles em situações difíceis. Imagine uma comunidade que se une para ajudar os oprimidos e fornecer alimento aos famintos; esse é o reflexo do coração de Deus, que se preocupa profundamente com as necessidades dos outros e age para aliviar o sofrimento. Ele não apenas nos provê aquilo de que precisamos, mas também nos chama a refletir Seu caráter em nossas ações.

Deus nos encoraja a trabalhar para a justiça e o bem-estar dos necessitados, contribuindo para um mundo mais justo e amoroso. Hoje eu quero lhe perguntar, mulher sábia: o que você tem feito pelo próximo? Quais têm sido as suas atitudes? Como você está por dentro para poder ajudar o próximo?

Você tem cuidado de si para poder olhar para o próximo? Porque você só dá o que você tem. Ao imitarmos Deus em nossas ações, nos tornamos agentes de mudança e esperança, oferecemos ajuda e justiça e experimentamos a satisfação de viver conforme princípios divinos que promovem o bem-estar e a dignidade de todos. Eu quero lhe dizer hoje que Deus provê tudo de que eu preciso. Deixe Deus a usar para que a sua vida seja provisão na vida de outros.

Eu estou orando por você!

REFLEXÃO

GRATIDÃO

NÃO INVERTA A ORDEM

- Deus
- Saúde
- Família
- Trabalho

A mulher sábia é honesta

"O qual recompensará cada um segundo as suas obras."

ROMANOS 2:6

18 | MAI

Deus valoriza cada esforço e recompensa, por isso viva de acordo com os princípios d'Ele.

Devocional 138/365

@devocionalmulhersabia

Hoje, convido você a refletir: em quais aspectos da sua vida você não tem sido honesta consigo mesma? Talvez existam áreas que estão difíceis há algum tempo, mas você vem ignorando. Primeiro, seja honesta. Como está sua vida? Seus sentimentos? E a ordem entre Deus, saúde, família e trabalho? Você realmente tem colocado Deus em primeiro lugar?

Deus é justo e recompensa cada uma conforme suas ações, com equidade e justiça. Assim como um mestre que avalia e premia o esforço dos alunos dedicados, Deus observa nossas ações e nos recompensa segundo nossa fidelidade. Cada ato, grande ou pequeno, importa aos olhos de Deus. Ele valoriza nosso esforço e comprometimento e nos recompensa quando vivemos de acordo com Seus princípios. Mais do que atitudes, Ele conhece o nosso coração; nossas intenções têm grande valor para Ele.

Compreender isso nos motiva a viver com integridade e dedicação, conscientes de que nossas ações têm significados e consequências eternos. Ao cumprirmos nossas responsabilidades com honestidade e empenho, podemos confiar que Deus nos recompensará conforme nossas obras, pois nosso trabalho tem importância para Seus propósitos.

Mulher sábia, seja honesta consigo mesma. Examine suas intenções e sua caminhada com Deus. Ele a recompensará conforme sua honestidade e dedicação, guiando-a em um caminho pleno e justo.

Eu estou orando por você!

REFLEXÃO

GRATIDÃO

NÃO INVERTA A ORDEM

- Deus
- Saúde
- Família
- Trabalho

A mulher sábia é zelosa

19 | MAI

"Não tenha pressa, porque no processo há aprendizado e cura.

Devocional 139/365

@devocionalmulhersabia

"Os pensamentos do diligente tendem à abundância, mas os de todo apressado tão somente à pobreza."

PROVÉRBIOS 21:5

Se você buscar no dicionário por diligente, verá que significa ativa, aplicada, zelosa e cuidadosa. A diligência é uma qualidade que a leva ao sucesso e à prosperidade. Ela a leva à abundância de Deus, a viver realmente o que Deus planejou para você. Precisamos entender que existe um tempo certo para todas as coisas, sobretudo entender o tempo de Deus e não tentar adiantar o processo, porque no processo há aprendizado, no processo há cura.

No processo você fica mais aplicada, mais zelosa, mais cuidadosa. O tempo do processo tem um porquê. Assim como na agricultura você planta e espera para colher, na vida seus esforços cuidadosos resultam em uma colheita abundante. Por outro lado, a pressa e a falta de planejamento podem levá-la a uma colheita escassa. Se for preciso hoje, diminua seu ritmo e planeje mais o seu dia, a sua vida.

Não saia fazendo tudo a torto e a direito, falando sim para tudo. Deus nos ensina que a diligência e o planejamento cuidadoso são fundamentais para alcançar objetivos e prosperar. Trabalhar com atenção aos detalhes, sem se precipitar, resulta em frutos duradouros e abundantes.

Seja zelosa, mulher sábia. Portanto, ao planejarmos e executarmos nossos projetos com dedicação e paciência, experimentamos os frutos da nossa labuta e vemos os planos que traçamos se concretizarem de maneira abundante.

Hoje eu quero convidá-la a planejar melhor o seu dia de amanhã, o seu mês seguinte. Faça uma agenda, não adiante as coisas, seja zelosa.

Eu estou orando por você!

REFLEXÃO

GRATIDÃO

NÃO INVERTA A ORDEM

- Deus
- Saúde
- Família
- Trabalho

A mulher sábia é madura

"E ficai na mesma casa, comendo e bebendo do que eles tiverem, pois digno é o obreiro de seu salário. Não andeis de casa em casa."

LUCAS 10:7

20 | MAI

Pessoas maduras vivem em abundância. Comece a ser mais grata pelo que Deus já lhe deu.

Devocional 140/365

@devocionalmulhersabia

Jesus ensina seus seguidores a permanecerem onde são bem recebidos e a valorizarem o que é oferecido com gratidão, como um trabalhador que é justamente recompensado por seu esforço. Deus valoriza quem permanece e amadurece. Vivemos tempos de imediatismo, quando trocar de emprego, de relacionamentos ou de compromissos tornou-se fácil, e com isso deixamos de dar o valor que Deus espera, devido à falta de amadurecimento. Mas é na maturidade que está a verdadeira abundância.

Seja mais grata pelo que Deus já lhe deu, pare de procurar trocas como solução para seus desafios. A vida abundante que Deus tem para você está na maturidade e na constância. Quando Deus nos dá algo, Ele começa pelo essencial, pelo pouco, mas, se antes de amadurecer você já troca, perde-se o propósito de crescimento. Deus deseja derramar mais, mas é preciso esperar o processo de amadurecimento para usufruir da grande providência.

É necessário passar por cada etapa, deixar a mente amadurecer. Permaneça, seja constante e cresça. Quando nos mantemos dedicadas às responsabilidades confiadas, reconhecemos que Deus valoriza nosso esforço e nos recompensa de maneira justa. A mulher sábia permanece e amadurece em Deus, alcançando a abundância e a prosperidade que Ele tem para oferecer.

Eu estou orando por você!

REFLEXÃO

GRATIDÃO

NÃO INVERTA A ORDEM

- Deus
- Saúde
- Família
- Trabalho

Amadureça e viva a abundância de Deus

21 | MAI

> Para você viver a abundância que Deus tem para você, mulher sábia, é preciso amadurecer e permanecer.

Devocional 141/365

@devocionalmulhersabia

"Meus filhinhos, por quem de novo sinto as dores de parto, até que Cristo seja formado em vós."

GÁLATAS 4:19

Um dos maiores desafios da vida cristã é nos tornarmos maduras em Deus. Segundo a Bíblia, ser maduro é ser alguém que confia no caráter de Deus, pois O conhece na intimidade. A maturidade a faz conhecer Deus na intimidade e, por conhecê-Lo, você caminha em passos largos e firmes no caminho da fé, da esperança e principalmente do amor puro e poderoso, que é o amor de Deus.

Pessoas maduras têm senso de pertencimento, sabem a sua real identidade, sabem quem é o seu Pai, que pertencem a um Pai que ama, que cuida, que livra e que protege. A mulher madura sabe que é filha amada de Deus e continua crescendo em maturidade, pois descansa na linda promessa de Jesus, que é a vida abundante.

Ela descansa confiando em Cristo, em suas promessas e na obra que Ele fez, está fazendo e fará em nós. Para você viver a abundância que Deus tem para você, mulher sábia, é preciso amadurecer e permanecer. Seja madura nas suas atitudes e no seu caminhar com Deus; quem faz o que quer é criança, mulher madura faz o que tem que ser feito.

Deus hoje quer maturidade para derramar o novo sobre a sua vida, as bênçãos que Ele tem que derramar sobre você. Ele precisa da sua maturidade, maturidade de mulher e maturidade espiritual.

Eu estou orando por você!

REFLEXÃO

GRATIDÃO

NÃO INVERTA A ORDEM

- Deus
- Saúde
- Família
- Trabalho

Seja zelosa com o seu tempo

"O que trabalha com mão enganosa empobrece, mas a mão dos diligentes enriquece."
PROVÉRBIOS 10:4

22 | MAI

Não se entregue a futilidades e não perca tempo com coisas que não vão lhe acrescentar nada.

Devocional 142/365

@devocionalmulhersabia

A negligência nas tarefas é comparada à destruição, Deus valoriza a diligência e a responsabilidade e nos adverte sobre as consequências da negligência. Ele pede para que tenhamos cuidado com as nossas responsabilidades, evitando os danos que a falta de zelo pode causar.

Portanto, mulher sábia, hoje eu quero ajudá-la a ser mais zelosa com o seu tempo; liste suas prioridades. Organize seu dia exatamente nesta ordem: Deus, saúde, família e trabalho.

Em Mateus 6:33, encontramos: "busque, pois, em primeiro lugar o reino de Deus e a sua justiça". As escrituras já deixam claro que temos que buscar o que é essencial. Portanto, hoje faça uma lista das prioridades e estabeleça com clareza seus objetivos de vida, não desperdice tempo com futilidade. Seja produtiva, delegue tarefas, seja pontual e aproveite as oportunidades.

Não se entregue a futilidades e não perca tempo com coisas que não vão lhe acrescentar nada e que às vezes lhe causam até dor. Invista em atividades produtivas; cuidado com a futilidade, mulher sábia.

Eu estou orando por você!

REFLEXÃO

GRATIDÃO

NÃO INVERTA A ORDEM

Deus ☐
Saúde ☐
Família ☐
Trabalho ☐

Cuide do seu caminhar

23 | MAI

Lute as guerras que são suas.

Devocional 143/365

@devocionalmulhersabia

"De maneira que cada um de nós dará conta de si mesmo a Deus."

ROMANOS 14:12

Esse versículo nos lembra que cada um de nós é responsável pelas próprias ações, decisões e atitudes diante de Deus. Imagine um contador que deve prestar conta de todas as suas transações e decisões; da mesma forma, todos nós devemos prestar contas a Deus pelo que fazemos e pelo modo como vivemos.

É você e Deus. Você não vai prestar conta do seu marido, não vai prestar conta do seu filho, vai prestar a sua conta para Deus. Por isso, hoje eu a convido a cuidar do seu caminhar.

Como está o seu caminhar com Deus? Como está a sua vida com Deus? Olhe para a sua vida, mulher, lute as guerras que são suas. Cuidado com o seu falar, com os seus julgamentos. Tem uma frase que fala assim: "Quando Pedro fala de Paulo, eu sei mais sobre Pedro do que sobre Paulo". Cuidado com a boca.

Cuidado com o que tem saído da sua boca porque é você quem vai prestar conta da sua vida para Deus. Ele é justo e avalia nossas ações com base na integridade e nas intenções do coração. Ao vivermos de acordo com Seus princípios, estamos preparados para prestar contas com confiança e honestidade. Portanto, devemos buscar viver com integridade e responsabilidade, refletindo nossos valores e fé em cada aspecto da vida, cuidando da nossa própria vida, do nosso próprio caminhar.

Eu estou orando por você!

REFLEXÃO

GRATIDÃO

NÃO INVERTA A ORDEM

- Deus
- Saúde
- Família
- Trabalho

Você é um propósito de Deus

"Porque somos feitura sua, criados em Cristo Jesus para as boas obras, as quais Deus preparou para que andássemos nelas."

EFÉSIOS 2:10

Deus nos criou com um propósito específico, para realizar boas obras que Ele preparou para nós. Você já nasceu com um propósito, você é um propósito de Deus. Ele a fez com habilidades que beneficiarão o mundo ao nosso redor. Mas para isso, mulher sábia, você precisa se curar. É preciso se curar para curar os outros, a sua dor é o que vai curar outras pessoas.

Da sua dor nasce o seu maior propósito de vida. Ao vivermos de acordo com o propósito que Deus preparou para nós, refletimos Sua criação e cumprimos nossa missão na Terra; nossas boas obras são o fruto da nossa vida em Cristo e uma expressão do nosso compromisso com seus princípios. Portanto, ao dedicarmos nossas vidas às boas obras que Deus preparou para nós, cumprimos nosso propósito divino e contribuímos para a realização dos planos de Deus para o mundo.

Hoje eu quero convidá-la, mulher sábia, a se permitir ser curada por Deus para que, através da cura da sua dor, você cumpra o seu propósito curando outras mulheres, outras vidas, outras famílias.

Você é um propósito de Deus, receba isso na sua vida. Você será usada pelo Senhor para impactar e transformar outras mulheres. Permita-se ser curada para que através da sua cura outras vidas sejam transformadas em Deus.

Eu estou orando por você!

24 | MAI

Permita-se ser curada, você é um propósito de Deus.

Devocional 144/365

@devocionalmulhersabia

REFLEXÃO

GRATIDÃO

NÃO INVERTA A ORDEM

- Deus
- Saúde
- Família
- Trabalho

Seja aprovada por Deus

25 | MAI

"Procura apresentar-te a Deus aprovado, como obreiro que não tem de que se envergonhar, que maneja bem a palavra da verdade."

2 TIMÓTEO 2:15

A presença de Deus vai estar sobre você, e isso é a melhor coisa que alguém pode ter.

Devocional 145/365

@devocionalmulhersabia

Você precisa buscar ter um caráter aprovado diante de Deus. Vivemos em um mundo onde enganar alguém, ser desonesto de alguma forma é aceitável. Mas Deus não pensa assim e nunca vai mudar o que Ele pensa. O que é certo é certo. E o que é errado é errado. Sempre temos oportunidade de tirar proveito, vantagem em alguma situação, contudo é nesses momentos que o nosso caráter é testado, colocado à prova. Não fomos chamadas para nos darmos bem o tempo todo, e não se incomode se outras pessoas parecem estar se dando bem. O que você precisa decidir é: você quer ter um caráter aprovado por Deus? Se a sua resposta é sim, então precisa manter a sua integridade, o seu caráter acima de tudo, assim será abençoada e favorecida por Deus.

Dessa forma, a presença de Deus vai estar sobre você, e isso é a melhor coisa que alguém pode ter. O seu nome, a sua família nunca vai ser envergonhada, porque Deus vai querer que você seja referência para este mundo. Mantenha-se fiel aos princípios de Deus e, no tempo devido, Deus vai te exaltar. É Ele quem a exalta, você só precisa manter o seu caráter aprovado diante de Deus.

Não tente encurtar o caminho, faça o que é certo, não o que todo mundo faz. Faça o que uma mulher sábia tem que fazer para ter o caráter aprovado por Deus.

Eu estou orando por você!

REFLEXÃO

GRATIDÃO

NÃO INVERTA A ORDEM

- Deus
- Saúde
- Família
- Trabalho

A mulher sábia é prudente

"O que ajunta no verão é filho sábio, mas o que dorme na sega é filho que envergonha."

PROVÉRBIOS 10:5

26 | MAI

Deus quer favorecê-la da mesma forma que Ele favoreceu José; mantenha-se prudente nas situações difíceis.

Devocional 146/365

@devocionalmulhersabia

Quer viver o favor de Deus? Seja prudente em suas ações. Deus valoriza o trabalho árduo e a prudência, honrando aqueles que aproveitam bem o tempo e realizam suas responsabilidades com sabedoria. Hoje, convido você a lembrar de José, um homem temente a Deus que, apesar de ser injustamente punido e preso, manteve sua fé. Mesmo traído por seus irmãos e vendido como escravo, José tinha o favor e a presença de Deus.

No tempo certo, Deus o exaltou; e, de um dia para o outro, ele passou de escravo a governador do Egito. Esse é o favor de Deus, que trouxe dupla honra e providência à vida de José, demonstrando Seu poder. Como filha, você tem o mesmo favor de Deus disponível em sua vida, mas é essencial ser prudente e buscar Deus acima de tudo, confiando como José confiou.

Deus deseja favorecê-la da mesma forma, porém, em situações difíceis, mantenha-se prudente. Como você reage aos desafios? Com medo, murmuração, reclamação, decisões precipitadas, ou se chateando com Deus? Hoje, Deus lhe diz, mulher sábia: seja prudente e obediente. Ele é o principal interessado em que você viva em abundância, então não culpe ninguém pelas dificuldades. Decida ter um estilo de vida voltado para Deus, mantendo-se coerente com Sua Palavra.

Escolha a prudência e a confiança em Deus para que o favor d'Ele se manifeste, assim como foi com José.

Eu estou orando por você!

REFLEXÃO

GRATIDÃO

NÃO INVERTA A ORDEM

- Deus
- Saúde
- Família
- Trabalho

Multiplique seus talentos

27 | MAI

> Tudo o que você tem hoje é uma resposta de oração. Nunca reclame do que Deus tem lhe dado.

Devocional 147/365

@devocionalmulhersabia

"E o seu senhor lhe disse: Bem está, servo bom e fiel. Sobre o pouco foste fiel, sobre muito te colocarei; entra no gozo do teu senhor."

MATEUS 25:21

Deus tem lhe dado tantas coisas preciosas, perceba o que Deus tem confiado na sua mão. Muitas vezes não nos damos conta do que Deus já nos deu, daquilo que já recebemos, e só focamos o que ainda falta. Pensando como seria se eu tivesse mais dinheiro, outro carro, outra casa. Você precisa ter cuidado, pois esses pensamentos são enganosos e roubam a sua bênção, porque se você não for fiel no pouco, Deus não vai a colocar sobre o muito. Você precisa começar a ser fiel e grata pelo que Deus já lhe deu, pelo que tem hoje, para que possa receber mais.

Nunca reclame do que Deus tem lhe dado, tampouco tenha vergonha do que você tem. Seja fiel no pouco, diz o Senhor para você hoje, que sobre o muito eu a colocarei. Multiplique os talentos que Deus tem colocado na tua mão. Não reclame, não murmure, não enterre os seus talentos.

Deus tem lhe dado tantas coisas preciosas, comece a agradecer. A partir do momento em que você começar a multiplicar, Deus vai fazer acontecer.

Eu estou orando por você!

REFLEXÃO

GRATIDÃO

NÃO INVERTA A ORDEM

- Deus
- Saúde
- Família
- Trabalho

Sirva com vontade

"Servindo de boa vontade como ao Senhor e não como aos homens."
EFÉSIOS 6:7

28 | MAI

Nossa atitude se torna um reflexo de fé e compromisso.

Devocional 148/365

@devocionalmulhersabia

Servir de boa vontade reflete um coração comprometido com Deus. Imagine um funcionário que realiza seu trabalho com entusiasmo e dedicação, não apenas porque é uma obrigação, mas porque deseja fazer o melhor possível. É esse espírito de serviço que Deus valoriza, Ele valoriza quem faz com amor, mesmo as pequenas coisas. Deus valoriza quando você arruma a mesa do café da manhã com amor, quando lava a louça, faz o almoço louvando. Não reclame do que Deus tem lhe dado, mulher sábia. Louve, adore, faça a rotina do seu dia com louvor, amor e alegria.

Sirva com dedicação como se você estivesse servindo ao Senhor. Nossa atitude se torna um reflexo de fé e compromisso. Deus observa nosso coração e valoriza a sinceridade, a excelência em nosso serviço. Às vezes você é tão boa na rua, é tão boa para as pessoas, mas em casa não tem entregado o seu melhor. Ou tem reclamado do que um dia pediu para Deus.

Realize as tarefas com dedicação para que as pessoas possam ver, através do seu fazer, o amor de Deus com elas. Que você tenha um lar quentinho, para o qual todos queiram voltar, inclusive você.

Você é a rocha firme dentro do seu lar, é o direcionamento, a vida da sua casa. Por isso é muito importante a sua excelência em servir; alegre-se com a rotina que Deus lhe deu. Seja grata.

Eu estou orando por você!

REFLEXÃO

GRATIDÃO

NÃO INVERTA A ORDEM

- Deus
- Saúde
- Família
- Trabalho

Seja rica do que o dinheiro não pode comprar

29 | MAI

Nunca abra mão de princípios e valores por dinheiro.

Devocional 149/365

@devocionalmulhersabia

"Na verdade, todo homem anda como uma sombra; na verdade, em vão se inquietam; amontoam riquezas e não sabem quem as levará."

SALMOS 39:6

A enfermidade da vida é comparada a uma sombra, e a busca incessante por riquezas é reconhecida como fútil. Imagine alguém correndo atrás da própria sombra, tentando agarrar algo que nunca pode ser segurado; da mesma forma, a obsessão por acumular riquezas sem considerar o propósito e a eternidade é vã. Deus nos ensina que a verdadeira riqueza não está nas posses temporais, mas em viver de acordo com Seus princípios e propósitos.

Mulher sábia, nunca abra mão de princípios e valores por dinheiro. Deus olha para a sua atitude, foca o que o dinheiro não pode comprar. Mantenha o foco no amor, na alegria, no prazer em estar com os seus, na educação dos seus filhos, no seu casamento. Conquiste o que é eterno; de que adianta você ganhar o mundo e perder o que é eterno?

Conquiste a sua vida eterna em Deus, você nasceu para adorá-Lo; isso tem que ser a primeira regra do seu dia. Foque em viver conforme os valores e propósitos divinos, porque assim você encontrará uma riqueza duradoura e uma alegria verdadeira. Assim a providência do Senhor vai estar constantemente com você.

Eu estou orando por você!

REFLEXÃO

GRATIDÃO

NÃO INVERTA A ORDEM

- Deus
- Saúde
- Família
- Trabalho

Deus é fiel para sempre

"E para isto também trabalho, combatendo segundo a sua eficácia, que opera em mim poderosamente."
COLOSSENSES 1:29

30 | MAI

Deus é fiel à Sua palavra, e Sua fidelidade começa na essência d'Ele.

Devocional 150/365

@devocionalmulhersabia

Nós cremos em um Deus que é fiel. Ele foi fiel a José, a Davi, a Moisés, mas não é fiel só a pessoas, a mim, a você. Deus é fiel à Sua palavra, e Sua fidelidade começa na essência d'Ele.

Deus é rocha, não muda. Ele não tem compromisso em cumprir aquilo que eu e você pedimos. O compromisso d'Ele é com a palavra d'Ele. Ele é fiel a Ele.

Deus tem compromisso em cumprir com a verdade. Estamos acostumados nos dias de hoje a lidar com pessoas que não são fiéis às palavras. Por vezes somos nós que não cumprimos o que prometemos no dia do nosso casamento, com os nossos filhos, com um amigo, no trabalho. Mas o que eu quero lhe falar é que com Deus é diferente, nosso Deus não muda.

No tempo d'Ele as promessas vão se cumprir. Você acha que a promessa que tem pedido não se cumpriu ainda porque Deus mudou de ideia? Não, mulher sábia. Não tem nada a ver com isso. O que você precisa perguntar é: será que eu não estou atrapalhando o cumprimento da promessa de Deus? Será que eu estou seguindo princípios para viver as promessas? Será que eu estou falando demais sobre os meus sonhos com pessoas com quem eu não deveria falar?

Reflita sobre a sua postura, porque Deus é fiel à palavra d'Ele. Você pode duvidar de diversas coisas na sua vida, mas nunca da fidelidade de Deus, e o que Ele mais deseja é a abençoar e realizar a abundância d'Ele na sua vida.

Eu estou orando por você!

REFLEXÃO

GRATIDÃO

NÃO INVERTA A ORDEM

- Deus
- Saúde
- Família
- Trabalho

Deus proverá

31 | MAI

O seu sustento vem de Deus. Dê passos de fé, e Deus proverá a sua necessidade.

Devocional 151/365

@devocionalmulhersabia

"E chamou Abraão o nome daquele lugar o Senhor proverá; donde se diz até o dia de hoje: No monte do Senhor se proverá."

GÊNESIS 22:14

Guarde este nome no seu coração; o meu Deus é Jeová Jirei, o Senhor que providencia. Eu quero que você acredite nessas verdades que estou lhe falando agora, Deus provê no tempo certo. Seja obediente, que no caminho Deus providencia. Talvez você olhe e não veja como, mas o como é com Deus. Obedeça, que no caminho Deus provê.

Não desista da providência do Senhor na sua vida, Ele está providenciando amor, cuidado, sabedoria e perdão. Se você não crê na providência, cai na garra da fatalidade, do destino, do acaso, da sorte ou do azar. Você precisa crer que Deus a sustenta, Ele dá rumo e direção.

Providenciar faz parte de Deus, estamos nos braços de um Pai que é providente, santo e sábio. Faz parte do próprio amor d'Ele cuidar, guiar e conduzir. É um amor que protege, é um amor que vai além de tudo que você já sentiu ou ouviu de amor.

Deus proverá a necessidade da sua vida. Nós estamos hoje concluindo o mês de maio, o mês da providência, e eu tenho certeza de que nele você viveu a providência do Senhor e vai continuar vivendo. Porque Ele é o Deus que provê, Ele é o Deus que cuida e está cuidando de você.

Eu estou orando por você!

REFLEXÃO

GRATIDÃO

NÃO INVERTA A ORDEM

- Deus
- Saúde
- Família
- Trabalho

Só vive promessa quem cumpre princípios.

@alinesampaio_personalize

JUNHO

Mês da Dupla Honra

"Em lugar da vossa vergonha, tereis dupla honra; em lugar da afronta, exultareis na vossa herança; por isso, na vossa terra possuireis o dobro e tereis perpétua alegria."

ISAÍAS 61:7

Eu tenho uma palavra de
Deus para o seu mês.

Leia o QR Code e assista.

Honre seus pais

01 | JUN

"Honra a teu pai e a tua mãe, para que se prolonguem os teus dias na terra que o Senhor, teu Deus, te dá."

ÊXODO 20:12

"Uma vida enraizada no respeito aos pais é capaz de suportar os desafios com firmeza.

Devocional 152/365

@devocionalmulhersabia

Imagine uma árvore antiga e forte, cujas raízes se estendem profundamente no solo. Essas raízes são como nossos pais, nos sustentando, nutrindo e dando suporte invisível, mas essencial para que possamos crescer e florescer. Honrar nossos pais é como regar essa árvore, é um ato que fortalece nossas próprias raízes, garantindo que a nossa vida seja longa e frutífera.

Olhando para a Bíblia, vemos a importância desse princípio, pois Deus estabeleceu honra aos pais como um pilar para a sociedade. Ao honrá-los, não apenas cumprimos uma ordem divina, mas também criamos um ciclo de bênçãos que passa de geração em geração. Quando reconhecemos e valorizamos a sabedoria e o sacrifício dos nossos pais, estamos, na verdade, preparando o terreno para que nossos próprios dias sejam longos e abençoados. E a palavra de Deus fala: "honra teu pai e tua mãe para que te prolongue os dias na terra". Honrar também não quer dizer que você tem que estar todos os dias junto, que precisa aceitar tudo que eles fazem; é necessário honrar e ponto-final.

E a honra acontece não só por palavras, como também por meio de atitudes respeitosas, cuidado e gratidão. Assim como uma árvore forte pode suportar tempestades, uma vida enraizada no respeito aos pais é capaz de suportar os desafios da vida com firmeza. Seja uma mulher que honra seus pais; independentemente do que eles fizeram para você, deram o melhor que puderam. Apenas honre, seja grata. Porque isso é uma ordem de Deus para sua vida, para que os seus dias se prolonguem.

Eu estou orando por você!

REFLEXÃO

GRATIDÃO

NÃO INVERTA A ORDEM

- Deus
- Saúde
- Família
- Trabalho

Honre Deus

"Honra ao Senhor com a tua fazenda e com as primícias de toda a tua renda."

PROVÉRBIOS 3:9

02 | JUN

Nossas ofertas revelam onde estão o nosso coração e a nossa fé.

Devocional 153/365

@devocionalmulhersabia

No coração da adoração está o ato de oferecer ao Senhor o que temos de melhor. Quando oferecemos as primícias, demonstramos que reconhecemos Deus como a fonte de toda provisão. E para mim, o primeiro passo é oferecer o primeiro tempo do nosso dia. Quando você oferece as primeiras horas do dia, reconhece Deus como a sua fonte, que sem Ele você não é nada. E não se trata apenas de uma oferta material, mas de um ato de fé e confiança; ao entregarmos o primeiro e melhor da nossa colheita, estamos dizendo: "Senhor, confio em Ti para prover tudo de que eu preciso".

Na Bíblia, Abel ofereceu como primícia o seu rebanho, o que agradou muito ao Senhor. Trata-se da intenção do coração, porque Deus vê além da nossa atitude. Quando honramos Deus com os nossos bens, estamos na verdade honrando a própria bondade e fidelidade de Deus em nossas vidas. Cada recurso que temos é uma oportunidade de adorá-Lo e honrá-Lo não pelo valor em si, mas pelo coração que entrega.

Como as primícias que são reflexo da bênção de Deus, nossas ofertas revelam onde estão o nosso coração e a nossa fé. Comece todos os dias, mulher sábia, ofertando as primeiras horas do seu dia para Deus. Reserve um tempo de leitura da Palavra, tempo de oração, tempo de qualidade para você gerar intimidade com o Pai.

Reflita sobre a sua postura, porque Deus é fiel à palavra d'Ele. Você pode duvidar de diversas coisas na sua vida, mas nunca da fidelidade de Deus, e o que Ele mais deseja é a abençoar e realizar a abundância d'Ele na sua vida.

Eu estou orando por você!

REFLEXÃO

GRATIDÃO

NÃO INVERTA A ORDEM

- Deus
- Saúde
- Família
- Trabalho

Honra para quem tem honra

03 | JUN

"Os presbíteros que governam bem sejam estimados por dignos de duplicada honra, principalmente os que trabalham na palavra e na doutrina."

1 TIMÓTEO 5:17

Honre aqueles que cultivam sua fé, pois ao reconhecer seus esforços você também honra Deus, que os chamou para essa missão.

Devocional 154/365

@devocionalmulhersabia

Na igreja primitiva, aqueles que lideravam e ensinavam eram considerados pilares da fé. A honra que lhes era atribuída não se tratava apenas de uma questão de respeito, mas de reconhecimento pelo seu trabalho em guiar e nutrir espiritualmente a comunidade. A honra dupla mencionada por Paulo reflete o valor do ensino da Palavra; assim como o agricultor que cuida da sua plantação para que ela cresça forte e saudável, os líderes espirituais cultivam a fé e o entendimento daqueles que estão sob seus cuidados. Eles são dignos de honra, não apenas pelo título, mas pelo impacto duradouro que causam na sua vida e na vida dos seus.

Reconhecer e valorizar aqueles que dedicam suas vidas ao ensino da Palavra é, em essência, honrar o próprio Deus, que os chamou para essa missão. Ao honrarmos nossos líderes espirituais, reafirmamos a importância da Palavra do crescimento espiritual em nossas vidas.

Dê honra a quem a honra, cuide de quem cuida de você. Ore por aquele líder espiritual, pelo seu bispo ou pastor. Ore pelo seu líder de reunião, pelo seu discipulador. Ore pelas pessoas que honram a sua vida.

Coloque em oração diária todas as pessoas que honram sua vida e estão dispostas com você a pagar o preço todos os dias. Clame pela vida do seu líder espiritual, dê honra a quem a honra.

Eu estou orando por você!

REFLEXÃO

GRATIDÃO

NÃO INVERTA A ORDEM

- Deus
- Saúde
- Família
- Trabalho

Você é abençoada

"Louvai ao Senhor! Bem-aventurado o homem que teme ao Senhor, que em seus mandamentos tem grande prazer. A sua descendência será poderosa na terra; a geração dos justos será abençoada."

SALMOS 112:1-2

04 | JUN

A verdadeira riqueza vem de uma vida alinhada com os princípios de Deus.

Devocional 155/365

@devocionalmulhersabia

O temor ao Senhor é como uma herança preciosa que passa de geração em geração. Quando alguém vive de acordo com os mandamentos de Deus, não apenas sua vida é abençoada, mas também a dos seus filhos e netos. É como plantar uma semente que ao longo do tempo cresce e se transforma em uma árvore frutífera, cujos frutos alimentam e sustentam muitos. Por isso, mulher sábia, seja frutífera dentro do seu lar, seja uma mulher abençoada, que a bênção esteja em você.

Esse salmo nos lembra de que a obediência a Deus não é apenas para o presente, é um investimento no futuro. Você estará plantando na sua geração cada ato de obediência, cada escolha de viver segundo a vontade de Deus; cada renúncia que faz é uma semente plantada que dará frutos na vida daqueles que virão depois de nós. A verdadeira riqueza vem de uma vida alinhada com os princípios de Deus; essa herança é o maior legado que você pode deixar.

Eu lhe pergunto hoje: o que você vai deixar quando não estiver mais aqui? O que você tem de mais precioso para deixar é o legado de uma vida de obediência a Deus, de uma vida correta. A geração dos justos será abençoada, não apenas porque herdou bens materiais, mas porque herdou uma fé viva de uma mulher sábia, uma confiança inabalável em Deus e a disposição de seguir os caminhos do Senhor. Você é uma mulher abençoada, então declare comigo agora: "Eu sou abençoada e as minhas gerações também serão abençoadas, a partir de mim virá uma geração de mulheres abençoadas".

Aleluia!

Eu estou orando por você!

REFLEXÃO

GRATIDÃO

NÃO INVERTA A ORDEM

- Deus
- Saúde
- Família
- Trabalho

Sabedoria e vida plena

05 | JUN

Encontramos riqueza que o dinheiro não compra.

Devocional 156/365

@devocionalmulhersabia

"Riquezas e honra estão comigo; sim, riquezas duráveis e justiça."

PROVÉRBIOS 8:18

Sabedoria e riqueza caminham juntas nas escrituras, mas a verdadeira riqueza vem do temor ao Senhor. Não se trata apenas de possuir bens, ou ser respeitada pelos outros, mas de seguir uma vida que reflete os valores de Deus.

Em Provérbios, Salomão personifica a sabedoria como uma voz que clama nas ruas, oferecendo duradoura riqueza e honra àqueles que a seguem; ele foi considerado o homem mais sábio e, consequentemente, o mais próspero. A prosperidade é uma riqueza que não se perde com o tempo, porque está fundamentada na justiça divina. É a honra que vem de um caráter íntegro, de decisões sábias e de uma vida vivida em obediência a Deus.

Quando buscamos a sabedoria de Deus, encontramos uma riqueza que o dinheiro não pode comprar, uma vida plena de significado, marcada pela justiça e pela honra que resiste às tempestades do tempo.

Deus tem uma vida plena para você; decida hoje buscar todos os dias a sabedoria do Senhor e ter um caráter íntegro em Deus, tomando decisões sábias para ter uma vida de obediência e assim desfrutar. Deus tem uma vida de desfrute para você.

Eu estou orando por você!

REFLEXÃO

GRATIDÃO

NÃO INVERTA A ORDEM

- Deus
- Saúde
- Família
- Trabalho

Decida transbordar

"E Deus é poderoso para tornar abundante em vós toda graça, a fim de que, tendo sempre, em tudo, toda suficiência, superabundeis em toda boa obra."

2 CORÍNTIOS 9:8

06 | JUN

Melhor do que estar cheia é transbordar do amor de Deus.

Devocional 157/365

@devocionalmulhersabia

Imagine uma fonte que nunca seca, jorrando continuamente água fresca e limpa; essa é a graça de Deus em nossas vidas. Ela flui incessantemente, suprindo todas as nossas necessidades e nos capacitando a transbordar em boas obras. Não é uma graça que preenche apenas o suficiente, é uma graça que transforma e nos enche a ponto de transbordar para os outros.

Hoje, mulher sábia, eu quero que você decida ter uma vida transbordante. O que é ter uma vida transbordante? Não basta você estar cheia. Imagine agora um copo d'água cheio até a boca, mas que não transborda, está no limite, cheio. Isso quer dizer que você guarda para você tudo com que Deus tem lhe enchido. Quando você transborda e essa água vaza do copo, começa então a encher outros lugares, porque você transborda a graça e a bondade de Deus.

Melhor do que estar cheia é transbordar do amor de Deus. Paulo nos lembra que Deus é capaz de fazer essa graça abundar em nós, não para que acumulemos bênçãos, mas para que possamos compartilhar. Quando entendemos que nossa suficiência vem de Deus, nos tornamos canais de sua bondade, sendo generosos em toda obra.

Mulher sábia, é melhor doar do que receber. Creia nessa verdade para você começar a viver coisas sobrenaturais no Senhor; a graça que recebemos é uma capacitação divina para realizar o propósito de Deus em nossas vidas. Ao confiarmos na provisão de Deus, somos livres para abençoar outras, sabendo que Ele sempre nos dará o suficiente para cumprir a Sua vontade, que é boa, perfeita e agradável.

Eu estou orando por você!

REFLEXÃO

GRATIDÃO

NÃO INVERTA A ORDEM

- Deus
- Saúde
- Família
- Trabalho

Nada vai lhe faltar

07 | JUN

"Caminhe em retidão diante de Deus e viva momentos além do que um dia você sonhou ou imaginou.

Devocional 158/365

@devocionalmulhersabia

"Porque o Senhor Deus é um sol e escudo; o Senhor dará graça e glória; não negará bem algum aos que andam na retidão."

SALMOS 84:11

O sol ilumina o caminho e o escudo protege o guerreiro; assim é o Senhor para aqueles que andam na retidão, na obediência. Ele não apenas nos guia, como também nos defende e protege. Caminhar em retidão, em obediência diante de Deus, é viver sob sua proteção e luz, sabendo que nada de bom nos faltará.

O salmista declara que Deus dá graça e glória. A graça para caminhar sempre com Ele e a glória como recompensa por essa caminhada em renúncia. Viver em retidão não é apenas uma escolha moral, mas uma vida dependente de Deus, confiando que Ele suprirá cada necessidade e que nada vai lhe faltar. O seu Deus, mulher sábia, é um Deus que cuida de você nos detalhes, e eu declaro que hoje você vai acreditar na verdade de que nada vai lhe faltar.

Quando nos alinhamos com a vontade de Deus, recebemos a segurança de sua proteção e a promessa de Suas bênçãos. É uma vida que reflete a bondade de Deus; mesmo em tempos difíceis, podemos confiar que Ele não permitirá que nos falte o que é realmente necessário. Deus está cuidando de tudo neste dia de hoje, porque Ele é o Deus que sempre faz abundantemente além do que um dia você sonhou ou imaginou.

Eu estou orando por você!

REFLEXÃO

GRATIDÃO

NÃO INVERTA A ORDEM

- Deus
- Saúde
- Família
- Trabalho

Semeie e colha bons frutos

"O mal perseguirá aos pecadores, mas os justos serão galardoados com o bem."

PROVÉRBIOS 13:21

08 | JUN

Escolha viver com propósito e fé, pois cada ação semeada hoje traz frutos de esperança e alegria amanhã.

Devocional 159/365

@devocionalmulhersabia

A vida é como um campo de colheita: o que semeamos colhemos. Se você planta laranja, não tem como colher morango; você colherá laranja. Então se não está gostando do que vem colhendo, mulher sábia, precisa mudar o seu plantio. Cuidado com o que tem plantado, olhe para o seu plantio de hoje. O que você tem plantado? Os que vivem em pecado e maldade acabam colhendo as consequências de suas escolhas, enquanto aqueles que buscam a justiça e a obediência são recompensados com o bem.

O livro de Provérbios destaca essa verdade com simplicidade e clareza; não é uma questão de sorte ou destino, mas de escolha. Escolher viver em justiça e bondade atrai a recompensa divina, enquanto o mal apenas traz sofrimento e dor, por mais que às vezes você olhe para algumas pessoas que, a seu ver, estejam vivendo uma vida boa, uma vida de riquezas, e pense assim: "Mas eu sei que ela não planta coisas boas, sei que ela não é uma pessoa boa. Por que ela está vivendo essa vida?".

A questão é que a pessoa não mostra a realidade. Será que ela está feliz no casamento? Será que está com saúde? Será que tem um relacionamento com Deus? Será que está garantindo o que é eterno?

Não olhe para as aparências, escolha viver em justiça e bondade. A sabedoria nos ensina a viver com propósito, semeando bondade, justiça e verdade. Ao fazermos isso, podemos esperar a colheita de bem que Deus promete àqueles que escolhem o caminho da retidão, o caminho da obediência; o bem recompensa os justos. Creia nessa verdade hoje na sua vida.

Eu estou orando por você!

REFLEXÃO

GRATIDÃO

NÃO INVERTA A ORDEM

- Deus
- Saúde
- Família
- Trabalho

A mulher sábia é mansa

09 | JUN

> A verdadeira mansidão é a força que nos permite confiar em Deus, sabendo que Ele é nosso defensor.

Devocional 160/365

@devocionalmulhersabia

"Mas os mansos herdarão a terra e se deleitarão na abundância de paz."

SALMOS 37:11

A mansidão é uma força serena, uma qualidade que, muitas vezes, é confundida com fraqueza, mas que, na verdade é um sinal de profundo controle e confiança em Deus. A mansidão é um fruto do Espírito Santo e, para realmente ser uma mulher sábia, você precisa ser mansa. Isso não é ser fraca e sem opinião. Ser mansa é saber que não precisamos lutar por tudo, que não precisamos entrar em toda guerra. Há guerras que não são suas, pois confiamos que Deus é o nosso defensor e provedor.

No contexto bíblico, Jesus declarou que os mansos herdarão a terra. Esse versículo ecoa essa promessa, revelando que aqueles que são humildes e confiantes no Senhor não só receberão a terra, mas também viverão em paz abundante. A verdadeira paz não vem da ausência de conflitos, mas de uma confiança inabalável em Deus que nos permite viver com tranquilidade, mesmo em meio às tempestades da vida. Mulher sábia, já bastam as suas lutas diárias.

Seja mansa, respire antes de falar, peça direcionamento de Deus antes de ter uma conversa importante com seu esposo ou no seu trabalho. Comece a pedir para Deus sabedoria para ser mansa de espírito, deixe de brigar por qualquer coisa. A mansidão abre a porta para uma vida de descanso e confiança, na qual podemos desfrutar plenamente das bênçãos de Deus, sabendo que Ele está no controle.

Ser mansa e humilde é uma decisão diária. Lembre-se de que a mansidão é um fruto do Espírito Santo de Deus e a mulher sábia transborda os frutos do Espírito. Seja mansa e viva a abundância do Senhor.

Eu estou orando por você!

REFLEXÃO

GRATIDÃO

NÃO INVERTA A ORDEM

- Deus
- Saúde
- Família
- Trabalho

Expanda a sua visão

"Amplia o lugar da tua tenda, e as cortinas das tuas habitações se estendam; não o impeças; alonga as tuas cordas e firma bem as tuas estacas."

ISAÍAS 54:2

10 | JUN

Viva com expectativa e obediência; Deus está pronto para fazer o impossível acontecer em você!

Devocional 161/365

@devocionalmulhersabia

Deus nos chama a expandir nossa visão e pensar além do presente, pois Ele tem um futuro reservado para nós. Para você viver as promessas que o Senhor tem preparado, precisa estar preparada. Alargar o lugar da tenda é um ato de confiança de que Deus trará crescimento e abundância.

Assim como uma tenda precisa de estacas firmes para suportar o vento, nossa fé precisa ser ancorada na promessa de Deus. Às vezes somos chamadas a nos expandir em áreas em que nos sentimos limitadas, a estender nossas fronteiras espirituais, emocionais ou físicas. Deus nos convida a abrir espaço para o novo, a nos preparar para receber mais do que imaginamos.

Prepare-se para coisas grandes de Deus. Este versículo nos desafia a viver com expectativa, acreditando que Deus está sempre pronto a fazer algo maior e melhor em nossas vidas. Devemos estar prontas para estender nossa fé, confiando que Ele nos dará tudo de que precisamos para crescer e prosperar. As pessoas de fora não vão entender o que Deus está fazendo, porque vai ser algo grande, pois Ele move o céu inteiro para fazer o impossível.

Mas para isso é necessário que você faça a sua parte, sendo obediente e constante. Busque o seu Deus de todo coração e viva o impossível, alargue as suas tendas.

Eu estou orando por você!

REFLEXÃO

GRATIDÃO

NÃO INVERTA A ORDEM

- Deus
- Saúde
- Família
- Trabalho

As bênçãos a perseguem

11 | JUN

Você precisa ser assegurada pela voz de Deus, e não pela voz do mundo.

Devocional 162/365

@devocionalmulhersabia

"E todas estas bênçãos virão sobre ti e te alcançarão, quando ouvires a voz do Senhor, teu Deus."

DEUTERONÔMIO 28:2

A obediência a Deus é o caminho para uma vida repleta de bênçãos. Quando nos alinhamos com a Sua vontade, as bênçãos não apenas chegam até nós, mas nos perseguem e nos alcançam. Deus promete que a obediência traz consigo uma chuva de provisão e favor, que nos cobre e nos cerca por todos os lados.

Imagine você ser seguida por uma nuvem de bênçãos, onde quer que você coloque a planta dos seus pés. Quando você decide ouvir e obedecer a voz de Deus, não é preciso correr atrás das bênçãos.

Ao vivermos em obediência, as bênçãos nos encontram, Deus é fiel em cumprir Suas promessas. E Ele nos promete uma vida repleta de paz, provisão e alegria. "As bênçãos e a bondade de Deus me perseguem", declare isso no seu coração hoje. Você precisa ser assegurada pela voz de Deus, e não pela voz do mundo. Não se molde ao padrão do mundo, mas sim ao padrão de Deus. Leia a Bíblia, entenda o que Deus espera de você, para assim viver a perseguição de bênçãos na sua vida.

Eu estou orando por você!

REFLEXÃO

GRATIDÃO

NÃO INVERTA A ORDEM

- Deus
- Saúde
- Família
- Trabalho

Seja terra fértil

"Tu coroas o ano da tua bondade, e as tuas veredas destilam gordura."

SALMOS 65:11

12 | JUN

Mesmo nos tempos difíceis, a provisão de Deus nunca falha.

Devocional 163/365

@devocionalmulhersabia

Ao olharmos para trás, percebemos que cada ano é uma evidência da bondade de Deus em nossas vidas. Ele coroa o ano com suas bênçãos, enchendo nossos caminhos com abundância e graça. Já estamos no meio do ano, 163 dias já se passaram, e eu tenho certeza de que você pode dizer que até aqui o Senhor a sustentou. Quantas bênçãos Deus lhe deu até aqui?

Esse salmo nos lembra que, mesmo nos tempos de dificuldade, as veredas de Deus estão sempre cheias de provisão, a gordura mencionada simboliza a fartura. A bênção abundante que vem do Senhor. Assim como uma terra fértil transborda em frutos e colheitas, nossas vidas florescem quando andamos nos caminhos de Deus.

Ao final de cada mês, podemos ver a mão de Deus em cada detalhe, coroando nossos esforços, nossas lutas e nossas vitórias com Sua bondade. Mesmo nos tempos difíceis, Sua provisão nunca falha. O seu Deus não falha, Ele nos leva de glória em glória, de vitória em vitória. Seja terra fértil, transborde frutos.

Eu estou orando por você!

REFLEXÃO

GRATIDÃO

NÃO INVERTA A ORDEM

- Deus
- Saúde
- Família
- Trabalho

A luz não pode ser escondida

13 | JUN

"Vós sois a luz do mundo; não se pode esconder uma cidade edificada sobre um monte."

MATEUS 5:14

"Cada ato de carinho que você faz é uma luz que brilha no escuro.

Devocional 164/365

@devocionalmulhersabia

REFLEXÃO

GRATIDÃO

Jesus nos chama de luz do mundo, um farol de esperança e verdade em meio à escuridão. Ser luz é um chamado poderoso, e você tem esse chamado, Ele a convida a viver de maneira que os outros vejam a bondade e a glória de Deus a partir de você. Assim como a cidade no alto do monte é visível de longe, nossa vida deve ser um testemunho visível da graça de Deus.

Não podemos nos esconder, a luz não pode ser escondida nem apagada, pois fomos chamadas para brilhar, para iluminar os caminhos daqueles que estão perdidos, para ser um reflexo da luz de Cristo. Viver como luz é um desafio constante de ser exemplo, de manter a fé em evidência, de ser agente de transformação.

Mulher sábia, Deus a fez para ser agente de transformação dentro do seu lar, dentro do teu trabalho, da vida dos seus filhos. Cada ato de bondade, cada palavra de encorajamento, cada gesto de amor, cada cuidado com o seu lar, cada bolo quentinho que você faz, cada banho que dá nos seus filhos é uma chama que brilha no escuro apontando para a verdadeira luz do mundo, que é Cristo Jesus. Que ao olharem para a sua vida as pessoas possam ver Deus e desejem ter essa luz que brilha em você.

Eu estou orando por você!

NÃO INVERTA A ORDEM

- Deus
- Saúde
- Família
- Trabalho

A generosidade move o coração de Deus

"Dai, e ser-vos-á dado; boa medida, recalcada, sacudida e transbordando vos darão; porque com a mesma medida com que medirdes também vos medirão de novo."

LUCAS 6:38

14 | JUN

Quando você doa com alegria, abre espaço para receber ainda mais de Deus em sua vida.

Devocional 165/365

@devocionalmulhersabia

Generosidade é um princípio que move o coração de Deus. Quando doamos, não apenas oferecemos algo de nós, mas também abrimos espaço para recebermos em retorno uma medida ainda maior, transbordante. Eu particularmente amo esse versículo porque existe uma promessa de medida sacudida.

A imagem dessa medida é como um recipiente cheio até o limite, pressionado para que mais possa ser adicionado. Essa é a promessa de Deus para aqueles que doam com alegria e liberalidade. Quando doamos, seja nosso tempo, recurso ou amor, Deus retribui com uma medida muito além do que poderíamos esperar.

Viver com generosidade é confiar que, ao abrirmos mão do que temos, Deus nos suprirá em abundância. Não apenas receberemos, mas seremos abençoados de maneira que transborde para outros ao nosso redor. O segredo, lindona, está em ser generosa e transbordar. A lei da generosidade é imutável: quanto mais doamos, mais recebemos.

Eu estou orando por você!

REFLEXÃO

GRATIDÃO

NÃO INVERTA A ORDEM

- Deus
- Saúde
- Família
- Trabalho

Mais preciosa que ouro

15 | JUN

"A sabedoria é a coisa principal; adquire, pois, a sabedoria; sim, com tudo o que possuis, adquire o conhecimento."

PROVÉRBIOS 4:7

Peça a Deus sabedoria, e Ele a dará; cada decisão sábia a torna uma mulher mais forte e iluminada.

Devocional 166/365

@devocionalmulhersabia

REFLEXÃO

GRATIDÃO

A sabedoria é mais preciosa do que ouro; foi justamente isso que Deus colocou no meu coração quando defini o título deste devocional de *Seja mulher sábia*. Porque a sabedoria é o fundamento de uma vida bem-sucedida e plena, não tem como eu adquirir uma vida em abundância se não tiver sabedoria. Salomão, em toda sua grandeza, sabia que a maior riqueza que alguém pode possuir é a sabedoria; ela é o princípio de tudo, a base sobre a qual todas as outras bênçãos se constroem. Buscar sabedoria é uma jornada que nunca termina, é constante.

Eu preciso buscar e pedir sabedoria diariamente, pois ela nos guia em todas as áreas da vida, nos ensina a tomar decisões acertadas. Com sabedoria adquirimos a capacidade de aplicar o conhecimento de forma prática e eficaz no nosso dia a dia. Você vai se tornar mais sábia como mãe, esposa, profissional, filha. Investir em sabedoria é investir em algo que tem valor eterno, é um recurso que nunca perde o seu valor, que nos enriquece e nos guia em todos os aspectos da vida. A sabedoria é o tesouro mais valioso que podemos buscar, e aqueles que a encontram são verdadeiramente ricos.

A palavra de Deus em Tiago nos fala que se eu peço sabedoria, Deus me dá. Então peça a sabedoria, exercite a sabedoria todos os dias da sua vida. Seja uma mulher sábia, eu tenho certeza de que este devocional vai ajudá-la em todo este ano a desenvolver a sabedoria que Deus tem derramado sobre a sua vida.

Eu estou orando por você!

NÃO INVERTA A ORDEM

- Deus
- Saúde
- Família
- Trabalho

Você não será abalada

"Na verdade, nunca será abalado; o justo ficará em memória eterna."

SALMOS 112:6

16 | JUN

Não desanime diante das lutas; olhe para a promessa de Deus e esteja firmada na rocha.

Devocional 167/365

@devocionalmulhersabia

O justo é como uma rocha: firme e inabalável. A rocha não muda de lugar, assim como o nosso Deus não muda; Ele é o mesmo hoje e para sempre. Quando está firmada na rocha, você se torna inabalável. Esse versículo nos lembra de que aqueles que vivem de acordo com a justiça de Deus permanecem firmes, pois sua fundação está enraizada na fé e na confiança do Senhor. A lembrança do justo é abençoada porque sua vida é um testemunho vivo da fidelidade de Deus. Suas ações e seu legado continuam a impactar mesmo após sua partida, a justiça que ele viveu é um reflexo do caráter de Deus, por isso sua memória é honrada e abençoada. E hoje eu quero lhe deixar uma pergunta, mulher sábia.

Como você quer ser lembrada? Como uma mulher justa, uma mulher sábia, uma mulher que refletia o caráter de Deus? Você tem plantado para isso? Viver de maneira justa não apenas nos protege, mas também constrói um legado que atravessa gerações.

Aqueles que nos seguem se lembrarão da nossa fé e retidão e serão inspirados a seguir o mesmo caminho; a justiça que praticamos hoje é a bênção que deixaremos para o futuro. Por isso eu falo: não olhe para o tamanho da sua luta e não permita que a sua alma desanime. Olhe para a fidelidade de Deus, para a promessa de Deus. Olhe para o poder de Deus e descanse no seu amor, continue crendo e buscando, não perca a sua bênção por desanimar no meio do caminho.

Eu estou orando por você!

REFLEXÃO

GRATIDÃO

NÃO INVERTA A ORDEM

- Deus
- Saúde
- Família
- Trabalho

Deus tem planos bons para você

17 | JUN

"Quando os desafios surgirem, agarre-se à certeza de que Deus já traçou um caminho de bênçãos para você.

Devocional 168/365

@devocionalmulhersabia

"Porque eu bem sei os pensamentos que penso de vós, diz o Senhor; pensamentos de paz e não de mal, para vos dar o fim que esperais."

JEREMIAS 29:11

No devocional de hoje, refletimos sobre o coração de Deus, que está cheio de bons pensamentos a nosso favor. Os pensamentos de Deus para você são de paz, e não de mal. Quando enfrentamos desafios, é fácil nos perdermos em preocupações e questionarmos quem somos, mas o versículo em Jeremias nos lembra de que Deus tem um plano perfeito para cada uma de nós. Ele nos promete paz, prosperidade e um futuro cheio de esperança. Mesmo que não esteja claro, podemos confiar que Deus já traçou um caminho de bênçãos, abrindo e fechando as portas certas.

Há momentos em que o futuro parece incerto, e nossos sonhos, distantes. Nesses momentos, precisamos nos apegar à certeza de que Deus está no controle, pois Ele conhece o fim desde o começo e deseja nos conduzir a um destino que traga glória a Ele e alegria para nós. Contudo, essa promessa exige nossa cooperação; precisamos alinhar nossas vidas com Seus propósitos, buscar Sua orientação e estar dispostas a segui-Lo, confiando que Seus pensamentos são melhores do que os nossos. Esse é um ato de fé e coragem.

Esse versículo é uma âncora em tempos de incerteza. Quando nada faz sentido, lembre-se de que Deus já planejou cada detalhe de sua vida com amor e sabedoria. Seus pensamentos para nós são sempre bons, e, ao confiarmos n'Ele, encontramos paz, sabendo que nosso futuro está seguro em Suas mãos.

Eu estou orando por você!

REFLEXÃO

GRATIDÃO

NÃO INVERTA A ORDEM

- Deus
- Saúde
- Família
- Trabalho

Ele supre tudo

"O meu Deus, segundo as suas riquezas, suprirá todas as vossas necessidades em glória, por Cristo Jesus."

FILIPENSES 4:19

18 | JUN

Deus suprirá todas as suas necessidades.

Devocional 169/365

@devocionalmulhersabia

A promessa de Deus de suprir todas as nossas necessidades é uma das mais reconfortantes na Bíblia. Muitas vezes nos preocupamos com o futuro, com o que vamos comer, vestir, como pagaremos as contas, o que vai ser daqui a cinco, dez, quinze anos. Mas Deus nos lembra de que Ele é o dono de todas as riquezas e que em Sua glória Ele providenciará tudo de que precisamos. Essa não é uma promessa limitada apenas ao básico, mas uma garantia de que Ele suprirá cada uma de nossas necessidades, sejam elas físicas, emocionais ou espirituais. Paulo, ao escrever essa carta, estava falando de uma confiança inabalável em Deus, uma fé que transcende as circunstâncias. Ele sabia que Deus, em sua glória estava sempre pronto a prover para aqueles que confiam n'Ele.

Isso não significa que sempre teremos tudo o que queremos, mas que Deus nos dará exatamente aquilo de que precisamos no tempo certo e da maneira certa. Essa promessa também nos desafia a viver uma vida de dependência em Deus; não é fácil entregar as nossas preocupações e confiar que Ele cuidará de tudo, mas essa é a essência da fé. Em vez de nos preocuparmos, somos chamados a lançar nossas ansiedades sobre Ele, sabendo que Ele cuida de nós.

Essa confiança liberta nossos corações de inquietação e nos permite viver em paz, sabendo que nosso Pai Celestial está sempre atento às nossas necessidades. Além disso, essa promessa nos encoraja a sermos generosas com o que temos, sabendo que Deus é nossa fonte inesgotável.

Acredite nesta verdade: Deus está suprindo todas as suas necessidades, não de acordo com o que você espera, mas com o que Ele sabe que é o melhor para a sua vida.

Eu estou orando por você!

REFLEXÃO

GRATIDÃO

NÃO INVERTA A ORDEM

- Deus
- Saúde
- Família
- Trabalho

A mulher sábia é valorosa

19 | JUN

"O que segue a justiça e a bondade achará a vida, a justiça e a honra."

PROVÉRBIOS 21:21

Você tem valor inestimável para Deus.

Devocional 170/365

@devocionalmulhersabia

Buscar a justiça e a bondade é uma jornada transformadora, que enriquece o coração e a vida de quem a trilha. Essa passagem de Provérbios nos ensina que, ao perseguirmos esses valores, encontramos uma vida plena, juntamente com a justiça e a honra – frutos de uma vida alinhada à vontade de Deus. É um chamado para viver com integridade, focando o que é certo e bom aos olhos de Deus. Ser correta e bondosa diante de Deus vale a pena.

No contexto bíblico, justiça vai além de fazer o que é certo; trata-se de viver conforme os padrões de Deus, pautados em amor, verdade e compaixão. Fugir dos padrões do mundo e escolher a justiça é optar por uma vida que reflete o caráter de Deus, carregando a promessa de propósito e significado. A bondade é a prática dessa justiça, expressa em nossas ações e no modo como tratamos os outros. Escolher justiça e bondade requer coragem para seguir contra a correnteza do mundo.

Essa escolha traz uma vida que agrada a Deus e que naturalmente recebe honra e respeito – não por vaidade, mas como consequência de uma vida que espelha os valores do reino de Deus. O caminho da justiça e da bondade pode ser desafiador, mas nos aproxima de Deus e alinha nossa vida ao Seu propósito eterno.

Viver plenamente nesse caminho testemunha ao mundo a grandeza, a justiça e a glória de Deus. Você nasceu para resplandecer essa glória. Seja valorosa e reconheça o valor de tudo que Deus tem feito por você.

Eu estou orando por você!

REFLEXÃO

GRATIDÃO

NÃO INVERTA A ORDEM

- Deus
- Saúde
- Família
- Trabalho

A mulher sábia é protegida

"Também me deste o escudo da tua salvação; a tua mão direita me susteve, e a tua mansidão me engrandeceu."

SALMOS 18:35

20 | JUN

Mulher sábia, você é protegida por Deus.

Devocional 171/365

@devocionalmulhersabia

A proteção de Deus é como um escudo que nos envolve, guardando-nos dos perigos visíveis e invisíveis. O salmista reconhece Deus como quem nos dá o escudo da salvação, símbolo de segurança eterna e proteção divina. Esse escudo não é apenas físico, mas também espiritual, uma garantia de que estamos protegidas em todos os aspectos de nossa vida.

Confiar em Deus nos dá segurança diante das tempestades. Por isso, mulher sábia, é essencial revestir-se da armadura de Deus diariamente, pedindo que Ele blinde sua mente e a revista com o escudo da salvação. Além de proteção, o salmista menciona a sustentação pela destra de Deus; Ele não apenas nos protege, mas também nos segura com Sua mão direita, assegurando que, mesmo nos momentos mais difíceis, não cairemos.

A força de Deus nos mantém firmes, dá coragem para seguir e ajuda a vencer os obstáculos. A clemência de Deus nos eleva – Sua graça não só nos salva, mas também nos honra, transformando nossa posição de medo em um lugar de dignidade. É pela bondade divina que somos elevadas, não por mérito próprio, mas por Sua graça e Seu favor. Assim, podemos viver com confiança, sabendo que a salvação de Deus é nosso escudo, Sua destra nos sustenta e Sua clemência nos engrandece.

Ele é nossa proteção, força e exaltação em todas as circunstâncias. Não há segurança maior do que estar nas mãos de Deus, confiando que Ele é fiel para nos guardar e sustentar em todos os momentos.

Eu estou orando por você!

REFLEXÃO

GRATIDÃO

NÃO INVERTA A ORDEM

- Deus
- Saúde
- Família
- Trabalho

A mulher sábia vive dupla honra

21 | JUN

"A obediência a Deus abre portas para a dupla honra.

Devocional 172/365

@devocionalmulhersabia

REFLEXÃO

GRATIDÃO

NÃO INVERTA A ORDEM

- Deus
- Saúde
- Família
- Trabalho

"Tendo dito isso, cuspiu na terra, e, com a saliva, fez lodo, e untou com o lodo os olhos do cego. E disse--lhe: Vai, lava-te no tanque de Siloé (que significa o Enviado). Foi, pois, e lavou-se, e voltou vendo."

JOÃO 9:6-7

A história do cego de nascença curado por Jesus em João 9 exemplifica a dupla honra. Esse homem, que vivia à margem da sociedade e era conhecido apenas por sua deficiência, recebeu não só a visão física, mas também a visão espiritual e uma nova identidade em Cristo. Quando Jesus usou barro para curar seus olhos, Ele transformou toda a sua vida. O barro simboliza o processo de humilhação que antecede a exaltação.

Em nossas vidas, Deus também nos conduz por caminhos que, às vezes, parecem humilhantes ou desafiadores. Esses momentos, como o "barro nos olhos", são oportunidades para que Deus demonstre Seu poder e traga honra ainda maior. O cego passou de uma vida de vergonha e exclusão para tornar-se um testemunho vivo da glória de Deus, recebendo dupla honra pela sua fé e obediência. Essa história nos lembra de que, mesmo nos desafios mais difíceis, Deus pode usar as circunstâncias para nos elevar a um novo nível de honra e propósito.

A honra que Deus nos dá é mais do que uma reversão de dificuldades; é uma transformação completa que nos coloca em posição de testemunhar Sua glória. Assim como o cego, podemos confiar que, ao obedecermos a Jesus, seremos transformados e receberemos dupla honra. Ele não apenas nos cura, mas também nos dá uma nova visão e identidade, elevando-nos a um lugar de honra que reflete Seu poder e Sua bondade.

Essa é a promessa de dupla honra para todos que confiam e obedecem ao Senhor. E será evidente para todos que é Deus em sua vida, pois a mulher sábia vive a dupla honra de Deus.

Eu estou orando por você!

A mulher sábia é paciente

"Bem-aventurado o varão que sofre a tentação; porque, quando for provado, receberá a coroa da vida, a qual o Senhor tem prometido aos que o amam."

TIAGO 1:12

22 | JUN

Suporte as tentações com coragem, pois cada desafio é uma oportunidade de crescimento e vitória em Deus.

Devocional 173/365

@devocionalmulhersabia

A vida cristã é marcada por desafios e provações, mas Tiago nos lembra de que há uma recompensa para aqueles que perseveram e não desistem. A tentação pode vir em muitas formas, testando nossa fé, nossa paciência e nossa resistência. No entanto, aqueles que resistem e permanecem firmes são chamados de bem-aventurados, pois ao final de suas provações há uma coroa de vida esperando por eles.

A história de Jó é um exemplo clássico dessa verdade; ele enfrentou provações que desafiariam até os mais fortes: perda de família, saúde e riqueza. Mas, apesar de tudo, não perdeu sua fé em Deus. Jó suportou a tentação de desistir, manteve sua integridade. Como resultado, Deus não apenas restaurou o que Jó havia perdido, mas deu-lhe em dobro.

Jó viveu a dupla honra e restituição de Deus, recebeu a coroa da vida na forma de bênçãos multiplicadas, e sua história se tornou um exemplo de fé para gerações. Assim como Jó, somos chamados a suportar as tentações e provações com paciência e fé. Embora o processo seja doloroso, a recompensa é grande, a coroa da vida é a promessa de que nossas lutas não são em vão, mas sim parte de um plano maior de Deus para a nossa vida. Ela representa a vitória final sobre o pecado e a morte e a entrada na vida eterna que Deus preparou para nós. Portanto, quando você enfrentar tentações e provações, lembre-se de Jó e da promessa de Tiago. Deus vê sua luta e promete recompensá-la com a coroa da vida. Mantenha-se firme, confie em Deus e saiba que, ao final, Ele sempre honra aqueles que permanecem fiéis a Ele.

Eu estou orando por você!

REFLEXÃO

GRATIDÃO

NÃO INVERTA A ORDEM

- Deus
- Saúde
- Família
- Trabalho

A mulher sábia é forte

23 | JUN

Mulher sábia, busque a sabedoria divina, pois ela a capacita a viver com propósito.

Devocional 174/365

@devocionalmulhersabia

"Um varão sábio é forte, e o varão de conhecimento consolida a força."

PROVÉRBIOS 24:5

A verdadeira força não se limita aos músculos; mas vem da sabedoria e do conhecimento que Deus nos dá. A Palavra nos ensina que a alegria do Senhor é a nossa força, e em Provérbios 24:5 vemos que a sabedoria fortalece, enquanto o conhecimento nos capacita a enfrentar os desafios com coragem e discernimento. Esse versículo nos chama a buscar a sabedoria divina, pois é ela que nos permite viver com força e propósito, enfrentando qualquer situação com confiança.

A sabedoria que vem de Deus é prática, guiando nossas decisões diárias, ajudando-nos a discernir o certo do errado e fortalecendo-nos em momentos de adversidade. Ao buscarmos sabedoria, estamos nos preparando para os desafios futuros, construindo uma base sólida que nos ajuda a resistir a qualquer tempestade. O conhecimento, por sua vez, intensifica essa força, proporcionando a profundidade e o entendimento necessários para aplicar a sabedoria com eficácia.

Conhecimento sem sabedoria pode ser arriscado, mas quando ambos andam juntos somos verdadeiramente fortalecidas. Essa combinação nos torna fortes em Deus, capacitadas para enfrentar batalhas espirituais, desafios pessoais e liderar outros no caminho da retidão.

Busque a sabedoria e o conhecimento que vêm de Deus, pois eles trarão não apenas força, mas também a capacidade de viver uma vida que agrada a Ele. Em cada decisão e desafio, lembre-se de que a força verdadeira vem do Senhor, sustentada pela sabedoria, pela alegria e pelo conhecimento que Ele nos concede.

Eu estou orando por você!

REFLEXÃO

GRATIDÃO

NÃO INVERTA A ORDEM

- Deus
- Saúde
- Família
- Trabalho

A mulher sábia é alegre

"Mas vós sereis chamados sacerdotes do Senhor, e vos chamarão ministros de nosso Deus; comereis das riquezas das nações e na sua glória vos gloriareis."

ISAÍAS 61:6

24 | JUN

Deus transforma dor em honra; confie que Ele restaurará sua alegria em dobro.

Devocional 175/365

@devocionalmulhersabia

Este mês é o mês da dupla honra do Senhor, e tenho certeza de que você já possui um testemunho lindo para compartilhar. A promessa de dupla honra em Isaías 61:7 nos lembra do caráter redentor de Deus, que vê nossas dores, lutas e humilhações e promete transformá-las em honra e alegria. Ele não só restaura o que foi perdido, como multiplica a bênção, concedendo-nos em dobro aquilo que nos foi tirado. Essa promessa é para todos que confiam e esperam em Sua justiça.

Eu mesma já vivi e continuo vivendo a dupla honra de Deus. Em momentos desafiadores, perdi pessoas, bens, e restou-me apenas a intimidade com Deus. Hoje, posso dizer que vivo a recompensa daqueles tempos difíceis; Deus me deu tudo em dobro, muito além do que eu poderia sonhar. E se Ele fez isso por mim, fará também por você.

Deus vê nossas dores e multiplica a bênção para aqueles que confiam n'Ele. Imagine alguém que sofreu humilhação, traição ou injustiça – aos olhos do mundo, essa pessoa parece derrotada, mas aos olhos de Deus ela está em um caminho de restauração. Deus tem prazer em exaltar os humilhados, substituindo vergonha por honra e tristeza por alegria.

Ele transforma nossa vida de dentro para fora, uma exaltação que vem d'Ele e que ninguém pode tirar. A alegria que acompanha essa honra é perpétua, nascida da presença de Deus e da certeza de Sua bondade e fidelidade. Nos momentos de vergonha ou afronta, podemos nos apegar a essa promessa, pois Deus é fiel e justo e cumprirá Sua palavra. Confie em Deus e aguarde pela honra que Ele reservou para você.

Eu estou orando por você!

REFLEXÃO

GRATIDÃO

NÃO INVERTA A ORDEM

Deus
Saúde
Família
Trabalho

A mulher sábia é próspera

25 | JUN

"Ah! Salva, Senhor, nós te pedimos; ó Senhor, nós te pedimos, prospera!"

SALMOS 118:25

Como a chuva traz vida à terra seca, assim Deus traz bênçãos àqueles que confiam n'Ele.

Devocional 176/365

@devocionalmulhersabia

REFLEXÃO

GRATIDÃO

O clamor do salmista é uma oração fervorosa por salvação e prosperidade, um pedido sincero para que Deus intervenha em sua vida e mude sua sorte. Esse versículo reflete a dependência total do homem em Deus, reconhecendo que toda prosperidade verdadeira vem do Senhor. Imagine uma terra seca, rachada pela falta de chuva, onde o agricultor olha para o céu esperando por uma nuvem carregada de água.

Assim é o coração que clama por Deus, reconhecendo que sem Ele tudo é estéril e vazio. Quando o salmista clama "faze-nos prosperar", ele está pedindo para que Deus derrame sua bênção como uma chuva sobre a terra seca, trazendo vida, crescimento e abundância. A prosperidade que vem de Deus é completa e abrange todas as áreas da nossa vida. Ele supriu não só nossas necessidades físicas, mas também as espirituais e emocionais.

A verdadeira prosperidade é viver em comunhão com Deus, sabendo que Ele é a fonte de todo o bem. Quando clamamos a Deus por prosperidade, estamos pedindo para que Ele esteja presente em cada detalhe de nossas vidas, guiando-nos e abençoando-nos conforme Sua vontade. Assim como o agricultor que confia na chuva para colher os frutos, devemos confiar em Deus para nossa prosperidade. Que possamos ser como o salmista, pedindo ao Senhor que nos salve e nos faça prosperar, sabendo que em Sua mão está todo o bem de que precisamos. Seja próspera, mulher.

Eu estou orando por você!

NÃO INVERTA A ORDEM

- Deus
- Saúde
- Família
- Trabalho

A presença do Pai

"E o Senhor estava com José, e foi varão próspero; e estava na casa de seu senhor egípcio."

GÊNESIS 39:2

26 | JUN

A presença de Deus transforma cada desafio em oportunidade.

Devocional 177/365

@devocionalmulhersabia

A história de José é um exemplo poderoso de como a presença de Deus transforma até mesmo as circunstâncias mais adversas em prosperidade. Vendido como escravo pelos seus irmãos, José foi levado ao Egito, onde se tornou servo na casa de Potifar. No entanto, mesmo nessa posição humilde e aparentemente sem esperança, José prosperou. A Bíblia deixa claro que isso aconteceu porque o Senhor estava com José, ele tinha a presença de Deus em sua vida. E quando temos a presença de Deus, não precisamos de mais nada. A prosperidade de José não veio de suas circunstâncias, mas da presença de Deus em sua vida. Mesmo como escravo, sua fidelidade a Deus fez com que se destacasse em tudo o que fazia.

Eventualmente, essa prosperidade o levou a uma posição de poder e influência, onde ele pôde salvar sua família e muitos outros durante a fome que assolou a região. Assim como José, podemos enfrentar momentos em nossas vidas em que as circunstâncias parecem desfavoráveis. Pode parecer que estamos presos em situações sem saída, mas a história de José nos lembra de que a verdadeira prosperidade não depende de onde estamos, mas de quem está conosco.

Quando Deus está ao nosso lado, pode transformar qualquer situação em uma oportunidade de crescimento e bênção. Que possamos buscar a presença de Deus em nossas vidas, confiando que Ele nos fará prosperar, não importa onde estivermos. Assim como José, quando andamos com Deus podemos ser vitoriosos, mesmo nas circunstâncias mais difíceis, sabendo que Ele é fiel para cumprir Seus propósitos em nossas vidas.

Eu estou orando por você!

REFLEXÃO

GRATIDÃO

NÃO INVERTA A ORDEM

- Deus
- Saúde
- Família
- Trabalho

A mulher sábia é fiel

27 | JUN

Deus observa como lidamos com o que temos; a sua dedicação hoje prepara o caminho de amanhã.

Devocional 178/365

@devocionalmulhersabia

"Ai de vós, escribas e fariseus, hipócritas! Pois que dais o dízimo da hortelã, do endro e do cominho e desprezais o mais importante da lei, o juízo, a misericórdia e a fé; deveis, porém, fazer essas coisas e não omitir aquelas."

MATEUS 23:23

A parábola dos talentos nos ensina uma lição profunda sobre fidelidade e recompensa: o senhor da parábola elogia seus servos por sua fidelidade em administrar os talentos que lhes foram confiados. Aquele que foi fiel ao pouco é exaltado e colocado sobre o muito, entrando no gozo do Senhor.

Essa parábola nos chama a sermos diligentes e fiéis com o que Deus nos confiou, sabendo que Ele é um Deus que recompensa a fidelidade.

Imagine um jardineiro que cuida de um pequeno jardim com dedicação e amor, cuidando de cada planta, regando, podando e protegendo. Com o tempo, esse pequeno jardim floresce e se torna um lugar de beleza e vida. O dono do jardim, ao ver o cuidado do jardineiro, confia a ele em um campo maior, sabendo que será igualmente fiel. Assim é com Deus: quando somos fiéis no pouco, Ele nos confia mais, porque vê nossa dedicação e responsabilidade. A fidelidade não é medida pelo tamanho da tarefa, mas pela atitude com a qual a realizamos. Deus observa como lidamos com as pequenas coisas, nosso tempo, nossos recursos, nossas responsabilidades diárias, e usa isso como um teste de caráter.

Que possamos ser como o fiel da parábola, usando bem o que Deus já nos deu, seja muito ou pouco, e confiando que Ele nos recompensará por nossa fidelidade. Ao sermos fiéis, entramos no gosto do Senhor, que é a maior recompensa que podemos receber: a alegria de saber que agradamos o coração do nosso Pai.

Eu estou orando por você!

REFLEXÃO

GRATIDÃO

NÃO INVERTA A ORDEM

- Deus
- Saúde
- Família
- Trabalho

Tudo o que temos vem de Deus

"E riquezas e glória vêm de diante de ti, e tu dominas sobre tudo, e na tua mão há força e poder; e na tua mão está o engrandecer e dar força a tudo."
1 CRÔNICAS 29:12

28 | JUN

Tudo o que temos e tudo o que somos vem da mão generosa de Deus.

Devocional 179/365

@devocionalmulhersabia

Davi, no final da sua vida, reconhece em sua oração que todas as riquezas vêm de Deus. Esse versículo é um testemunho do poder soberano de Deus sobre todas as coisas; Ele é a fonte de toda bênção, a origem de toda força e todo poder. Tudo o que temos e tudo o que somos vem da mão generosa de Deus, que nos abençoa conforme Sua vontade e Seu propósito, por amor e graça.

Pense em um rio que flui de uma fonte pura e abundante, irrigando a terra ao redor e trazendo a vida por onde passa. Assim é a bênção de Deus em nossas vidas: Ele é a fonte de todas as coisas boas e, quando reconhecemos isso, entendemos que nada do que temos é por mérito próprio. Nós não somos dignas de nada, Ele é quem nos dá força para realizar suas obras, quem nos engrandece para que possamos servir aos Seus propósitos.

Davi entendeu que, embora fosse rei e tivesse acumulado riquezas e poder, tudo isso era um presente de Deus, nada vinha da sua própria força ou sabedoria, mas do favor divino. Essa compreensão traz uma profunda humildade e gratidão, sabendo que somos apenas mordomos das bênçãos de Deus, e que Ele é o verdadeiro dono de todas as coisas. Que possamos viver com essa consciência, reconhecendo que tudo o que temos vem de Deus. Ele é quem nos dá força e poder, e em Suas mãos está a capacidade de nos engrandecer, para glorificarmos o Seu nome.

Eu estou orando por você!

REFLEXÃO

GRATIDÃO

NÃO INVERTA A ORDEM

- Deus
- Saúde
- Família
- Trabalho

Nada lhe falta

29 | JUN

"Os filhos dos leões necessitam e sofrem fome, mas aqueles que buscam ao Senhor de nada têm falta."

SALMOS 34:10

A provisão não vem do seu mérito, mas da confiança em Deus.

Devocional 180/365

@devocionalmulhersabia

O salmista nos ensina uma verdade poderosa sobre a provisão divina ao comparar nossa dependência com a dos leõezinhos. Esses animais, por mais fortes e destemidos que sejam, ainda podem passar fome, pois dependem das circunstâncias da caça. Em contraste, aqueles que confiam em Deus jamais serão desamparados. Imagine um vasto campo verde onde os animais selvagens caçam para sobreviver – o leão, mesmo sendo forte, não garante sua próxima refeição. Já a pessoa que busca o Senhor encontra tudo de que precisa, não pela sua própria força, mas pela dependência em Deus.

Buscar o Senhor significa colocar nossa confiança em Sua graça em todos os aspectos de nossas vidas. Essa busca é ativa, colocando Deus no centro de nossas decisões e confiando em Sua bondade, mesmo quando as circunstâncias parecem desfavoráveis. Ao fazermos isso, experimentamos a promessa de que nada nos faltará, pois Deus conhece nossas necessidades e é fiel para suprir cada uma delas.

Quando enfrentarmos desafios ou momentos de necessidade, lembremo-nos de que nosso sustento vem do Senhor. Em vez de confiarmos apenas em nossas próprias forças, devemos buscar Deus de todo o coração, certos de que Ele nos proverá tudo de que precisamos. Em Sua presença encontramos abundância de paz, provisão e bênçãos. Mulher sábia, confie em Deus, pois nada lhe faltará.

Eu estou orando por você!

REFLEXÃO

GRATIDÃO

NÃO INVERTA A ORDEM

- Deus
- Saúde
- Família
- Trabalho

A recompensa de Deus

"E também até o que não pediste te dei, assim riquezas como glória; que não haja teu igual entre os reis, por todos os teus dias."

1 REIS 3:13

30 | JUN

Deus é fiel e bondoso e sempre recompensa aqueles que colocam Sua vontade em primeiro lugar.

Devocional 181/365

@devocionalmulhersabia

Esse versículo reflete a resposta de Deus a Salomão, que pediu sabedoria para governar Israel. Deus, satisfeito com o pedido, concedeu a Salomão não apenas sabedoria, mas também riquezas e honra. Essa história nos ensina que, ao buscarmos primeiro o reino de Deus e sua justiça, somos abençoadas além do que podemos pedir ou imaginar. Deus ama ver nossa dependência d'Ele e se alegra quando desejamos viver de acordo com Sua vontade.

Imagine uma chave mestra capaz de abrir qualquer porta em um grande palácio. Ao pedir sabedoria, Salomão recebeu essa chave mestra que abriu portas para todas as outras bênçãos. Deus viu o coração humilde de Salomão e, ao perceber seu desejo sincero de servir bem, derramou sobre ele bênçãos materiais e espirituais. Assim como Salomão, ao colocarmos nossas prioridades em ordem e buscarmos a vontade de Deus em primeiro lugar, Ele se agrada e nos guia por caminhos de prosperidade que superam nossos esforços.

Deus é um Pai generoso que não só atende às nossas orações, mas também nos surpreende com bênçãos adicionais. Ao buscarmos Deus com sinceridade, desejando agradá-Lo acima de tudo, podemos confiar que Ele cuidará de cada área de nossa vida, concedendo-nos até aquilo que nem ousamos imaginar. Deus é fiel e generoso, recompensando aqueles que colocam Sua vontade em primeiro lugar. Busque Deus de todo o coração, faça d'Ele sua prioridade diária, e Ele a recompensará além dos seus sonhos e das suas expectativas.

Eu estou orando por você!

REFLEXÃO

GRATIDÃO

NÃO INVERTA A ORDEM

- Deus
- Saúde
- Família
- Trabalho

JULHO

Mês da Restauração

—

"O Deus de toda a graça, que os chamou para a sua glória eterna em Cristo Jesus, depois de terem sofrido por pouco tempo, os restaurará, os confirmará, os fortalecerá e os porá sobre firmes alicerces."

1 PEDRO 5:10

Eu tenho uma palavra de Deus para o seu mês.

Leia o QR Code e assista.

A mulher sábia é restaurada

01 | JUL

"Nosso espírito anseia pela renovação que vem do Senhor.

Devocional 182/365

@devocionalmulhersabia

REFLEXÃO

GRATIDÃO

NÃO INVERTA A ORDEM

- Deus
- Saúde
- Família
- Trabalho

"Senhor, com estas coisas se vive, e em todas elas está a vida do meu espírito; portanto, cura-me e faze-me viver."

ISAÍAS 38:16

Há momentos em que nossas forças parecem se acabar e a saúde física e mental começa a falhar. É como se estivéssemos caminhando por um deserto sem fim, onde cada passo se torna mais difícil do que o anterior; você olha para a frente e parece não ver saída. No entanto, assim como o deserto precisa da chuva para florescer, nosso espírito anseia pela renovação que vem do Senhor. Ele não apenas nos restaura, mas nos faz viver novamente. A vida que Ele nos dá reflete propósito, esperança e força que surge do Seu poder.

O Senhor conhece as nossas necessidades mais íntimas, antes mesmo de expressarmos em palavras; quando tudo parece desmoronar, é Ele quem nos sustenta, nos ergue e nos dá uma nova perspectiva. A restauração de Deus é completa; abrange não apenas o corpo, mas também a alma e o espírito. Ele é o verdadeiro bálsamo que cura as feridas mais profundas e renova as energias esgotadas.

Hoje, ao refletir sobre a sua saúde e o seu bem-estar, lembre-se de que Deus é a fonte de toda restauração. Entregue a Ele as áreas da sua vida que precisam de cura e confie que Ele irá não só restaurá-la, mas também trazer uma vida nova, plena e vibrante, como você nunca antes experimentou. Você viverá o maior mês de restauração da sua vida, mulher sábia.

Eu estou orando por você!

A fragilidade a aproxima de Deus

"O Senhor o sustentará no leito da enfermidade; tu renovas a sua cama na doença."

SALMOS 41:3

02 | JUL

Aprenda a se tornar dependente de Deus, pois Ele sustenta cada um dos seus dias.

Devocional 183/365

@devocionalmulhersabia

Quando enfrentamos períodos de doença, o mundo parece desacelerar e as preocupações que antes nos envolviam perdem a importância, é no silêncio do leito da enfermidade que muitas vezes nos encontramos sozinhas com as fraquezas que preferimos esconder.

O salmista nos lembra que mesmo em meio à dor e ao desconforto o Senhor nos sustenta, Ele não nos abandona quando estamos fracas, pelo contrário, é nesse momento que sua presença se torna ainda mais evidente, a nossa fragilidade nos aproxima de Deus. Imagine a cena de um quarto em penumbra, onde o corpo descansa, mas a mente se agita. Deus não apenas está presente, como cuida de cada detalhe, renovando a nossa cama, confortando-nos em meio a aflições e proporcionando o descanso de que a nossa alma necessita.

A restauração que vem de Deus é também espiritual; Ele nos sustenta para que possamos recuperar não só a saúde do corpo, mas também a saúde da nossa fé, do nosso espírito. Muitas vezes a doença nos ensina sobre a nossa própria fragilidade e nos aproxima do Criador, que é o verdadeiro autor da vida. Ele é quem decide a hora do levantar e, com a Sua mão carinhosa, nos guia nesse processo. Se hoje você se encontra em um leito de enfermidade, lembre-se de que você não está só, o Senhor está junto sustentando cada um dos seus dias, renovando as suas forças e preparando-a para o dia em que você levantará novamente. Deus é com você. Nos momentos em que você não está avançando, que está dependente, é quando Deus mais trabalha em seu coração. Aprenda nesse processo de dor, nesse processo de enfermidade, a se tornar dependente de Deus. E Ele está cuidando de tudo.

Eu estou orando por você!

REFLEXÃO

GRATIDÃO

NÃO INVERTA A ORDEM

Deus
Saúde
Família
Trabalho

Deus cura

03 | JUL

"E servireis ao Senhor, vosso Deus, e ele abençoará o vosso pão e a vossa água; e eu tirarei do meio de ti as enfermidades."

ÊXODO 23:25

Deus é o médico dos médicos, capaz de restaurar nossa saúde física e espiritual.

Devocional 184/365

@devocionalmulhersabia

Você já pediu cura a Deus? Talvez esteja enfrentando uma doença ou alguém da sua casa esteja passando por isso. Pode ser algo grave como câncer, ou algo como uma gripe ou depressão. Não sei qual é a sua luta, mas desafio você a pedir a cura a Deus. Muitas vezes, murmuramos e reclamamos, mas esquecemos de pedir ao único que pode nos curar. Deus é o médico dos médicos, e servi-Lo é mais que devoção – é uma entrega completa da nossa vida.

Em Êxodo, Deus promete abençoar aqueles que O servem fielmente, não só cuidando de suas necessidades, como o pão e a água, mas também prometendo cura para as enfermidades. Essa promessa nos lembra de que Deus cuida de nós em todos os aspectos, tanto espirituais quanto físicos.

Nossa relação com Deus é de reciprocidade. Quando escolhemos servi-Lo de todo o coração, Ele responde com bênçãos e proteção. A provisão de Deus é como um fluxo constante de cuidado: cada refeição e cada gole d'água são dádivas d'Ele, que também purifica e restaura nosso corpo, afastando doenças.

Diante das dificuldades, lembre-se dessa promessa. Servir a Deus não elimina os problemas, mas nos garante que temos um Deus fiel para nos restaurar em meio a eles. Se a enfermidade tenta roubar sua paz, confie que Deus, o grande médico, está agindo em seu favor e abençoando todos os aspectos da sua vida.

Agora, fale para Deus o que tem tirado sua paz e a enfermidade que impede seu avanço. Peça a Ele cura, porque Ele cuida, cura, provê e transforma.

Eu estou orando por você!

REFLEXÃO

GRATIDÃO

NÃO INVERTA A ORDEM

- Deus
- Saúde
- Família
- Trabalho

A alegria de Deus a renova

"O coração alegre serve de bom remédio, mas o espírito abatido virá a secar os ossos."
PROVÉRBIOS 17:22

04 | JUL

A alegria é um remédio poderoso que renova nosso corpo e nossa alma.

Devocional 185/365

@devocionalmulhersabia

REFLEXÃO

GRATIDÃO

NÃO INVERTA A ORDEM

- Deus
- Saúde
- Família
- Trabalho

A alegria é um bálsamo que renova corpo e alma. Em Provérbios, aprendemos que "o coração alegre serve de bom remédio", enquanto o espírito abatido leva à "seca dos ossos". Muitas vezes, subestimamos o poder de um coração alegre, deixando as preocupações pesarem mais do que a escolha de buscar alegria em meio às dificuldades. Mas a alegria, diferente dos remédios terrenos, age diretamente no coração, fonte do nosso bem-estar.

Pense no coração como um jardim: a alegria é a água que nutre as plantas, fazendo-as florescer e crescer saudáveis. Por outro lado, um espírito abatido seca o jardim, tornando-o estéril. Quando cultivamos a alegria, mesmo em tempos difíceis, recarregamos o coração e mantemos o espírito vibrante. Mas se nos deixamos abater, o espírito murcha e o corpo se enfraquece.

A alegria mencionada em Provérbios não é superficial; ela nasce da fé em Deus e da confiança em Suas promessas. É uma escolha de resistência espiritual, um ato de declarar que Deus é maior do que qualquer desafio que enfrentamos. Mesmo quando tudo parece desmoronar, podemos escolher a alegria, confiando que Deus cuida de tudo.

Hoje, escolha a alegria. Sorria, mulher sábia, sorria para Deus. Lembre-se de que Ele cuida de tudo, e Ele se alegra em ver sua felicidade. Como um pai que se alegra ao ver seu filho sorrir, Deus quer que você coloque um sorriso no rosto e permita que Ele inunde seu coração com renovação e força. Seja um canal de alegria para os outros, espalhando esperança e vitalidade. Afinal, um coração alegre não apenas cura a si, mas também irradia cura para todos ao redor. Sorria para Deus, mulher sábia.

Eu estou orando por você!

Cura, paz e segurança

05 | JUL

Confie, você está sendo restaurada por completo.

Devocional 186/365

@devocionalmulhersabia

REFLEXÃO

GRATIDÃO

NÃO INVERTA A ORDEM

- Deus
- Saúde
- Família
- Trabalho

"Eis que eu farei vir sobre ela saúde e cura, e os sararei, e lhes manifestarei abundância de paz e de verdade."

JEREMIAS 33:6

A promessa de Deus em Jeremias é de uma restauração completa, abrangendo o físico, o emocional e o espiritual. Quando Ele declara que trará saúde e cura, promete uma transformação que abrange todas as áreas da vida. Deus é o Deus da abundância e, quando promete cura, essa cura revigora não apenas o corpo, mas também a alma e o espírito. Imagine sua vida como uma casa desgastada pelas tempestades, com rachaduras surgindo ao longo do tempo.

Deus, o grande restaurador, vem para reparar cada rachadura, não superficialmente, mas desde a fundação, tornando a casa segura e firme. Ele não se limita a restaurar; Ele também traz paz e segurança, transformando o caos em um refúgio de tranquilidade. Essa paz é mais do que ausência de problemas; é uma serenidade divina que persiste até nos dias mais difíceis. A paz de Deus, que excede todo entendimento, é única e verdadeira.

Independentemente das circunstâncias, estamos seguras em Suas mãos, e nada pode nos afastar desse descanso em Seu amor. A segurança que Ele oferece não é terrena, mas eterna, baseada em Sua fidelidade imutável. Hoje, agarre-se a essa promessa. Permita que Deus trabalhe em cada área da sua vida, trazendo cura, paz e segurança. Confie que, mesmo que a restauração leve tempo, Ele é fiel para completar o que começou, transformando sua vida em um testemunho vivo de Sua graça e Seu poder. O que Deus tem para você hoje, mulher sábia, é cura, paz e segurança.

Eu estou orando por você!

Transformação por completo

"E veio ter com ele muito povo, que trazia coxos, cegos, mudos, aleijados e outros muitos; e os puseram aos pés de Jesus, e ele os sarou."

MATEUS 15:30

06 | JUL

Coloque as suas fraquezas aos pés de Jesus, que Ele vai curá-la.

Devocional 187/365

@devocionalmulhersabia

A cena em Mateus nos revela a grandeza do poder de Jesus, cercado por multidões que traziam aqueles mais necessitados de cura e esperança. Jesus curava não apenas com palavras, mas também com Sua presença transformadora, tocando vidas profunda e completamente. Nesse versículo, vemos a essência do amor de Cristo, que acolhe todos sem exceção, estendendo Suas mãos a quem se aproxima com fé.

As multidões representam as áreas de nossa própria vida que precisam da cura de Jesus. Talvez não enfrentemos doenças físicas, mas carregamos feridas emocionais, vícios, traumas do passado ou cansaço espiritual. Assim como as multidões levaram os doentes a Jesus, somos convidadas a colocar nossas dores e lutas aos pés d'Ele, confiando em Seu poder para nos restaurar. Jesus, com olhar compassivo e coração cheio de amor, acolhe cada uma de nós, independentemente da gravidade de nossas feridas. Ele não apenas cura, mas também restaura, devolvendo o vigor que achávamos ter perdido.

Assim como curou as multidões, Jesus continua operando milagres em nossas vidas – muitas vezes de maneira silenciosa, mas profundamente poderosa. Hoje, coloque aos pés de Jesus tudo o que a aflige e preocupa. Confie que Ele pode curar, restaurar e renovar cada área da sua vida. Mulher sábia, Deus pode restaurar seu casamento, sua família, sua vida financeira. Lembre-se: assim como as multidões saíram transformadas após encontrarem-se com Jesus, você também pode experimentar a transformação completa de Deus.

Eu estou orando por você!

REFLEXÃO

GRATIDÃO

NÃO INVERTA A ORDEM

- Deus
- Saúde
- Família
- Trabalho

Refrigério por sua vida

07 | JUL

"Deixe que a palavra de Deus penetre profundamente em seu coração.

Devocional 188/365

@devocionalmulhersabia

REFLEXÃO

GRATIDÃO

NÃO INVERTA A ORDEM

- Deus
- Saúde
- Família
- Trabalho

"Isso será remédio para o teu umbigo e medula para os teus ossos."

PROVÉRBIOS 3:8

A palavra de Deus está cheia de promessas que transcendem o físico, alcançando nosso ser em todas as dimensões. Em Provérbios 3:8, lemos sobre uma saúde que não se limita ao corpo, mas se estende ao espírito, trazendo refrigério até os ossos, ou seja, às profundezas de nosso ser. Essa promessa é como uma fonte de água viva que continuamente renova nossas forças, nos mantendo firmes, mesmo quando as tempestades da vida nos atingem.

Imagine esse refrigério como uma brisa suave em um dia quente – assim como ela traz alívio e conforto, a palavra de Deus age em nós, dissipando o peso das preocupações e nos proporcionando uma paz restauradora. Essa paz é duradoura porque se enraíza na confiança em Deus e na obediência à Sua vontade. Ao buscarmos a sabedoria e a orientação de Deus, encontramos um refrigério que o mundo não pode dar; uma paz que excede todo entendimento e só Deus pode nos oferecer.

A saúde que vem do Senhor vai além da ausência de enfermidades; é uma plenitude que permeia cada aspecto de nossa existência. É uma força interior que nos sustenta e nos encoraja a enfrentar os desafios com esperança e determinação. Não sei qual desafio você está enfrentando hoje, mas lhe asseguro: Deus é o refrigério e a saúde para os seus ossos.

Busque essa saúde e esse refrigério na palavra de Deus. Deixe que ela penetre profundamente em seu coração, renovando suas forças e trazendo paz ao seu espírito. Mesmo nos momentos mais difíceis, a presença de Deus é capaz de transformar seu interior, dando-lhe a força necessária para seguir em frente. Você não vai parar, porque o refrigério do Senhor está em sua vida, mulher sábia.

Eu estou orando por você!

Louve a Deus de todo o seu coração

"Bem-aventurado o homem a quem o Senhor não imputa maldade, e em cujo espírito não há engano."

SALMOS 32:2

08 | JUL

Louve a Deus todos os dias, até nos momentos difíceis.

Devocional 189/365

@devocionalmulhersabia

Esse versículo é uma poderosa declaração de fé e gratidão. O salmista reconhece que, em meio ao desespero, encontrou em Deus a cura necessária. Essa cura vai além do físico; é uma restauração completa, resultado de um encontro profundo com o Criador. Ao clamarmos e louvarmos ao Senhor, fazemos isso com a certeza de que Ele nos ouve, e essa certeza nos traz paz e esperança. Pense no louvor como uma ponte que conecta diretamente ao coração de Deus.

Em Sua infinita misericórdia, Deus responde ao nosso clamor, trazendo alívio e renovação. Como uma mãe que corre ao filho que chora, Ele nos oferece conforto e segurança. Hoje, desafio você, mulher sábia, a louvar ao Senhor de todo o seu coração. Em Salmos 9:1-2, lemos: "Eu te louvarei, Senhor, de todo o meu coração; contarei todas as tuas maravilhas. Em ti me alegrarei e saltarei de prazer; cantarei louvores ao teu nome, ó Altíssimo". Esse salmo alegre e animado nos convida a louvar a Deus em qualquer circunstância.

Precisamos aprender a praticar a gratidão e o louvor diariamente. Exaltar o nome do Senhor não deve depender de um bom dia, deve ser constante, independentemente da situação. Louve mais, adore mais, seja mais grata. Mesmo que as circunstâncias exteriores não contribuam para a sua alegria, você tem um motivo maior: Jesus morreu na cruz por você.

Louve a Deus em tempos difíceis e em momentos de paz, pois o louvor é uma arma poderosa que fortalece, alegra seu dia e, acima de tudo, alegra o coração de Deus. Hoje, louve e clame a Deus com uma oração sincera. Leve a Ele suas dores, suas preocupações e seus medos, confiando que, em Sua fidelidade, Ele responderá.

Eu estou orando por você!

REFLEXÃO

GRATIDÃO

NÃO INVERTA A ORDEM

- Deus
- Saúde
- Família
- Trabalho

Deus a conhece nos detalhes

09 | JUL

"Eu vejo os seus caminhos e os sararei; também os guiarei e lhes tornarei a dar consolações e aos seus pranteadores. Eu crio os frutos dos lábios: paz, paz, para os que estão longe e para os que estão perto, diz o Senhor, e eu os sararei."

ISAÍAS 57:18-19

Deus a conhece nos detalhes, permita que Ele cure as suas feridas.

Devocional 190/365

@devocionalmulhersabia

Deus, em sua infinita compaixão, conhece cada detalhe de nossa vida. Ele vê nossos caminhos e, mesmo que estejamos distantes ou tenhamos falhado, estende Suas mãos para nos curar e guiar de volta. Essa promessa é um lembrete constante de que o amor de Deus é incondicional e está sempre disponível para aqueles que O buscam. Não importa a sua situação hoje, mulher sábia. Mesmo se você se afastou ou falhou, Ele está de braços abertos para você, pronto para curar e transformar, pois conhece cada detalhe da sua vida e, acima de tudo, conhece seu coração.

Isaías nos revela que a cura de Deus vai além do físico, alcançando o mais profundo do nosso ser. Ele vê nossas feridas, nossos medos e nossas lutas internas, e se aproxima com um toque suave e curador. Deus não apenas nos cura, mas também nos guia com ternura, conduzindo-nos por caminhos de paz, mesmo em meio às tempestades. Como um pastor que cuida de suas ovelhas, Ele nos protege e nos oferece uma paz que o mundo não pode dar – uma paz que acalma o coração ansioso e traz serenidade em meio ao caos.

Em Sua bondade, Deus nos convida a experimentar essa paz, independentemente da distância. Ele transforma nossas lamentações em louvor e nossas dores em testemunhos de fé. Tudo o que você está passando hoje será usado para glorificar o nome d'Ele. Confie na promessa de Deus. Permita que Ele cure suas feridas, guie seus passos e preencha sua vida com a paz que só Ele pode oferecer. E, ao fazer isso, deixe que seus lábios se tornem canais de louvor, proclamando a bondade e a fidelidade do Senhor em toda circunstância. Deus a conhece nos detalhes e cuida de você com o mesmo zelo.

Eu estou orando por você!

REFLEXÃO

GRATIDÃO

NÃO INVERTA A ORDEM

- Deus
- Saúde
- Família
- Trabalho

Seja ousada, e não impulsiva

"E respondeu-lhe Pedro e disse: Senhor, se és tu, manda-me ir ter contigo por cima das águas."

MATEUS 14:28

10 | JUL

A ousadia em Deus é uma expressão de fé que nos leva a realizar grandes coisas.

Devocional 191/365

@devocionalmulhersabia

Eu acredito que Deus ama a ousadia. Ele ama a todos, mas aprecia nossa coragem em confiar e agir com fé. Hoje, quero desafiar você, mulher sábia, a ser ousada. Mas há uma grande diferença entre ser ousada e ser impulsiva. Não seja impulsiva – tome cuidado com suas decisões, pois elas também afetam as pessoas ao seu redor. A impulsividade pode fazê-la gastar energia e tempo com o que não é de Deus e que nada acrescenta à sua vida. Não aja sem orar e sem refletir.

Quantas coisas hoje tiram sua paz, trazem choro e dor? Muitas vezes isso vem de decisões impulsivas, feitas sem oração, sem buscar o direcionamento de Deus. Hoje, quero lembrá-la de não ser impulsiva, mas sim ousada. Pense em Pedro, que, ao ver Jesus, disse: "Senhor, se és tu, manda-me ir ter contigo por cima das águas". Ele foi ousado e corajoso. Havia outros discípulos no barco, mas somente Pedro andou sobre as águas, porque teve a ousadia de pedir. Aprenda a pedir, a ser ousada em seu clamor, em seu agradecimento, em sua fé.

A ousadia é sinal de fé. Hoje, seja uma mulher ousada em Deus. Não permita que a frustração prejudique sua visão. Olhe para o alto, assim como Pedro, que olhou para Jesus e pediu para ir até Ele. E ele andou sobre as águas. Abra sua boca, peça a Deus e mantenha seus olhos fixos n'Ele. Não olhe para as circunstâncias ou para o que os outros dizem. Confie que Deus vai sustentá-la e guiá-la. Seja ousada em Deus e mantenha seu olhar fixo n'Ele.

Eu estou orando por você!

REFLEXÃO

GRATIDÃO

NÃO INVERTA A ORDEM

- Deus
- Saúde
- Família
- Trabalho

Obedeça e recomece

11 | JUL

"E ele lhes disse: Lançai a rede à direita do barco e achareis. Lançaram-na, pois, e já não a podiam tirar, pela multidão dos peixes."

JOÃO 21:6

"Consulte Deus antes de todas as coisas.

Devocional 192/365

@devocionalmulhersabia

REFLEXÃO

GRATIDÃO

NÃO INVERTA A ORDEM

- Deus
- Saúde
- Família
- Trabalho

Hoje eu quero dizer, mulher, que você precisa obedecer e recomeçar. Obedeça a voz de Deus e recomece quantas vezes for preciso; se você colocar diante de Deus as suas necessidades, Jesus vai mostrar o caminho, porque Ele é específico, assim como foi com Pedro e Tomé. Jesus disse simplesmente "Lançai a rede do lado direito do barco e encontrareis", e eles lançaram porque foram obedientes e recomeçaram mesmo depois de uma noite inteira de pesca sem sucesso.

Aqui Pedro podia ter falado para Jesus: "Mas, Jesus, não tem peixe". Contudo, o que ele fez? Decidiu obedecer e recomeçar ouvindo a direção de Jesus. Eu quero lhe dizer hoje, mulher, que Jesus mostra o caminho. Ele mostra tudo de forma específica. A única coisa que você precisa fazer é estar com os ouvidos atentos a Ele. E quando escutamos a voz de Deus, a rede volta cheia, a ponto de você não conseguir puxar.

Então não aja na impulsividade, não faça por fazer. Ouça o direcionamento de Deus. Planeje a sua pescaria, a sua vida. O que você precisa fazer é ouvir e obedecer. Pare de ser impulsiva e imediatista. Consulte Deus antes de todas as decisões. Declare hoje: "Fala, Senhor, não me deixe ir nem para a direita nem para a esquerda se o Senhor não estiver comigo". E assim, obedecendo e recomeçando, você vai viver o melhor de Deus na sua vida.

Eu estou orando por você!

Sinta o toque de Jesus hoje

"E toda a multidão procurava tocar-lhe, porque saía dele virtude que curava todos."

LUCAS 6:19

12 | JUL

Sinta hoje, mulher sábia, o toque de Jesus.

Devocional 193/365

@devocionalmulhersabia

A multidão que cercava Jesus não estava apenas buscando algo superficial. Eles sabiam que de Jesus emanava uma força, uma virtude que podia curar qualquer enfermidade. Cada pessoa naquela multidão carregava suas próprias dores, seus medos, suas angústias. Mas havia uma certeza comum: o simples toque em Jesus poderia transformar suas vidas para sempre. Era como se a esperança renascesse a cada passo que eles davam em direção a Ele.

O toque de Jesus, no entanto, não era apenas físico. Ele tocava o profundo do ser humano, curando não só os corpos, mas também as almas feridas, os corações quebrados e os espíritos abatidos. Era um toque de restauração, que trazia de volta a alegria e renovava a esperança. Não era apenas uma cura temporária, era uma transformação completa de dentro para fora.

Em nossa vida, podemos nos sentir como aquelas multidões, necessitando de um toque divino que mude nossa situação. Podemos nos aproximar de Jesus com fé, sabendo que sua virtude ainda está disponível para nos curar, nos restaurar e nos renovar. E essa cura não se limita ao físico; ela abrange cada aspecto de nossa existência, trazendo plenitude e paz. É um toque que restaura. Então não hesite em buscar esse toque divino; aproximar-se de Jesus com o coração cheio de fé é o primeiro passo para experimentar a virtude que cura e transforma. Ele está sempre acessível, pronto para nos receber e nos oferecer a cura de que tanto precisamos.

Eu estou orando por você!

REFLEXÃO

GRATIDÃO

NÃO INVERTA A ORDEM

Deus

Saúde

Família

Trabalho

Ore mais, peça mais e agradeça mais

13 | JUL

Você está sendo restaurada por Deus.

Devocional 194/365

@devocionalmulhersabia

"Sara-me, Senhor, e sararei; salva-me, e serei salvo; porque tu és o meu louvor."

JEREMIAS 17:14

Jeremias, em sua oração, expressa uma confiança total no poder curador e salvador de Deus. Ele reconhece que a verdadeira restauração e salvação vem somente do Senhor e que essas dádivas divinas são suficientes para transformar sua vida. É uma oração, é um pedido, é um agradecimento que reflete a entrega completa de alguém que sabe que Deus é a fonte de tudo de que precisamos, tanto no corpo quanto na alma.

O pedido de cura de Jeremias vai além do físico, ele busca uma restauração completa que abrange seu ser interior e seu relacionamento com Deus. Ele entende que, ao ser curado por Deus, não apenas recupera sua saúde, mas também é fortalecido espiritualmente, pois Deus cura as emoções. Essa cura é um testemunho do poder e da bondade de Deus, um motivo de louvor e adoração.

Assim como Jeremias, podemos clamar ao Senhor em busca de cura, salvação e restauração. Nossas orações devem ser feitas com a certeza de que Deus nos ouve e é capaz de trazer a cura, a restauração de que precisamos, seja ela física, emocional ou espiritual. Quando nós voltamos para Deus com fé, Ele responde de maneiras que muitas vezes superam nossas expectativas. Ao ser curada por Deus, lembre-se de que essa cura é um convite para uma vida de louvor e gratidão. Cada vitória, cada restauração é um testemunho vivo do poder de Deus em nossas vidas. Algo que deve nos levar a adorar e agradecer continuamente. Afinal, Ele é nosso louvor, a razão da nossa alegria e esperança. Neste momento de restauração, mulher sábia, ore mais, peça mais e agradeça mais, pois Deus está restaurando por completo você e toda a sua casa.

Eu estou orando por você!

REFLEXÃO

GRATIDÃO

NÃO INVERTA A ORDEM

- Deus
- Saúde
- Família
- Trabalho

Perca tudo, menos a esperança

"A esperança demorada enfraquece o coração, mas o desejo chegado é árvore de vida."
PROVÉRBIOS 13:12

14 | JUL

Nunca perca a esperança, pois você está sendo moldada por Deus, mulher sábia.

Devocional 195/365

@devocionalmulhersabia

A esperança adiada desfalece o coração, mas o desejo atendido é como uma árvore de vida. A esperança é um fio invisível que nos conecta a nossos sonhos e desejos, mas, quando essa espera se prolonga, pode desanimar o coração, como uma seca que desidrata nosso espírito. O provérbio nos lembra do peso dessa espera, que pode ser dolorosa e exaustiva. No entanto, quando nossos desejos se realizam, é como se uma árvore frondosa brotasse em nosso jardim, trazendo sombra e frutos, renovando nossa alma e trazendo plenitude.

Essa concretização é como um renovo para o espírito, fruto de um processo de amadurecimento que nos prepara para a doçura da recompensa. Assim como o agricultor que espera pacientemente pela colheita, devemos aprender a confiar no tempo de Deus. A espera pode ser difícil, mas é nesse período que nossa fé é fortalecida e nosso caráter é moldado. Nunca perca a esperança. Ela é o que a mantém de pé e viva, mesmo quando as coisas parecem desanimadoras.

Quando finalmente experimentamos a realização de nossos desejos, entendemos que a espera valeu a pena. A recompensa é uma fonte de vida e renovação, como uma árvore de vida que floresce em meio ao deserto. Permita que a esperança a guie, mesmo quando a espera parece longa. Mantenha-se firme e confiante, sabendo que a realização dos seus desejos trará uma alegria duradoura. Tudo o que vem de Deus é para durar, e a esperança precisa ser constante no seu coração.

Eu estou orando por você!

REFLEXÃO

GRATIDÃO

NÃO INVERTA A ORDEM

- Deus
- Saúde
- Família
- Trabalho

A exaustão se torna força e coragem

15 | JUL

"A minha carne e o meu coração desfalecem; mas Deus é a fortaleza do meu coração e a minha porção para sempre."

SALMO 73:26

> A coragem não é a ausência de medo, mas a presença de Deus em sua vida.

Devocional 196/365

@devocionalmulhersabia

A vida pode ser desafiadora, e em muitos momentos, sentimos nosso corpo e coração à beira da exaustão. O salmista expressa essa sensação de fraqueza, como se, apesar de nossa luta, nossa vitalidade se esgotasse. No entanto, mesmo nessa fraqueza, ele encontra uma fonte inabalável de força em Deus. Talvez você também se sinta assim hoje – eu já estive nesse lugar várias vezes. Mas quero lembrá-la de que Deus conhece o seu limite e sabe até onde você aguenta. Ele transforma essa exaustão em força e coragem, sendo a fortaleza do coração um refúgio seguro que nos protege e sustenta.

Quando nossa força física e emocional falha, Deus é nossa âncora, a estabilidade que não vacila. Ele é nossa porção, o bem mais precioso e a fonte contínua para enfrentar as dificuldades. Mesmo nos momentos de maior fraqueza, não estamos sozinhas. Deus está sempre presente, oferecendo-nos Sua força quando a nossa se esgota. Ao confiarmos n'Ele, encontramos renovação e uma paz que ultrapassa as dificuldades. Em cada desafio e fraqueza, confie em Deus como a fortaleza do seu coração.

Deus é a fonte da sua força e a porção eterna que a sustenta, oferecendo coragem e paz para seguir em frente. Ele transforma o sentimento de exaustão em força e coragem, pois você é forte e corajosa, mulher sábia. Assim como a Helena repete todos os dias, pois eu fiz questão de ensinar isso para ela desde bebê, declare todos os dias assim que você acordar: "Eu sou forte e corajosa".

Eu estou orando por você!

REFLEXÃO

GRATIDÃO

NÃO INVERTA A ORDEM

- Deus
- Saúde
- Família
- Trabalho

Suas forças serão multiplicadas

"Dá vigor ao cansado e multiplica as forças ao que não tem nenhum vigor."

ISAÍAS 40:29

16 | JUL

Nos momentos de limite, Deus revela Sua grandeza.

Devocional 197/365

@devocionalmulhersabia

Esse versículo retrata a generosidade divina em tempos de exaustão e fraqueza. Deus multiplica as forças daqueles que já se sentem completamente esgotados. É um lembrete de que quando nossos próprios recursos são insuficientes, Deus está pronto para suprir todas as nossas necessidades. Imagine-se como uma lâmpada que, depois de horas de uso, começa a piscar e a enfraquecer. Quando parece que você não pode mais brilhar, Deus é como a fonte de energia que restaura e intensifica a luz. Ele não apenas nos dá o necessário para seguir em frente, como aumenta nossa capacidade de suportar e prosperar além do que imaginávamos ser possível.

É vital lembrar que, quando chegamos ao nosso limite, esse é o momento perfeito para buscar a ajuda de Deus. É o momento perfeito para Deus intervir na nossa vida e o milagre acontecer. Ele não só nos reabastece, mas também nos fortalece de maneira que supera nossas expectativas. Assim, nossa fraqueza se torna uma oportunidade para experimentar a grandeza da força divina. Quando se sentir cansada e sem forças, volte-se para Deus e peça-lhe para restaurar sua energia. Confie que Ele multiplicará suas forças oferecendo-lhe a capacidade de enfrentar qualquer desafio que surge em seu caminho.

No dia de hoje, Deus vai multiplicar suas forças, porque é quando a gente acha que não dá mais, quando está no limite, que Deus vem e mostra que é para a honra e a glória d'Ele. Pois pelas suas forças realmente não seria possível, mas a intervenção d'Ele multiplica as suas forças, a sua coragem, porque Deus não lhe deu espírito de medo; Ele lhe deu poder, amor e equilíbrio.

Eu estou orando por você!

REFLEXÃO

GRATIDÃO

NÃO INVERTA A ORDEM

- Deus
- Saúde
- Família
- Trabalho

Deus restaura tudo, até seu casamento

17 | JUL

"E, tendo dito isso, clamou com grande voz: Lázaro, vem para fora. "

JOÃO 11:43

A restauração começa quando abrimos nosso coração para o amor e o perdão.

Devocional 198/365

@devocionalmulhersabia

REFLEXÃO

GRATIDÃO

NÃO INVERTA A ORDEM

- Deus
- Saúde
- Família
- Trabalho

Temos inúmeras histórias na palavra de Deus que falam sobre restauração. Quando Deus restaura um casamento, trabalha nas estruturas e torna esse relacionamento inabalável, Deus não edifica nada pela metade. Por isso, se hoje você está com o seu casamento abalado, precisando de um milagre, entregue-o nas mãos do Senhor, pedindo a Ele uma restauração completa. Busque Deus, busque ajuda, aconselhamento, acompanhamento.

Quando nossa força física e emocional falha, Deus é a resposta. Não permita barreiras, preconceitos, não guarde rancor, libere perdão, esteja totalmente aberta para o tratar de Deus. Deus quer restaurar todo o casamento; se ainda não aconteceu a restauração, não é porque Ele não quer, é porque nós estamos fazendo alguma coisa errada. O problema nunca está em Deus, está em nós. Enquanto você deixa Deus agir, Ele vai curando o seu interior. E Deus trata cada um individualmente, você só precisa estar disposta e querer.

Deus ama casamento, ama família e quer restaurar. Casamento é a bênção do Senhor, não desista do seu casamento, não desista do que Deus lhe deu. Não se pode construir uma casa sobre lama, sal podre de pecado e querer ser abençoado por isso. Endireite as suas veredas, siga princípios para viver as bênçãos do Senhor. Mergulhe n'Ele, busque de todo o seu coração. Deus vai restaurar o seu casamento. Deus vai restaurar a sua casa. Deus vai restaurar. Ele é especialista em restaurar.

Eu estou orando por você!

Deus restaura tudo, até suas finanças

"Voltai à fortaleza, ó presos de esperança; também hoje vos anuncio que vos recompensarei em dobro."

ZACARIAS 9:12

18 | JUL

Não importa o que você perdeu, Deus pode restaurar com abundância.

Devocional 199/365

@devocionalmulhersabia

Talvez você esteja vivendo uma situação de injustiça, esteja se sentindo prejudicada por ter sido enganada, roubada. Eu não sei o que lhe aconteceu, mas quero dizer hoje que foi Deus quem criou todas as coisas. E se Deus criou tudo, Ele pode restaurar tudo. Você, primeiramente, precisa acreditar nessa verdade. Tudo que Deus criou Ele pode restaurar. Ele pode lhe restituir. E quando vem restituição do Senhor, vem dobrado. Não importa o que você perdeu.

O que você precisa fazer é crer que Deus restaura, que Ele é restaurador. Sempre que a Bíblia fala de restituição, fala de porção dobrada. Porque a restituição sempre vem em dobro. Foi assim com Jó, foi assim com José. Não perca mais tempo lembrando do que perdeu, do prejuízo que teve pelo que fizeram com você. Não importa o que fizeram com você, o que importa é o que você faz com o que fizeram com você. Ficar pensando nessas situações só traz sentimento ruim e paralisa. Faça o contrário, se prepare para a restituição que virá na sua vida.

Quando você começar a viver o tempo de restituição, vai se lembrar dos tempos difíceis e usar isso para testemunhar Deus na sua vida. Deus restaura tudo, até as suas finanças. Entregue isso também na mão de Deus. E Deus vai honrá-la. Ele jamais permite que uma filha fique envergonhada.

Eu estou orando por você!

REFLEXÃO

GRATIDÃO

NÃO INVERTA A ORDEM

Deus

Saúde

Família

Trabalho

Clame a Deus com força

19 | JUL

> "Tem misericórdia de mim, Senhor, porque sou fraco; sara-me, Senhor, porque os meus ossos estão perturbados."
>
> SALMOS 6:2

Clame a Deus; Ele ouve e está pronto para curar sua alma.

Devocional 200/365

@devocionalmulhersabia

O salmista faz uma petição sincera e vulnerável a Deus, reconhecendo sua fraqueza e necessidade de cura. Essa oração reflete nossa própria fragilidade e a necessidade de buscar ajuda divina nos momentos de dor e fraqueza. Quando nos sentimos debilitadas, física ou emocionalmente, é com humildade que podemos nos voltar a Deus, pedindo Sua misericórdia e intervenção. Mulher sábia, nos momentos de dor e cansaço, corra para o colo do Pai. É aos pés de Jesus que você encontra o lugar certo para se restaurar.

Ao pedir misericórdia, o salmista reconhece que não pode se curar por si só e precisa da intervenção amorosa de Deus. Ele descreve seus ossos como perturbados, ilustrando a profundidade de sua dor. Esse pedido nos lembra de que Deus está sempre disposto a nos restaurar, não importa quão profunda seja nossa aflição. Quando enfrentamos desordem ou sofrimento em nossos corpos ou corações, é o momento de buscar a misericórdia de Deus com sinceridade. Ele é o médico dos médicos, conhecendo nossas necessidades mais íntimas e pronto para oferecer cura e paz.

Não hesite em clamar a Deus em sua fraqueza e dor. Ele ouve suas orações e é capaz de restaurar sua saúde e trazer alívio para sua alma. Em sua fragilidade, você pode encontrar força e cura em Seu amor incondicional. Clame a Deus com fé, pois Ele está ouvindo, agindo a seu favor e curando. Não desista, não deixe de crer – os sonhos de Deus para sua vida nunca morrerão.

Eu estou orando por você!

REFLEXÃO

GRATIDÃO

NÃO INVERTA A ORDEM

- Deus
- Saúde
- Família
- Trabalho

A mulher sábia é obediente

"E disse: Se ouvires atento a voz do Senhor, teu Deus, e fizeres o que é reto diante de seus olhos, e inclinares os teus ouvidos aos seus mandamentos, e guardares todos os seus estatutos, nenhuma das enfermidades porei sobre ti, que pus sobre o Egito; porque eu sou o Senhor, que te sara."

ÊXODO 15:26

20 | JUL

Viver segundo os princípios de Deus é a chave para uma vida plena e saudável.

Devocional 201/365

@devocionalmulhersabia

Nesse versículo, Deus estabelece uma conexão direta entre a obediência, a sua voz e a proteção sobre a sua vida. Ele promete ao povo de Israel que se ouvirem e seguirem suas instruções serão poupados das pragas e doenças que afligiram os egípcios. A promessa é clara; a saúde e a cura são frutos da fidelidade a Deus e da vida reta diante d'Ele.

Deus se revela como o Senhor que a sara, destacando sua natureza como Deus que cura tanto física quanto emocional e espiritualmente. Essa promessa não é apenas para a cura das doenças, é também uma garantia de que Ele protegerá Seu povo de enfermidades futuras, medo, angústia. É um lembrete de que a saúde e o bem-estar estão provavelmente ligados à nossa relação com Deus e à nossa disposição de viver de acordo com seus mandamentos.

Essa passagem nos convida a refletir sobre nossa própria vida e nossas escolhas. Será que estamos ouvindo atentamente a voz de Deus? Estamos dispostas a seguir seus caminhos, a obedecer, mesmo quando isso exige sacrifícios, renúncias ou mudança no estilo de vida? A verdadeira cura, como prometida por Deus, vem quando colocamos nossa confiança n'Ele e seguimos Sua vontade. Quando enfrentamos desafios, lembremo-nos dessa promessa, que possamos buscar Deus com um coração obediente e confiante, sabendo que Ele é fiel para nos proteger e curar, se caminharmos em Seus caminhos. Só vive as promessas quem cumpre princípios. Decida hoje mudar sua rota se for preciso, mulher sábia, para você começar a viver as promessas de Deus.

Eu estou orando por você!

REFLEXÃO

GRATIDÃO

NÃO INVERTA A ORDEM

- Deus ☐
- Saúde ☐
- Família ☐
- Trabalho ☐

Seja restaurada por completo

21 | JUL

"Eu dizia: Senhor, tem piedade de mim; sara a minha alma, porque pequei contra ti."

SALMO 41:4

"Você é uma semente nas mãos de Deus; confie na renovação que Ele traz.

Devocional 202/365

@devocionalmulhersabia

O nosso Deus restaura todas as coisas. O desejo do coração de Deus, para todas nós, é nos restaurar por completo. Deus não faz nada pela metade. Ele quer restaurar a sua casa, o seu coração, a sua alma, o seu ministério, o seu casamento, a sua vida financeira. O que a gente precisa para ser transformada é se entregar completamente a Deus, porque a transformação, a restauração começa de dentro para fora. É necessário primeiro arrumar o seu coração, o seu interior, para que o exterior seja mudado.

A embalagem não muda o valor do conteúdo, a estética não tem valor se o conteúdo é pobre. Sabe o que nossas avós diziam? Que por fora bela viola, por dentro pão bolorento. O mundo engana as pessoas com a beleza das embalagens, da aparência exterior, mas é o conteúdo que define o verdadeiro valor das coisas e pessoas. E nas mãos de Deus somos como uma semente: precisamos morrer para renascer em novidade de vida.

A vida cristã só tem sentido se o efeito do caminhar com Jesus diariamente a muda e restaura todos os dias. Precisamos estar com o coração aberto e dispostas a ser restauradas todos os dias. O propósito de Deus em restaurar todas as coisas se inicia através de Jesus, que foi enviado para restaurar o que foi danificado pelo pecado. Começa de dentro para fora. Deixe Deus curá-la, restaurá-la. Para você viver o melhor d'Ele.

Eu estou orando por você!

REFLEXÃO

GRATIDÃO

NÃO INVERTA A ORDEM

- Deus
- Saúde
- Família
- Trabalho

Restaurada para restaurar

"E não vos conformeis com este mundo, mas transformai-vos pela renovação do vosso entendimento, para que experimenteis qual seja a boa, agradável e perfeita vontade de Deus."

ROMANOS 12:2

22 | JUL

Sua cura interior é o primeiro passo para ajudar outras pessoas.

Devocional 203/365

@devocionalmulhersabia

Nesse versículo podemos ver que a vontade de Deus para nós, diferentemente do que muitas vezes pensamos, é boa, agradável e perfeita. Muitas vezes durante a passagem pelo deserto, pela dificuldade, somos invadidas por dor. Dor na alma, medo. Isso gera sequelas no nosso coração. Toda dor na alma é refletida no corpo. Hoje talvez você esteja se olhando no espelho e já não se reconheça. Talvez o sorriso tenha ido embora, o semblante alegre já não exista mais. Seus pensamentos já não sejam mais de esperança. Talvez o mundo que você vivia tenha desabado.

O que quero lhe dizer hoje é que você precisa se permitir ser restaurada para restaurar. Não fique lembrando as coisas ruins; perdoe, porque isso provoca danos à sua mente. Perdoar é o ato mais inteligente. O perdão lhe permite ter as promessas alcançadas, a bênção alcançada, ser restaurada por completo. Tudo se inicia no perdão. Quando Pedro pergunta: "Senhor, até quantas vezes pecará meu irmão contra mim e eu lhe perdoarei? Até sete?". Jesus responde: "Não te digo que até sete, mas até setenta vezes sete". Está em Mateus 18:21-22.

O perdão é o início do processo de restauração da sua vida. Tudo vai passar, mas você precisa se perdoar e perdoar quem a feriu. Para você ser realmente renovada, para você ser realmente restaurada e através da sua vida outras pessoas serem restauradas. A restauração precisa ser completa. Porque através da sua restauração, você vai restaurar pessoas, vai restaurar outras mulheres. Você vai vencer, mulher, sabe? Mas antes Deus vai ensiná-la a ser muito forte.

Eu estou orando por você!

REFLEXÃO

GRATIDÃO

NÃO INVERTA A ORDEM

- Deus
- Saúde
- Família
- Trabalho

Vá e faça diferença neste mundo

23 | JUL

"E a sua fama correu por toda a Síria; e traziam-lhe todos os que padeciam acometidos de várias enfermidades e tormentos, os endemoninhados, os lunáticos e os paralíticos, e ele os curava."

MATEUS 4:24

Enquanto Deus a restaura, você se torna instrumento de cura na vida de outros.

Devocional 204/365

@devocionalmulhersabia

Você foi chamada para fazer a diferença na vida das pessoas, Deus quer usá-la, mulher sábia. "Mas, Aline, eu tenho tanta coisa para ser consertada, para ser restaurada." Não importa; se o seu coração estiver disposto e você se permitir ser restaurada por Deus, enquanto Ele cura, vai usá-la para restaurar outras vidas. Deus está investindo em você. Quando Ele quer restaurá-la, é investimento do Senhor na sua vida.

Se você já tem um relacionamento com Deus, não esconda mais o tesouro que existe dentro de você. Você é luz neste mundo, não deixe o inimigo a calar, acusar, fazê-la se sentir indigna do seu valor, do seu amor, do amor de Deus por você. Você é boca de Deus aqui na Terra, Ele conta com você. Não deixe a chama apagar, Deus quer usá-la de inúmeras maneiras, Ele só precisa do seu coração disposto. Talvez você se sinta incapaz, mas eu quero lhe dizer que em Deus você é capaz. Porque é Ele quem a capacita, não é você.

A capacitação vem do Senhor, porque a obra é d'Ele. São por Ele e para Ele todas as coisas, somente confie. Permita-se ser usada por Deus, permita-se ser luz, ser sal aqui na terra. Porque enquanto Ele a sara, vai usando a sua vida para curar, sarar outras mulheres.

Eu estou orando por você!

REFLEXÃO

GRATIDÃO

NÃO INVERTA A ORDEM

- Deus
- Saúde
- Família
- Trabalho

Confie e será restaurada

"Tendo dito isso, cuspiu na terra, e, com a saliva, fez lodo, e untou com o lodo os olhos do cego."

JOÃO 9:6

24 | JUL

Deus pode agir de maneiras que não entendemos, mas saiba que sempre é para o seu bem.

Devocional 205/365

@devocionalmulhersabia

A cura do cego de nascença narrada em João 9 é um dos milagres mais impressionantes de Jesus. O método que ele usa misturando saliva com terra para fazer barro e aplicá-lo nos olhos do cego é incomum e, à primeira vista, pode parecer estranho. No entanto, esse ato carrega um simbolismo profundo e poderoso que eu quero compartilhar hoje com você. O barro criado por Jesus pode ser visto como uma referência à criação do homem em Gênesis, quando Deus formou o homem do pó da terra. Assim, ao usar o barro para restaurar a visão do cego, Jesus está, de certa forma, recriando, renovando a vida daquele homem por completo.

Esse milagre não é apenas uma cura física, mas uma demonstração do poder criativo de Deus, que pode restaurar e renovar aquilo que foi perdido. Além disso, a forma como Jesus cura o cego desafia as expectativas e as normas da época. Ele não segue um protocolo, um método convencional, mas age de acordo com a Sua vontade divina, mostrando que a cura de Deus pode vir de maneiras inesperadas. O cego, por sua vez, demonstra uma fé impressionante, permitindo que Jesus aplique o barro em seus olhos e seguindo suas instruções sem questionar. Esse milagre nos ensina que Deus pode agir de maneiras que não entendemos, mas que são sempre para o nosso bem.

Podemos não compreender o processo, mas somos chamadas a confiar na soberania e na bondade de Deus. Quando nos entregamos à Sua vontade, Ele nos restaura e nos dá uma nova visão, tanto física quanto espiritual. E a partir daí você começa a enxergar com os olhos d'Ele. Então, mulher sábia, apenas confie que você será restaurada por completo.

Eu estou orando por você!

REFLEXÃO

GRATIDÃO

NÃO INVERTA A ORDEM

- Deus
- Saúde
- Família
- Trabalho

Sem perdão não há restauração

25 | JUL

Nunca se esqueça da bondade e da misericórdia de Deus em sua vida.

Devocional 206/365

@devocionalmulhersabia

"Bendize, ó minha alma, ao Senhor, e não te esqueças de nenhum de seus benefícios. É ele que perdoa todas as tuas iniquidades e sara todas as tuas enfermidades."

SALMO 103:2-3

Esse salmo nos chama a lembrar e a louvar a Deus por todos os seus benefícios. O salmista, em um momento de profunda gratidão, exorta sua própria alma a não se esquecer dos atos de bondade e misericórdia de Deus. Dentre esses benefícios, dois são destacados: o perdão das iniquidades e a cura.

O perdão é o maior presente que Deus nos concede, removendo o peso do pecado que nos separa dele. Com o perdão vem a cura, uma restauração que pode ser tanto física quanto espiritual. Deus não apenas nos liberta do pecado, mas também cura as feridas que ele causa. Deus restaura você por completo, mulher sábia, tanto no seu corpo quanto na sua alma. É fácil, em meio às dificuldades, esquecer os inúmeros benefícios que recebemos d'Ele.

Esse versículo nos lembra de manter a gratidão sempre em nossos corações, reconhecendo que cada ato de cura e cada momento de perdão são manifestações do amor infalível de Deus por nós. Ao meditarmos nesse salmo, somos incentivadas a refletir sobre as bênçãos que já recebemos e a louvar a Deus por Sua fidelidade. Mesmo quando enfrentamos desafios, podemos ter certeza de que Ele está conosco, pronto para perdoar e curar, e que Seu amor e Sua misericórdia são renovados a cada dia. Você é livre em Deus. Perdoe a si mesma e perdoe quem você precisa perdoar para viver a restauração completa do Senhor.

Eu estou orando por você!

REFLEXÃO

GRATIDÃO

NÃO INVERTA A ORDEM

- Deus
- Saúde
- Família
- Trabalho

Quando você menos espera, Ele faz

"E, chegada a tarde, trouxeram-lhe muitos endemoninhados, e ele, com a sua palavra, expulsou deles os espíritos e curou todos os que estavam enfermos."

MATEUS 8:16

26 | JUL

O agir de Deus pode acontecer de maneira inesperada.

Devocional 207/365

@devocionalmulhersabia

Nesse versículo, vemos a autoridade e o poder de Jesus em ação. Ao cair da tarde, muitos endemoniados foram trazidos até Ele, e com uma simples palavra Jesus expulsou os espíritos malignos e curou todos os enfermos. Esse momento destaca a soberania de Jesus sobre o mal e a enfermidade, mostrando que nada pode resistir ao Seu poder. Ele é soberano, e Suas curas e libertações não são limitadas por tempo ou circunstância. Mesmo com a escuridão da noite, Jesus continuava a restaurar aqueles que O buscavam.

A palavra de Jesus é poderosa, pois transforma realidades, expulsa demônios e cura corações e corpos aflitos. Esse milagre nos encoraja a confiar no poder da palavra de Jesus em nossas vidas. Seja qual for a batalha – espiritual, emocional ou física –, podemos levar nossas necessidades a Ele, certos de que Sua palavra tem o poder de nos libertar e curar. Assim como Jesus operou milagres naquela tarde, Ele continua agindo hoje, trazendo cura e restauração a todos que O buscam com fé. Para Ele, não há limite de tempo ou hora; o importante é a disposição do nosso coração para ser restaurado.

Mulher sábia, esteja com o coração aberto para o que Deus quer fazer por você. O agir de Deus acontece de repente – de repente, você é curada; de repente, Ele a restaura; de repente, o milagre chega. Esteja pronta para viver o "de repente" de Deus. Ao meditarmos nesse versículo, somos lembradas de que não estamos sozinhas em nossas lutas, e que a palavra de Jesus ainda tem poder. Quando confiamos n'Ele, experimentamos a libertação e a cura que Ele oferece, vivendo a boa, perfeita e agradável vontade de Deus.

Eu estou orando por você!

REFLEXÃO

GRATIDÃO

NÃO INVERTA A ORDEM

- Deus
- Saúde
- Família
- Trabalho

Acredite mais no poder do seu Deus

27 | JUL

"E curou muitos que se achavam enfermos de diversas enfermidades e expulsou muitos demônios, porém não deixava falar os demônios, porque o conheciam."

MARCOS 1:34

Sua fé é a ponte entre você e o milagre.

Devocional 208/365

@devocionalmulhersabia

Nesse versículo, vemos Jesus exercendo Seu ministério de cura e libertação, curando doenças e expulsando demônios, mostrando Seu poder absoluto sobre o mal. O fato de Jesus impedir os demônios de falarem, porque O conheciam, revela que até as forças malignas reconhecem Sua autoridade.

Mulher sábia, desafio você a acreditar mais no poder do seu Deus. Por muito tempo, eu também não acreditava no poder de Deus e muitas vezes nem levava meus problemas a Ele. Enfermidades, desânimo, cansaço, problemas – eu não os entregava nas mãos de Deus. Ao não pedirmos a Deus para curar uma dor, seja enxaqueca, depressão ou um problema em nossa vida, estamos dizendo, inconscientemente, que não acreditamos que Ele pode.

O nosso Deus é poderoso para fazer infinitamente além do que podemos sonhar ou imaginar. A variedade de doenças curadas e a quantidade de demônios expulsos mostram que não há limite para o poder de Jesus. Ele é soberano sobre tudo, visível e invisível, e nada escapa ao Seu controle. Ao impedir que os demônios falassem, Jesus reafirma que é Ele quem define os termos, e o mal não tem voz diante de Sua autoridade. Esse versículo nos encoraja a confiar em Jesus em todas as áreas da vida. Ele não apenas vê e compreende nossas necessidades, mas também tem o poder de transformá-las. Seja qual for nossa luta, Jesus está no controle.

Não sei qual é a sua dor, mas sei que você pode recorrer a Jesus, sabendo que Ele tem o poder de curar e libertar. Ao refletirmos sobre esse versículo, somos lembradas de que Jesus conhece todas as nossas aflições e está sempre pronto a ajudar. Sua autoridade é absoluta, e quando nos colocamos sob Sua proteção, temos a certeza de que Ele cuidará de nós, trazendo cura e libertação conforme Sua vontade. Acredite mais no poder do seu Deus, mulher sábia, e você verá milagres lindos acontecendo na sua vida.

Eu estou orando por você!

REFLEXÃO

GRATIDÃO

NÃO INVERTA A ORDEM

- Deus
- Saúde
- Família
- Trabalho

A sua fé te salvou

"E ele lhe disse: Tem bom ânimo, filha, a tua fé te salvou; vai em paz."

LUCAS 8:48

28 | JUL

A fé é o canal da cura; aproxime-se de Jesus e sinta Seu poder.

Devocional 209/365

@devocionalmulhersabia

Essas palavras de Jesus foram dirigidas a uma mulher que, após sofrer por doze anos com uma enfermidade, em um ato de fé tocou a orla do manto de Jesus, acreditando que isso a curaria. Sua fé foi recompensada, e Jesus, ao perceber o toque, não apenas a curou, mas também a encorajou com palavras de consolo e paz. O que torna esse milagre tão significativo é a ênfase de Jesus na fé da mulher. Ele reconhece que foi a fé dela que a salvou e curou, mostrando que a cura vai além do ato físico – está na confiança plena em Jesus. A fé dela foi o canal para o poder de Jesus operar.

Como falamos ontem, você precisa acreditar mais no poder do seu Deus. Ele é poderoso para curar, para salvar e para transformar toda circunstância. Acredite, porque é a sua fé que será o canal da salvação e da cura. Jesus não apenas cura o corpo, mas também restaura a alma. Ao dizer "vai em paz", Ele concede à mulher mais do que uma cura física – Ele lhe dá uma paz que excede todo entendimento, abrangendo corpo, mente e espírito. Esse dom de paz é oferecido a todos que se aproximam de Jesus com fé.

Esse versículo nos convida a refletir sobre nossa própria fé. Estamos dispostas a nos aproximarmos de Jesus com a mesma confiança? Estamos prontas para entregar nossas dores e pedir a cura, crendo que Ele pode restaurar desde uma simples dor até uma enfermidade grave? Quando levamos nossas necessidades a Ele, podemos esperar não apenas uma solução momentânea, mas a paz duradoura que Ele oferece.

Que possamos buscar essa fé que salva e cura. E ao fazê-lo, que encontremos a paz que só Jesus pode nos dar. "Vá em paz, mulher sábia. A tua fé te salvou", é o que o Senhor diz a você hoje.

Eu estou orando por você!

REFLEXÃO

GRATIDÃO

NÃO INVERTA A ORDEM

- Deus
- Saúde
- Família
- Trabalho

Levanta-te e anda

29 | JUL

"Jesus disse-lhe: Levanta-te, toma tua cama e anda."
JOÃO 5:8

Levante-se e siga em frente; o chamado de Jesus é para uma nova vida.

Devocional 210/365

@devocionalmulhersabia

Essas palavras de Jesus foram ditas a um homem que estava doente havia 38 anos, esperando por uma cura ao lado do tanque de Bethesda. Em um instante, Jesus mudou a vida desse homem, ordenando-lhe que se levantasse, tomasse seu leito e andasse. A autoridade de Jesus expressa em suas palavras trouxe cura imediata e completa. Esse milagre nos mostra que não importa quanto tempo tenhamos sofrido ou quão desesperadora seja a nossa situação, o encontro com Jesus pode transformar tudo. O homem à beira do tanque estava preso em uma situação aparentemente sem esperança.

Mas a palavra de Jesus quebrou as correntes de sua enfermidade, restaurando a saúde e a dignidade. Ao dizer ao homem para tomar seu leito e andar, Jesus também lhe dá um novo propósito e uma nova direção. Ele não apenas cura o corpo, mas também restaura a vida em sua totalidade, dando ao homem a oportunidade de começar de novo. Esse versículo nos lembra que em Jesus sempre há esperança e a possibilidade de uma nova vida, mesmo quando tudo parece perdido. Quando nos encontramos em situações de desespero, precisamos lembrar que Jesus tem o poder de nos levantar.

Ele nos chama a nos erguer, deixar para trás aquilo que nos prendia e seguir em frente. Em um instante, Jesus pode mudar tudo. Que possamos responder ao chamado de Jesus, confiando que Ele pode nos curar e nos dar uma nova vida. Eu não sei a sua situação hoje, mulher sábia, mas Deus lhe diz para levantar e andar.

Eu estou orando por você!

REFLEXÃO

GRATIDÃO

NÃO INVERTA A ORDEM

- Deus
- Saúde
- Família
- Trabalho

Tenha bom ânimo

"E Jesus, voltando-se e vendo-a, disse: Tem bom ânimo, filha, a tua fé te salvou. E, desde aquele instante, a mulher ficou sã."

MATEUS 9:22

30 | JUL

Mesmo na ansiedade, mantenha a esperança; o tempo de Deus é perfeito.

Devocional 211/365

@devocionalmulhersabia

Nenhuma de nós gosta de esperar. Se há uma coisa com que nós, mulheres, temos dificuldade é a espera. A impaciência e o hábito do imediatismo nos fazem sempre ansiar por uma solução rápida. Queremos ter tudo resolvido na hora. Não gostamos de esperar. No entanto, nossa visão sobre as coisas que acontecem é extremamente limitada. Porque você não vê como Deus vê. Você não está onde Deus está. Você não escuta o que Deus escuta. Nós não dominamos o tempo. Nós não dominamos as situações. Mas Deus sabe de tudo. E Ele também sabe a forma certa de intervir, de nos tratar, de nos curar, para poder nos transformar. O que a gente deve fazer, então, quando bate a ansiedade, quando bate essa necessidade do imediatismo?

Tudo que você precisa fazer, mulher sábia, é confiar que Deus a ama e que Ele tem o tempo exato de fazer todas as coisas. Ele não está indiferente à sua vida. Ele não está indiferente ao que você está sentindo. É exatamente o contrário. Pode ser que a resposta não venha no tempo que você quer, no tempo que você deseja, mas ela virá no tempo exato de ser bênção para você. Oh, que precioso isso! Então, hoje, receba essa Palavra no seu coração. Aprenda a esperar em Deus. Tenha bom ânimo. Conte com Ele. Ele não a deixará nem a envergonhará. Enquanto isso, se alegre, se fortifique espiritualmente. E, na hora certa, Ele vai fazer. "Tenha bom ânimo", diz o Senhor para você hoje. Ele virá no tempo exato de ser bênção para você.

Eu estou orando por você!

REFLEXÃO

GRATIDÃO

NÃO INVERTA A ORDEM

- Deus
- Saúde
- Família
- Trabalho

Isso não é para sua morte, é para sua restauração

31 | JUL

Sua história não termina no sofrimento; é uma chance de viver em abundância.

Devocional 212/365

@devocionalmulhersabia

"E Jesus, ouvindo isso, disse: Esta enfermidade não é para morte, mas para glória de Deus, para que o Filho de Deus seja glorificado por ela."

JOÃO 11:4

Nesse versículo, Jesus fala sobre a enfermidade de Lázaro, afirmando que essa situação não resultará em uma morte permanente, será uma oportunidade para que a glória de Deus se manifeste. Essa declaração nos leva a refletir sobre como nossos momentos de dificuldade e sofrimento podem se transformar em testemunhos do poder de Deus. Jesus sabia que a doença de Lázaro tinha um propósito maior. Ao dizer que essa enfermidade era para a glória de Deus, Ele revela que, mesmo nas situações que parecem sem esperança, Deus pode agir de maneira surpreendente e gloriosa. A ressurreição de Lázaro não foi apenas uma cura, mas uma demonstração poderosa do domínio de Jesus sobre a morte e da grandeza de Deus.

Essa passagem nos encoraja a adotar uma perspectiva de fé em meio aos nossos próprios desafios. Quando enfrentamos dificuldades, é fácil perder de vista o propósito divino. No entanto, podemos encontrar consolo ao saber que Deus usa nossas lutas para revelar Sua glória e Seu poder. Ele transforma nossas adversidades em oportunidades para que experimentemos e testemunhemos Sua grandeza. Esse versículo nos lembra de que o sofrimento não é o fim de nossa história, mas uma parte do plano de Deus para nos mostrar Sua glória.

Podemos enfrentar nossos desafios com a certeza de que, através deles, Deus está trabalhando para manifestar Seu poder e nos oferecer um testemunho de Sua fidelidade e Seu amor. Que possamos confiar que, em todas as situações, Deus age para Sua glória e nosso bem. Mulher sábia, o que você está enfrentando não é para a sua morte, mas para sua completa restauração. Confie que essa luta não é o fim, mas um caminho para a vida em abundância que Deus quer que você viva a partir de hoje.

Eu estou orando por você!

REFLEXÃO

GRATIDÃO

NÃO INVERTA A ORDEM

- Deus
- Saúde
- Família
- Trabalho

O propósito precisa encontrá-la em movimento.

@alinesampaio_personalize

AGOSTO

Mês da União

"Eles serão o meu povo, e eu serei o seu Deus. Eu lhes darei um só coração e um só propósito: adorar-me para sempre, para o seu próprio bem e para o bem de seus descendentes."

JEREMIAS 32:38-39

Eu tenho uma palavra de Deus para o seu mês.

Leia o QR Code e assista.

Ser mulher é uma honra

01 | AGO

"Sua delicadeza é sua força; honre essa beleza única que você carrega."

Devocional 213/365

@devocionalmulhersabia

"Igualmente vós, maridos, coabitai com ela com entendimento, dando honra à mulher, como vaso mais fraco; como sendo vós os seus coerdeiros da graça da vida; para que não sejam impedidas as vossas orações."

1 PEDRO 3:7

Em um mundo que valoriza força e independência, a Bíblia nos oferece uma visão especial sobre a feminilidade. No versículo, Pedro compara a mulher a um "vaso frágil", mas essa fragilidade não significa fraqueza, e sim uma beleza delicada e única. A mulher, como um vaso precioso, merece cuidado e atenção. Sua fragilidade não diminui sua força, na verdade a revela de uma forma diferente – em ternura, compaixão, amor incondicional, cuidado e zelo.

A mulher, em sua delicadeza, possui uma capacidade singular de conectar-se e nutrir relacionamentos. Ser mulher é uma honra, pois reflete a imagem de Deus de forma especial. É ter o dom de gerar vida, amar sem reservas e transformar o mundo ao redor com sutileza e profundidade.

Como um vaso precioso que requer cuidados, a mulher também precisa cuidar de si mesma, zelando por sua saúde física, emocional e espiritual. Cuidar de si inclui descansar, buscar momentos de paz e permitir-se a alegria e a tranquilidade. Quando as mulheres se unem, criam uma rede de apoio e fortalecimento mútuo, encontrando encorajamento, inspiração e amizade nas trocas e experiências.

Que este devocional nos inspire a refletir sobre a beleza e a força da feminilidade. Que possamos celebrar nossas qualidades únicas e reconhecer nosso valor aos olhos de Deus. E que, juntas, possamos construir um mundo mais justo, compassivo e humano. Mulher sábia, acredite: ser mulher é uma honra, uma bênção e uma força que transforma.

Eu estou orando por você!

REFLEXÃO

GRATIDÃO

NÃO INVERTA A ORDEM

- Deus
- Saúde
- Família
- Trabalho

Plante sabedoria e amor

"O filho sábio alegrará a seu pai, mas o homem insensato despreza a sua mãe."

PROVÉRBIOS 15:20

02 | AGO

A dedicação no presente molda o futuro dos seus filhos; semeie com carinho!

Devocional 214/365

@devocionalmulhersabia

Quando olho para a dinâmica entre mães e filhos, lembro-me de como uma planta se desenvolve a partir de uma semente. A semente, quando bem cuidada, cresce forte e saudável, assim como uma criança que recebe orientação, amor e sabedoria. Esse versículo é um lembrete poderoso para nós, mães, do quanto nosso papel é fundamental na formação do caráter dos nossos filhos. Hoje, ao olhar para a Helena com dois anos, posso ver o quanto vale a pena eu ter incentivado nela, desde bebezinha, o ato da oração e do devocional. Pois já se tornou um hábito para ela, olha que incrível isso!

Com apenas dois anos de idade, ela pede para eu ler e coloca a minha mão na cabeça dela todos os dias. Então, mulher sábia, hoje eu quero desafiá-la a começar a ter um tempo de oração, não importa quantos anos seu filho tenha. O que importa é que você comece hoje a criar nele esse hábito da oração e do devocional. A relação entre mãe e filho é um jardim que precisa constantemente de atenção. Às vezes pode parecer que estamos mais no papel de jardineiros, que podam, regam e protegem. No entanto, quando nosso esforço e nossa dedicação resultam em frutos, como um filho sábio, a alegria que sentimos é incomparável.

A sabedoria dos nossos filhos é um reflexo da nossa dedicação em guiá-los e ensiná-los. Mas há momentos em que, mesmo com todo amor e esforço, podemos sentir que não estamos sendo devidamente apreciadas ou respeitadas. Quando isso acontece, é essencial lembrar que nossa missão vai além da gratidão imediata. Nosso papel é plantar sementes de sabedoria e amor, e confiar que eles se tornarão homens e mulheres segundo o coração de Deus.

Eu estou orando por você!

REFLEXÃO

GRATIDÃO

NÃO INVERTA A ORDEM

- Deus
- Saúde
- Família
- Trabalho

Você é mulher abundante

03 | AGO

Você é a fonte de vida e alegria em sua casa.

Devocional 215/365

@devocionalmulhersabia

REFLEXÃO

GRATIDÃO

NÃO INVERTA A ORDEM

- Deus
- Saúde
- Família
- Trabalho

"A tua mulher será como a videira frutífera aos lados da tua casa; os teus filhos, como plantas de oliveira, à roda da tua mesa."

SALMOS 128:3

A oliveira e a videira representam para você a frutificação do Senhor, especialmente na vida de uma mulher que nutre e fortalece o ambiente familiar. Assim como uma videira frutífera ao lado da casa, com uvas maduras e pesadas, você percebe a esposa como a luz e a energia do lar, trazendo abundância e prosperidade. Esse versículo nos leva a refletir sobre o papel essencial da mulher na família, pois o inimigo reconhece essa força e tenta enfraquecê-la. Foi com essa visão que foi escrita a primeira edição do devocional no ano passado, com o objetivo de fortalecer mulheres para que sejam abundantes, frutíferas e resilientes.

Assim como a videira, cada mulher precisa de cuidado, atenção e proteção. Nossa dedicação em cultivar um lar harmonioso transforma o ambiente em um lugar de felicidade e crescimento. Os filhos, como ramos da oliveira, crescem ao redor da mesa familiar, absorvendo valores e aprendendo com o exemplo. Ao ser essa videira frutífera, a mulher contribui para a prosperidade e a saúde de sua família, moldando o ambiente através de suas ações, palavras e atitudes.

Mulher sábia, a abundância transborda de você. Tudo começa em você, que, como uma videira bem cuidada, nutre e influencia o lar em cada detalhe.

Eu estou orando por você!

Seja a bênção dentro da sua casa

"Vós, pais, não irriteis a vossos filhos, para que não percam o ânimo."

COLOSSENSES 3:21

04 | AGO

Seja a calma no meio da tempestade; seu amor é seu maior presente.

Devocional 216/365

@devocionalmulhersabia

Como mães, muitas vezes nos vemos navegando por um mar de expectativas e responsabilidades, o nosso dia a dia é puxado. São várias responsabilidades e afazeres, e também nos sentimos desgastadas, cansadas. O versículo de Colossenses nos lembra da importância de cultivar um ambiente onde nossos filhos se sintam encorajados e motivados. Irritar nossos filhos pode ser como lançar pedras no caminho que eles estão trilhando; isso pode fazer com que percam a direção e o entusiasmo. É natural sentir a necessidade de corrigir e orientar, mas é crucial encontrar um equilíbrio entre a disciplina e o encorajamento. Evite gritos, evite brigas, tome cuidado com o seu falar. A forma como você fala diz muito sobre você; é preciso ser todos os dias, independente da circunstância, bênção dentro do seu lar.

A nossa abordagem como mulheres sábias deve ser como um guia compassivo que orienta com sabedoria e amor, em vez de um obstáculo que desencoraja. Quando focamos fortalecer o ânimo dos nossos filhos, eles se sentem mais confiantes e preparados para enfrentar os desafios. A forma como nos comunicamos e interagimos com eles tem um impacto profundo em seu desenvolvimento emocional e psicológico. Em vez de reagir com frustração, busque entender as necessidades e os sentimentos deles, oferecendo apoio e motivação.

Essa abordagem não só previne o desânimo, mas também fortalece o vínculo entre mãe e filho. A verdadeira liderança parental é aquela que constrói pontes em vez de barreiras, que edifica e não desanima. Ao cultivarmos uma atitude de encorajamento e compreensão, ajudamos nossos filhos a manterem o entusiasmo e a confiança em sua jornada de crescimento. Porque, mulher sábia, você é a bênção dentro da sua casa.

Eu estou orando por você!

REFLEXÃO

GRATIDÃO

NÃO INVERTA A ORDEM

- Deus
- Saúde
- Família
- Trabalho

Tenha um lar quentinho

05 | AGO

"Um lar quentinho começa com você; abra seu coração e acolha!

Devocional 217/365

@devocionalmulhersabia

REFLEXÃO

GRATIDÃO

NÃO INVERTA A ORDEM

- Deus
- Saúde
- Família
- Trabalho

"Levantam-se seus filhos e chamam-na bem-aventurada; seu marido também, e ele a louva."

PROVÉRBIOS 31:28

Devemos criar um "lar quentinho" – um lugar onde todos queiram estar ao final do dia, inclusive nós mesmas. Um lar acolhedor é aquele em que a esposa e mãe é valorizada, e seus esforços são reconhecidos. A visão de filhos se levantando para chamar a mãe de bem-aventurada é uma imagem poderosa de apreciação e gratidão, fruto de uma vida dedicada ao bem-estar da família. Muitas vezes, nosso trabalho como mães e esposas é invisível, mas Deus vê e valoriza cada gesto e sacrifício que fazemos.

O que você está construindo dentro do seu lar é para a eternidade. Os cuidados e esforços que dedicamos à família são sementes que, com o tempo, florescem como gratidão e reconhecimento. Ver nossos filhos e maridos reconhecendo nosso valor é uma recompensa que fortalece e encoraja. A apreciação do marido também reflete o impacto positivo que temos no lar, e o reconhecimento mútuo eleva o vínculo conjugal e o espírito familiar.

Você nasceu para ter um lar quentinho. O valor de uma mãe e esposa é profundo, e muitas vezes a verdadeira recompensa está na alegria e no amor que criamos e compartilhamos em casa. Cada gesto de carinho e dedicação é parte de um legado duradouro e significativo. Lembre-se de que você tem muito valor e merece ser cuidada, valorizada e honrada.

Eu estou orando por você!

Amar e obedecer é uma decisão

"Vós, filhos, sede obedientes a vossos pais no Senhor, porque isto é justo."

EFÉSIOS 6:1

06 | AGO

Escolha amar e obedecer; sua decisão molda seu caráter e sua família.

Hoje, mulher sábia, nós vamos falar que amor e obediência são decisões diárias. Quando conhecemos Deus, entendemos também o Seu amor. Afinal, Deus e amor são a mesma coisa. Mas seria muito contraditório se Deus, sendo amor, concordasse com o filho desobedecendo e que não segue princípios. Temos que constantemente vigiar se estamos seguindo ou não os princípios de Deus. Um exemplo claro disso é quando odiamos uma pessoa; não tem como Deus concordar com isso, porque a Bíblia fala que estaríamos mentindo se disséssemos que amamos a Deus e odiamos o nosso irmão.

Ao tomar a decisão de agradar a Deus, não importa o tamanho da injustiça que fizeram com você, comece a alimentar pensamentos bons sobre a pessoa. Entregue para Deus a situação, seja obediente. Porque para criar filhos obedientes, você precisa ser uma mulher que obedece a Deus. Decida seguir os princípios de Deus e a primeira a ser abençoada vai ser você.

Então verá o como seu coração fica em paz quando decide amar, perdoar e ser obediente. Porque amar é uma decisão e ser obediente também. Você decide todos os dias amar seu esposo, amar seus filhos, amar as pessoas com quem você convive. Você decide todos os dias ser obediente a Deus.

Eu estou orando por você!

Devocional 218/365

@devocionalmulhersabia

REFLEXÃO

GRATIDÃO

NÃO INVERTA A ORDEM

- Deus
- Saúde
- Família
- Trabalho

Seja moldada por Deus

07 | AGO

"Seja instrumento de Jesus em sua família.

Devocional 219/365

@devocionalmulhersabia

"Mas a misericórdia do Senhor é desde a eternidade e até a eternidade sobre aqueles que o temem, e a sua justiça sobre os filhos dos filhos;"

SALMOS 103:17

Mas a misericórdia do Senhor é de eternidade sobre os que temem a sua justiça. Ao refletir sobre a misericórdia eterna de Deus, é impossível não reconhecer a profundidade do seu amor e cuidado por nós e por nossas famílias. Essa misericórdia não é apenas um sentimento passageiro, mas um compromisso perpétuo que se estende de geração em geração. A justiça e o amor de Deus são como uma âncora firme, oferecendo segurança e paz em meio às tempestades da vida. Como mães, somos chamadas a sermos reflexos dessa misericórdia divina; em nossos esforços diários para cuidar e educar nossos filhos, podemos sentir a pressão e os desafios, mas também temos a oportunidade de manifestar a graça e a paciência que Deus demonstra conosco.

Cada ato de bondade, cada palavra de encorajamento são formas de transmitir essa misericórdia; a promessa de que a justiça de Deus se estende sobre os filhos dos filhos significa que nossas ações têm um impacto duradouro. O amor e os valores que cultivamos em nossos lares são legados que nossos filhos carregarão para sempre. É como plantar sementes que com o tempo crescerão e frutificarão nas próximas gerações. Em cada desafio e cada vitória, podemos confiar na misericórdia eterna de Deus nos sustentando e fortalecendo para sermos instrumentos do seu amor e da sua justiça em nossas famílias, garantindo que nossas vidas e a de nossos filhos sejam moldadas por sua graça constante.

Você precisa se deixar ser moldada por Deus, Ele quer forjar o seu caráter para que você seja excelente em tudo que se propuser a fazer. Abra seu coração para Deus, pois o seu primeiro ministério é o seu lar.

Eu estou orando por você!

REFLEXÃO

GRATIDÃO

NÃO INVERTA A ORDEM

- Deus
- Saúde
- Família
- Trabalho

A sua casa é seu reflexo

"O que perturba a sua casa herdará o vento, e o tolo será servo do sábio de coração."

PROVÉRBIOS 11:29

08 | AGO

A paz começa com você; escolha ser a sabedoria que transforma.

Devocional 220/365

@devocionalmulhersabia

A construção de um lar harmonioso é uma tarefa delicada e essencial. Esse versículo nos adverte sobre as consequências de perturbar essa harmonia, comparando-o ao vento que o insensato herda – uma imagem de instabilidade e volatilidade, resultado de ações imprudentes. Um lar desordenado é como uma casa sem base sólida, suscetível a desentendimentos e conflitos. Como mães e esposas, temos o poder de influenciar a atmosfera do nosso lar. Nossas ações, palavras e atitudes moldam o ambiente onde nossa família vive.

Ao escolhermos agir com sabedoria, contribuímos para a criação de um espaço onde todos se sentem amados e respeitados. Tudo começa em você, mulher sábia. Seja a harmonia de sua casa. Evite gritos e brigas; fale com paz, mansidão e amor. Tenha domínio próprio em suas ações. Não seja a mãe que briga por qualquer coisa, pois a sua casa reflete quem você é. A sabedoria de coração é uma qualidade valiosa e, ao cultivá-la em nossas interações e decisões, promovemos paz e harmonia.

Em vez de deixar o vento da discordância e da irritação perturbar nosso lar, podemos optar por construir uma base sólida de amor e compreensão. A verdadeira riqueza do lar não está em bens materiais, mas na paz e no amor que cultivamos. A sabedoria e a consideração são os pilares que sustentam um ambiente familiar harmonioso e alegre. Mulher sábia, sua casa é seu reflexo. Isso a conforta ou a entristece? Como está seu lar? Seja a harmonia, a bênção e a sabedoria dentro da sua casa.

Eu estou orando por você!

REFLEXÃO

GRATIDÃO

NÃO INVERTA A ORDEM

- Deus
- Saúde
- Família
- Trabalho

Você é vitoriosa em Deus

09 | AGO

"Seu valor não depende das opiniões alheias.

Devocional 221/365

@devocionalmulhersabia

"Por que estás abatida, ó minha alma, e por que te perturbas em mim? Espera em Deus, pois ainda o louvarei pela salvação da sua face."

SALMOS 42:5

Muitas vezes nos sentimos derrotadas, parece que nada do que fazemos é bom, que não cuidamos do nosso lar direito, não trabalhamos direito, não somos boas esposas, boas mães. E assim sentimo-nos fragilizadas e derrotadas. Só que eu quero lhe dizer hoje que você tem um Pai que está atento a tudo que você passa. E por mais que você não tenha recebido aplausos de pessoas, está sendo aplaudida por Deus.

Hoje você pode ser sincera com Ele, dizendo como está, ou pergunte para si mesma. Por que você está abatida, cansada e desanimada? Por que está com medo? Lembre-se de que Deus está contigo, você tem a alegria do Senhor. Tudo está sob o controle d'Ele. Você é forte, corajosa e, mesmo em meio à dor, vitoriosa.

Embora se sinta incapaz, fragilizada, Deus a está aplaudindo. Cobre-se um pouco menos, julgue-se um pouco menos. O que o diabo quer é que você se julgue, que se desmereça e se sinta fraca. Mas hoje eu quero que você confunda a cabeça do inimigo; Deus não lhe deu espírito de medo, Ele lhe deu poder, amor e equilíbrio. Convide a alegria de Deus para encher o seu coração. Qualquer coisa que faça não muda o que Deus pensa sobre você. E a partir de hoje, você terá um ânimo diferente porque em Deus você é vitoriosa.

Eu estou orando por você!

REFLEXÃO

GRATIDÃO

NÃO INVERTA A ORDEM

- Deus
- Saúde
- Família
- Trabalho

Raízes profundas

"O ímpio deseja a rede dos maus, mas a raiz dos justos produz o seu fruto."

PROVÉRBIOS 12:12

10 | AGO

Fortaleça suas raízes em Deus; quanto mais profundas, mais frutos você dará.

Devocional 222/365

@devocionalmulhersabia

Há duas coisas que a raiz de uma árvore tem: firmeza e frutos; quanto mais profunda a raiz, mais firme fica e mais frutos ela produz. Assim é com a sua vida, mulher sábia. Quanto mais você aprofundar suas raízes em Deus, mais firme ficará e mais frutos do Espírito produzirá; não será qualquer vento que a abalará. Em vez de uma vida infrutífera, você se tornará uma videira frutífera. Por isso o seu coração precisa estar em Deus, só assim você vai estar firme e será frutífera.

A sua raiz tem que estar em Cristo, você precisa estar presa a Ele e nada mais. Em segundo lugar, você precisa estar enraizada na Palavra, e não nas opiniões do mundo. Mateus 24, 35 fala: "os céus e a terra passarão, mas as minhas palavras jamais passarão, disse Jesus". Então, seja guiada somente pela voz de Deus por meio da leitura da Palavra.

Em terceiro lugar, você deve estar enraizada na presença de Deus. Porque se você tem a presença, tem tudo. Você fica forte e firmada. Tenha raízes profundas nos lugares certos. Cultive raízes profundas no Senhor para se manter firme, posicionada, constante e frutífera.

Eu estou orando por você!

REFLEXÃO

GRATIDÃO

NÃO INVERTA A ORDEM

- Deus
- Saúde
- Família
- Trabalho

Raízes no profundo e frutos gerados

11 | AGO

"Pois será como a árvore plantada junto a ribeiros de águas, a qual dá o seu fruto no seu tempo; as suas folhas não cairão, e tudo quanto fizer prosperará."

SALMOS 1:3

Quanto mais profundas suas raízes, mais forte será seu crescimento!

Devocional 223/365

@devocionalmulhersabia

"As suas folhas não cairão e tudo o que fizer prosperará." Esse versículo nos convida a comparar nossa vida com uma árvore, enfatizando a importância de criar raízes profundas onde Deus nos colocou. Esteja enraizada na cidade onde Ele a colocou, na família que Ele lhe deu, no trabalho, na igreja – não seja superficial. O mundo pode nos incentivar a sermos superficiais, mas a visão de Deus é diferente; Ele quer que sejamos profundas e enraizadas. Os frutos verdadeiros só surgem de raízes firmes.

Para ser bem-sucedida e ter uma vida abundante, é preciso estar enraizada junto à corrente de águas, pois quando estamos assim, damos frutos no tempo certo, nossas folhas não murcham, e tudo o que fazemos prospera. A raiz é a parte mais essencial de uma árvore. Não adianta apenas mexer nas folhas ou nos galhos para tentar derrubá-la; se a raiz permanecer, a árvore brotará novamente. É a raiz que sustenta os ramos, e não o contrário. Por isso, precisamos de raízes profundas, pois mesmo que os galhos sejam cortados, continuaremos a crescer e florescer.

Quanto mais profunda for a raiz, mais resistente a árvore será. É a raiz que alimenta a árvore inteira, e é a partir dela que surgem os frutos. Quando suas raízes são profundas em Deus, as pessoas veem em você uma árvore forte, frondosa e produtiva, que permanece inabalável. Porque é com raízes profundas em Deus que você se torna resiliente e próspera, sendo um reflexo da força e da abundância que Ele proporciona.

Eu estou orando por você!

REFLEXÃO

GRATIDÃO

NÃO INVERTA A ORDEM

- Deus
- Saúde
- Família
- Trabalho

Sua casa, seu primeiro ministério

"Mas, se alguém não tem cuidado dos seus, e principalmente dos da sua família, negou a fé, e é pior do que o infiel."

1 TIMÓTEO 5:8

12 | AGO

O cuidado que tem com a sua família é um exemplo de fé em ação.

Devocional 224/365

@devocionalmulhersabia

Mulher sábia, sua casa é seu primeiro ministério. Custou um pouco para eu entender isso, mas hoje posso afirmar que compreendo. Esse versículo nos lembra da importância de cuidar da nossa família, do lar e do casamento, responsabilidades fundamentais na vida cristã. O cuidado com nossa família reflete nossa fé em ação, e negligenciar essa responsabilidade é falhar não apenas em nosso dever, mas também em nosso testemunho cristão. Como mães e esposas, o cuidado e a dedicação ao lar são expressões visíveis do amor que temos por Deus.

O esforço diário para prover, proteger e educar nossos filhos não é apenas uma tarefa, mas uma missão divina. Em cada pequeno gesto de cuidado, estamos vivendo nossa fé e demonstrando a importância da família para nós – e isso agrada muito o coração de Deus. Não permita que o mundo defina seu valor pela força externa; o que realmente agrada a Deus é o cuidado e o zelo que você dedica ao seu lar, seu coração disposto a servir dentro dele. Sei que muitas vezes as responsabilidades nos levam a trabalhar fora de casa, mas não se esqueça de que seu primeiro ministério é sua família.

Esse versículo nos desafia a refletir sobre nossas prioridades e a maneira como tratamos nossa família. O amor e o cuidado que oferecemos são provas concretas de nosso compromisso com os valores que professamos. Cada momento investido em nossa família é uma demonstração prática do amor de Deus. Ao mantermos nosso foco no bem-estar de nossa família, vivemos nossa fé de forma autêntica e significativa. Lembre-se, mulher sábia: sua casa é seu primeiro ministério. Nunca se esqueça disso.

Eu estou orando por você!

REFLEXÃO

GRATIDÃO

NÃO INVERTA A ORDEM

- Deus
- Saúde
- Família
- Trabalho

Você é a união

13 | AGO

"A unidade e o amor que você cultiva transformam seu lar."

Devocional 225/365

@devocionalmulhersabia

"Com toda a humildade e mansidão, com longanimidade, suportando-vos uns aos outros em amor, Procurando guardar a unidade do Espírito pelo vínculo da paz."

EFÉSIOS 4:2-3

Esse versículo nos chama a cultivar qualidades que são essenciais para a convivência harmoniosa dentro da sua casa: humildade, mansidão e longanimidade. A vida em família é um terreno fértil para praticar essas virtudes, pois é onde vivemos a intimidade e a proximidade com os outros. Hoje eu lhe pergunto, mulher sábia: como você tem sido em sua casa? Porque não importa como você é na rua, o que importa é como você é dentro da sua casa.

Nosso papel exige um espírito de humildade e paciência. A humildade nos permite reconhecer e valorizar as necessidades e os sentimentos dos outros enquanto a mansidão ajuda a manter a paz em meio às diferenças; a longanimidade ou paciência é essencial para lidar com as dificuldades e os desafios do dia a dia. O versículo também destaca a importância de manter a unidade e a paz. Em um ambiente familiar, é vital que trabalhemos para resolver conflitos de maneira amorosa e construtiva, buscando sempre a unidade e a harmonia.

Ao praticarmos essa qualidade, contribuímos para um lar onde todos se sentem valorizados e amados. Viver esses princípios diariamente fortalece os laços familiares e reflete o amor de Deus em nossas vidas. Assim conseguimos também viver uma vida mais leve, mais abundante. Cada ação de humildade, paciência e amor é uma forma de preservar a unidade e a paz que Deus deseja para nossas famílias. A sua família precisa ser abundante, ser um exemplo do amor de Deus para o mundo. Ter uma família abundante depende de você, tudo começa em você.

Eu estou orando por você!

REFLEXÃO

GRATIDÃO

NÃO INVERTA A ORDEM

- Deus
- Saúde
- Família
- Trabalho

A mulher virtuosa é prudente

"Mulher virtuosa quem a achará? O seu valor muito excede ao de rubis."

PROVÉRBIOS 31:10

14 | AGO

Seu valor vai além das riquezas; sua virtude é seu tesouro.

Devocional 226/365

@devocionalmulhersabia

O versículo descreve a mulher virtuosa como alguém de valor inestimável, cuja importância vai além das riquezas materiais. Essa mulher é exemplo de virtude, sabedoria e força, sendo comparada aos rubis – preciosos e raros –, destacando sua singularidade e importância. A mulher virtuosa não age como o mundo; sua conduta reflete os valores de Deus em cada detalhe de sua vida.

Podemos refletir sobre o que significa ser virtuosa em nosso cotidiano. A virtude se manifesta não apenas em grandes gestos, mas também nos pequenos atos de amor e dedicação. A mulher virtuosa serve com amor, mas também se permite ser cuidada e zelada. Talvez você tenha se protegido com uma "capa de força" ao longo dos anos, mas é hora de permitir que Deus cuide de você. Cada ação, desde cuidar da família até contribuir para a comunidade, é uma expressão de virtude.

O valor da mulher virtuosa é reconhecido não só pelos outros, mas também por Deus. Viver com integridade, compaixão e sabedoria é um testemunho do compromisso com os valores divinos, mesmo quando o mundo não valoriza esses atributos. Aos olhos de Deus, a virtude é um tesouro que vai além de qualquer riqueza material, enriquecendo a vida de todos ao seu redor. Ao buscarmos esses princípios, estamos construindo um legado duradouro e significativo.

A mulher virtuosa é sábia, prudente, cuidadosa com suas palavras; ora, vigia, cuida do lar e transborda o amor de Deus. Ela é uma fonte de luz e amor, e seu valor é um reflexo do coração de Deus em sua vida.

Eu estou orando por você!

REFLEXÃO

GRATIDÃO

NÃO INVERTA A ORDEM

- Deus
- Saúde
- Família
- Trabalho

Alinhe os seus sonhos com os de Deus

15 | AGO

"Sonhos alinhados com Deus se tornam realizações poderosas!"

Devocional 227/365

@devocionalmulhersabia

"Por este menino orava eu; e o Senhor atendeu à minha petição, que eu lhe tinha feito."

1 SAMUEL 1:27

Aqui podemos ver a história de Ana. Ela não podia gerar, mas foi mãe de Samuel, um dos maiores profetas de Israel. Nessa época, as mulheres que não podiam gerar eram muito discriminadas. E Ana tinha um desejo grande de gerar um filho. Ela gerou um dos maiores profetas que Israel já viu.

O que eu quero lhe dizer hoje, mulher, é que quando você alinha os seus sonhos com Deus, Ele faz em você algo grande. Talvez você já esteja gerando algo que vai impactar muitas vidas, por isso não limite o agir de Deus. Somente alinhe os seus sonhos com os de Deus. Se a gente ler todo o contexto, vai ver que Ana alinhou os sonhos dela com Deus. Ela chorou para Deus, não reclamou para pessoas, ela orou para Deus.

Suplicou aos pés d'Aquele que podia mudar a situação e ali entregou Samuel para Deus. Ela falou: "eu dedico o meu filho para o Senhor", e Deus fez o milagre. Para viver os sonhos de Deus, você precisa alinhar os seus sonhos com os d'Ele. Você não sabe o tamanho do que está sendo gerado através da sua vida; assim como Ana, corra para os pés de Deus. Pare de correr para as pessoas, chorar por pessoas, desabafar em redes sociais. É para Deus que você tem que clamar. É em Deus que você tem que pedir e aos pés d'Ele que o milagre acontece.

Eu estou orando por você!

REFLEXÃO

GRATIDÃO

NÃO INVERTA A ORDEM

- Deus
- Saúde
- Família
- Trabalho

Na dúvida, ame

"A ninguém devais coisa alguma, a não ser o amor com que vos ameis uns aos outros; porque quem ama aos outros cumpriu a lei."

ROMANOS 13:8

16 | AGO

Na incerteza, escolha sempre amar e servir.

Devocional 228/365

@devocionalmulhersabia

Esse versículo ressalta que o único débito que devemos manter é o amor. Em um mundo que frequentemente nos desafia com demandas e expectativas, o amor permanece como o único compromisso inabalável que devemos ter com o outro. Não se trata apenas de um sentimento, mas de um dever que se cumpre; acima de tudo, o amor é uma decisão. Como esposas, mães, nosso amor é um compromisso diário que se manifesta em nossas ações e atitudes.

Cada gesto de bondade, cada palavra de encorajamento e cada ato de paciência são formas de pagar essa dívida de amor. A forma como amamos e servimos aos outros é um reflexo direto da nossa compreensão do amor de Deus por nós. Você precisa entender que é amada por Deus. Você é filha amada, em quem Ele tem prazer. Esse amor é uma prática contínua que envolve sacrifício e dedicação. Ao amar verdadeiramente, estamos vivendo de acordo com os princípios de Deus e cumprindo o que Ele espera de nós.

Cada momento de amor é uma oportunidade para crescer em nossa fé e em nossa relação com Deus. O amor que devemos aos outros é o que molda e guia nosso comportamento, trazendo harmonia e compreensão em nossos relacionamentos. Ao mantermos esse amor em nossos corações, cumprimos a lei de Deus de maneira prática e significativa. E uma dica que eu quero deixar para você hoje é: na dúvida do que fazer, apenas ame. Talvez você esteja passando por alguma situação difícil, em que alguém falou algo de que você não gostou; na dúvida, ame. Com amor você não erra. Ou então faça a seguinte pergunta: "No meu lugar, o que Jesus faria? Como Jesus agiria?". Ele sempre agiu com amor.

Eu estou orando por você!

REFLEXÃO

GRATIDÃO

NÃO INVERTA A ORDEM

- Deus
- Saúde
- Família
- Trabalho

A armadura em dias de guerra

17 | AGO

Revista-se da armadura de Deus e esteja pronta para a batalha!

Devocional 229/365

@devocionalmulhersabia

"Revesti-vos de toda a armadura de Deus, para que possais estar firmes contra as astutas ciladas do diabo."

EFÉSIOS 6:11

O medo só entra onde o escudo da fé não está estabelecido; estar inabalável é não deixar o que está fora entrar no seu coração. Eu quero desafiá-la, mulher sábia, a parar de escutar a voz da multidão. A multidão não tem compromisso com você, mas o seu Deus tem. Quando o dia ruim chegar, você não vai jogar a toalha, não vai desanimar, porque os seus joelhos estarão dobrados e você estará vestida com a armadura. Toma toda a armadura para que possa resistir no dia ruim.

Aprofunde-se na Palavra, no que Deus pensa sobre você para que os dardos inflamados do maligno não a atinjam. Todos os dias, ao acordar, peça para Deus revesti-la de toda a armadura e blindar a sua mente de todo dardo inflamado do maligno. Permaneça, revista-se, resista.

A armadura tem que estar pronta para os dias de guerra. Não deixe o que está fora entrar no seu coração, esteja preparada. Não escute a voz da multidão, pare de ir pelo que estão falando. Fique somente atenta à voz de Deus, quem tem compromisso com você é o Senhor. Quem lhe prometeu uma vida eterna foi Deus. Então, o seu compromisso é com Deus, não é com pessoas. Não olhe para pessoas, coloque o seu olhar fixo em Deus. Não olhe para circunstâncias, fixe o seu olhar em Deus, que está cuidando de todas as coisas.

Eu estou orando por você!

REFLEXÃO

GRATIDÃO

NÃO INVERTA A ORDEM

- Deus
- Saúde
- Família
- Trabalho

Preserve-se na espera

"E, depois daqueles dias, Isabel, sua mulher, concebeu, e por cinco meses se ocultou."

LUCAS 1:24

18 | AGO

Seu tempo de espera é sagrado; cuide dele com amor.

Devocional 230/365

@devocionalmulhersabia

Mulher sábia, hoje eu quero ajudá-la a se preservar na espera. Primeiramente, nós temos que entender que algo está sendo gerado dentro de você. Se você hoje se propôs a fazer este devocional com Deus, ter seu tempo matinal com Ele, ter seu tempo de busca, de oração, de leitura da Palavra, é porque já vem sendo gerado algo dentro de você. Já recebe isso no seu coração. Só que você precisa começar a se preservar mais no tempo da espera, assim como Isabel.

Quando Isabel engravidou, sabia que era Deus que estava gerando nela, e então resolveu se preservar no tempo da espera, porque já estava sendo gerado. Você imagina a vontade de Isabel de contar para todo mundo que ela estava gerando? Com certeza não via a hora de contar, de esfregar na cara da sociedade. Mas ela se preservou, então tenha você também o tempo de se preservar. Pare de contar para todo mundo as suas coisas, os seus sonhos, os seus desejos, o que Deus está fazendo. Preserve-se, mulher sábia. Vigie, ore sem cessar.

Durante o tempo de gerar, esteja vigilante, atenta. Porque senão o que os outros falam a desanima, o que os outros pensam a desanima, e você não pode ir pela voz da multidão, tem que estar firmada somente na voz de Deus. Senão os pensamentos de desânimo a paralisam, e você não pode parar porque já está sendo gerado. Então hoje a mensagem que eu quero que você guarde no seu coração é: preserve-se na espera porque já está sendo gerado.

Eu estou orando por você!

REFLEXÃO

GRATIDÃO

NÃO INVERTA A ORDEM

- Deus
- Saúde
- Família
- Trabalho

Viva uma vida que honre a Deus

19 | AGO

"Bem-aventurado aquele que teme ao Senhor e anda nos seus caminhos."

SALMO 128:1

"Priorize Deus em todas as áreas da sua vida.

Devocional 231/365

@devocionalmulhersabia

REFLEXÃO

GRATIDÃO

NÃO INVERTA A ORDEM

- Deus
- Saúde
- Família
- Trabalho

Esse versículo nos lembra de que a verdadeira felicidade e bem-aventurança vem de viver uma vida que honra a Deus. Temer ao Senhor e seguir Seus caminhos é a base para uma vida plena e abençoada. Mulher sábia, não há como ser completamente feliz sem viver de acordo com os princípios de Deus. Vale a pena abrir mão das coisas do mundo para viver uma vida segundo o coração de Deus – eu garanto, vale a pena.

Se até hoje você tem seguido seus próprios passos e pensamentos, ou vivido de acordo com os padrões do mundo, desafio você a começar a viver uma vida que agrada a Deus. Abra mão das coisas que agradam a carne; isso trará paz e alegria verdadeiras. Como mulheres, nossa felicidade e nossa realização estão profundamente ligadas ao relacionamento com Deus. Ao vivermos de acordo com Seus caminhos, encontramos paz e alegria genuínas. A reverência a Deus transforma nossa vida e impacta positivamente nossos relacionamentos.

O temor ao Senhor é a fundação sobre a qual construímos nossa vida e família. Quando colocamos Deus em primeiro lugar, Ele nos guia e nos dá sabedoria para enfrentar desafios e celebrar as alegrias. Nossa bem-aventurança reflete nossa fidelidade a Deus e Seu trabalho em nossas vidas. Lembre-se da ordem: Deus, saúde, família e trabalho. Busque Deus com todo o coração todos os dias. Ele dará direcionamento e sabedoria para você cuidar da saúde, da família e do trabalho.

Esse versículo nos incentiva a manter a fé e a devoção a Deus como prioridade. Ao fazermos isso, encontramos a verdadeira felicidade e satisfação em todos os aspectos da vida, especialmente no relacionamento com a família e no caminhar com Deus.

Eu estou orando por você!

Você é a força da sua casa

"A mulher virtuosa é a coroa do seu marido, mas a que o envergonha é como podridão nos seus ossos."

PROVÉRBIOS 12:4

20 | AGO

Suas palavras têm poder. Declare hoje que a sua família pertence a Deus.

Devocional 232/365

@devocionalmulhersabia

A mulher virtuosa é descrita como uma verdadeira coroa para seu marido, um símbolo de honra e dignidade. Sua virtude e seu caráter não só refletem bem sobre ela, mas também são fonte de orgulho e força para o marido. Esse versículo nos desafia a cultivar virtudes que honrem a Deus e ao nosso casamento. Virtude não se limita a ações; é a expressão de um caráter íntegro que transparece em todas as áreas da vida. Cada ato de bondade, sabedoria e amor fortalece o relacionamento e promove respeito mútuo.

Por outro lado, a falta de virtude pode impactar negativamente o lar, como o versículo indica. Integridade e respeito são essenciais para a saúde e a harmonia do relacionamento conjugal. Quando vivemos conforme os princípios de Deus, nos tornamos uma bênção para nossos maridos, para nossa família e para nós mesmas. A virtude enriquece nossos relacionamentos, trazendo honra e dignidade. Ao buscarmos viver com excelência, trazemos alegria e orgulho para nossos maridos e fortalecemos nosso casamento.

Mulher sábia, você é a força, a luz e a alegria da sua casa. Seja uma mulher virtuosa, silencie o coração e confie. Deus vê o seu melhor e está cuidando de tudo, fortalecendo os laços do seu lar. Posicione-se em oração pela sua casa, pelos seus filhos e pelo seu marido. Como autoridade de Deus sobre a vida deles, suas palavras têm poder. Ore e profetize bênçãos sobre sua casa, declare que seu lar pertence ao Senhor, que seus filhos são bênçãos e que seu marido é um homem abençoado. Afirme que todos prosperam em nome de Jesus, e confie que Deus guia e cuida de cada um.

Eu estou orando por você!

REFLEXÃO

GRATIDÃO

NÃO INVERTA A ORDEM

- Deus
- Saúde
- Família
- Trabalho

Quando Deus dá o propósito, Ele dá a direção

21 | AGO

"Confie que, assim como Noé, você receberá a orientação de que precisa."

Devocional 233/365

@devocionalmulhersabia

"E desta maneira a farás: De trezentos côvados o comprimento da arca, e de cinquenta côvados a sua largura, e de trinta côvados a sua altura."

GÊNESIS 6:15

Quando Deus pediu para Noé construir a arca, Ele foi totalmente específico em tudo. Como Noé ia construir, de qual madeira seria, qual tamanho teria, o que Noé colocaria dentro da arca. Assim como fez com Noé, Deus também é específico conosco. Quando Deus nos dá um propósito, Ele dá uma direção totalmente específica, abre o caminho certo. Pode ficar em paz: se Deus lhe der um propósito, vai abrir as portas certas, vai conectá-la com pessoas certas. Ele vai dar toda a direção. Porque Deus é perfeito em tudo o que faz. E a boa obra que Ele começa, Ele é fiel para concluir até o final.

Você precisa acreditar que Aquele que começou é fiel para concluir; siga as direções que Deus lhe deu. Especificamente, não saia da direção que Deus lhe deu. Faça exatamente como Ele está lhe pedindo, custe o que custar. Foi assim com Noé. Provavelmente, pessoas achavam que Noé estava louco, porque demorou um bom tempo para a arca ficar pronta. Nesse meio-tempo, não caiu nem sequer uma gota de chuva, mas Noé persistiu. Ele podia ter desanimado e falado assim: "para que eu estou construindo uma arca? Deus está falando que vai vir um dilúvio. Que dilúvio? Não veio uma gota de chuva".

Mas Noé sabia que a mensagem era de Deus. Então, mulher sábia, desenvolva uma intimidade com Deus a ponto de você nunca duvidar que foi Deus quem falou com você, que foi Ele quem lhe deu o propósito, que é Deus quem está lhe dando as direções. Não duvide da voz de Deus, esteja atenta à voz do Pai, porque quando Ele dá o propósito, Ele dá a direção.

Eu estou orando por você!

REFLEXÃO

GRATIDÃO

NÃO INVERTA A ORDEM

- Deus
- Saúde
- Família
- Trabalho

Siga os princípios de Deus

"O qual nos tirou da potestade das trevas, e nos transportou para o reino do Filho do seu amor."

COLOSSENSES 1:13

22 | AGO

Viver os princípios de Deus é essencial para colher Suas promessas.

Devocional 234/365

@devocionalmulhersabia

Mulher sábia, hoje eu quero lhe dizer que, para viver as promessas de Deus, você precisa seguir os princípios d'Ele. Existem princípios no reino de Deus que precisam ser seguidos, que precisam ser levados a sério. O Reino de Deus é o reino da luz. Deus dá direção e caminho. Ele a transporta do reino da escuridão para o reino do Filho amado, para o reino da luz. Nós precisamos viver o reino na Terra.

Quando a oração Pai-Nosso fala "Venha a nós o vosso reino, seja feita a vossa vontade", isso significa que eu preciso viver o reino de Deus na Terra e que a vontade d'Ele seja feita, porque eu só vivo o reino quando sigo princípios e vivo a vontade de Deus. Onde Jesus reina não tem manipulação. O reino de Deus tem que estar no seu casamento, estabelecido na sua empresa, dentro da sua casa, na criação dos seus filhos. O que está existindo dentro da sua empresa? O que está existindo dentro do seu casamento? Luz, verdade ou mentira? Onde ele reina, a vontade d'Ele é feita.

Siga princípios para viver as promessas. Normalmente, o princípio que você quebra na sua vida é o mesmo que vai quebrá-la lá na frente. "Mas, Aline, quais são princípios?" Vou deixar aqui sete princípios bíblicos.

Primeiro, caráter. Segundo, semeadura e colheita. Terceiro, autogoverno. Quarto, honrar o que Deus lhe deu. Quinto, soberania e autorresponsabilidade. Sexto, individualidade. Sétimo, aliança. Por isso, viva os princípios. Não os quebre para poder viver o melhor de Deus e as promessas que o Senhor tem para a sua vida.

Eu estou orando por você!

REFLEXÃO

GRATIDÃO

NÃO INVERTA A ORDEM

- Deus
- Saúde
- Família
- Trabalho

Deus vai lhe dar uma estratégia

23 | AGO

"E, partindo Jesus dali, foi para as partes de Tiro e de Sidom."

MATEUS 15:21

Mulheres posicionadas anulam decretos do inferno.

Devocional 235/365

@devocionalmulhersabia

Meu poder se aperfeiçoa na sua fraqueza, diz o Senhor, é onde você é pequena que Eu a faço grande. É onde você tem dificuldade que Eu entro e faço você avançar. Mulheres posicionadas anulam decretos do inferno. Quando você está posicionada em Deus, anula decretos sobre a sua casa, seus filhos, seu casamento. Pare de limitar o que Deus quer fazer; Ele vai lhe dar uma estratégia.

A primeira coisa que Ele vai lhe dar é discernimento espiritual, abrindo a sua visão para a guerra que você está vivendo. Pare de ficar se conformando com o choro, com a tristeza, olhe para o alto. Você não vai ser mais pega de surpresa, porque Deus vai abrir a sua visão espiritual. Você não vai mais guerrear sozinha. Depois do discernimento espiritual, Ele vai lhe dar uma estratégia para viver Suas promessas dentro da sua casa. Porque é na sua fraqueza que Deus está aperfeiçoando tudo em você. Naquilo que você se acha incapaz, é onde Ele a está fazendo grande; creia nessa verdade.

Eu estou orando por você!

REFLEXÃO

GRATIDÃO

NÃO INVERTA A ORDEM

- Deus
- Saúde
- Família
- Trabalho

"E Davi muito se angustiou, porque o povo falava de apedrejá-lo, porque a alma de todo o povo estava em amargura, cada um por causa dos seus filhos e das suas filhas; todavia Davi se fortaleceu no Senhor seu Deus."

1 SAMUEL 30:6

24 | AGO

A verdadeira coragem vem de se apoiar em Deus em momentos de angústia.

Devocional 236/365

@devocionalmulhersabia

Davi, em meio à perda e ao cansaço, se reanimou no Senhor, seu Deus. Às vezes, somos nós que precisamos encorajar e consolar os outros, mas também há dias em que quem precisa de encorajamento e força somos nós. Talvez hoje você esteja necessitando de coragem e ânimo, e eu quero lembrá-la de que a sua força está em Deus.

Desafie-se hoje: comece o dia pedindo um ânimo novo ao Senhor. Quando estiver cansada, descanse, mas não desista. As perdas são dolorosas e podem nos fragilizar, e talvez você esteja passando por um momento de perda – seja de recursos financeiros, de um relacionamento, de emprego, saúde, amizade, ou vigor. Todos enfrentamos perdas em algum momento, e, como Davi, precisamos nos fortalecer no Senhor nesses momentos para não desistir.

Com Davi, aprendemos duas atitudes importantes. Primeiro, busque o Senhor para se reanimar, assim como ele fez. Ele não procurou ânimo em pessoas, coisas ou dinheiro, mas em Deus. Segundo, consulte o Senhor antes de tomar qualquer decisão; não aja no impulso. Ao seguir esses passos, você encontrará forças para se reanimar no Senhor.

Independentemente do que aconteceu, dependa somente de Deus. Hoje, permita que Ele traga um ânimo novo à sua vida.

Eu estou orando por você!

REFLEXÃO

GRATIDÃO

NÃO INVERTA A ORDEM

- Deus
- Saúde
- Família
- Trabalho

Seja notável para Deus

25 | AGO

"O melhor lugar para estar é aos pés de Jesus.

Devocional 237/365

@devocionalmulhersabia

REFLEXÃO

GRATIDÃO

NÃO INVERTA A ORDEM

- Deus
- Saúde
- Família
- Trabalho

"E tinha esta uma irmã chamada Maria, a qual, assentando-se também aos pés de Jesus, ouvia a sua palavra."

LUCAS 10:39

Hoje eu quero lhe dizer que somente uma coisa importa: estarmos rendidas aos pés de Jesus. Não importa o tanto que você trabalha, o quanto você faz, o quanto é importante, o quanto é reconhecida pelo mundo, o número de seguidores que tem, nada disso importa. O que importa é você reconhecer que o melhor lugar para estar é aos pés de Jesus. No fim, o que todas nós precisamos é sermos notadas. Toda mulher quer ser vista, admirada, amada. Buscamos isso o tempo todo, isso é da alma feminina.

Quando você corta o cabelo, quando faz uma escova diferente, você não quer que seu marido chegue em casa e a beije? E uma das coisas que eu quero começar a lhe falar é que nos três textos bíblicos em que Maria de Betânia é citada, ela está no mesmo lugar, que é aos pés de Jesus. Maria encontrou o lugar que nós precisamos encontrar. Nós só temos uma vida, e precisamos levá-la com responsabilidade. A forma como você tem vivido é digna de ser lembrada? Maria, em vez de correr para se ocupar, correu e sentou. Sentou onde? Nos pés de Jesus, porque ela entendeu que o melhor lugar para se estar era aos pés de Jesus.

O que pode tornar você notável para Deus é permanecer firme n'Ele, mesmo em meio à dor e ao choro. Ser uma mulher notável tem um segredo: é não querer ser notável para o mundo. Maria resistiu a amar, tirou os olhos das distrações, mesmo com o inimigo tentando distraí-la. Maria decidiu olhar e amar Jesus. Então hoje eu quero desafiá-la a desejar ser notável somente para Deus. E a melhor forma de você ser notável para Deus é estando aos pés d'Ele. Porque aí Ele vai olhar para você, assim como no versículo 42: "e Maria escolheu a boa parte, a qual não lhe será tirada".

Eu estou orando por você!

Seja inspirada no amor verdadeiro

"O amor é sofredor, é benigno; o amor não é invejoso; o amor não trata com leviandade, não se ensoberbece."

1 CORÍNTIOS 13:4

26 | AGO

O amor verdadeiro é paciente, gentil e sempre busca o bem do outro.

Devocional 238/365

@devocionalmulhersabia

Esse versículo descreve o amor verdadeiro e suas características essenciais: paciente, gentil, sem inveja e sem se exaltar. Ele nos ensina como devemos amar uns aos outros. Muitas vezes, pode ser frustrante nos doarmos, darmos o melhor e ainda assim não sermos reconhecidas. Quando isso acontece, uma voz interior pode sugerir que nosso esforço foi em vão. Mas, nesses momentos, precisamos checar a motivação do nosso coração e lembrar que o verdadeiro amor nunca é em vão.

A palavra de Deus nos encoraja a sermos fortes, corajosas e a darmos nosso melhor, pois tudo o que fazemos é para Deus, não para os homens. Colossenses 3:23 nos diz: "Tudo o que fizer, faça de todo o teu coração, como para o Senhor e não para homens". Esse cuidado com o lar, com os filhos, com o servir, seja na amizade, no trabalho ou na igreja, é para Deus. Lógico que todas nós apreciamos ser reconhecidas, mas, quando isso não acontece, não devemos desanimar. Se o reconhecimento se torna uma motivação, precisamos reavaliar nosso coração, pois isso indica que talvez não estejamos realmente fazendo para Deus.

Olhe para Jesus como exemplo: Ele veio só para fazer o bem; era perfeito, mas foi desprezado e injustiçado. Jesus não desistiu porque fazia tudo para Deus, e não para as pessoas. Por isso, não desanime; continue, se doe, seja verdadeira. Organize a sua motivação, pois Deus vê tudo, e quem a reconhece é Ele. E sua recompensa virá das mãos d'Ele, na forma de uma alegria e paz que só o verdadeiro amor pode oferecer.

Eu estou orando por você!

REFLEXÃO

GRATIDÃO

NÃO INVERTA A ORDEM

- Deus
- Saúde
- Família
- Trabalho

O tempo da colheita chegou

27 | AGO

"Os que semeiam em lágrimas segarão com alegria."
SALMO 126:5

Alegre-se em Deus, pois o tempo da colheita chegou.

Devocional 239/365

@devocionalmulhersabia

Eu amo esse salmo, é um dos meus preferidos, porque, em momentos diversos da vida, nós plantamos com lágrimas. Eu não sei se até aqui você tem plantado com lágrimas, mas eu por muito tempo já plantei com muita lágrima na minha vida. Mas não deixei de plantar. E vejo que o segredo da vida está em você não deixar de plantar o que é certo, mesmo com as lágrimas caindo.

Se você está num momento de plantio, e por muitos dias esse plantio tem ocorrido entre lágrimas, quero lhe dizer que Deus está vendo, e sua ceifa será feita com alegria. Será com a boca cheia de riso, com cânticos na língua, porque você vai poder declarar, em alto e bom som: "Grandes coisas fez o Senhor por mim, por isso estou alegre".

Aquele que plantou, que semeou andando e chorando, voltará com alegria, trazendo consigo a sua colheita. O tempo da colheita chegou na sua vida, mulher. Coloque um sorriso nesses lábios, coloque um cântico nessa língua. Abra-se para viver o tempo da colheita, erga essa cabeça. O tempo do choro cessou. O tempo da promessa se cumprir chegou, alegre-se em Deus.

Eu estou orando por você!

REFLEXÃO

GRATIDÃO

NÃO INVERTA A ORDEM

- Deus
- Saúde
- Família
- Trabalho

Ensine pelo exemplo

"Educa a criança no caminho em que deve andar; e até quando envelhecer não se desviará dele."
PROVÉRBIOS 22:6

28 | AGO

Ensine seus filhos pelo exemplo; suas ações falam mais alto que palavras.

Devocional 240/365

@devocionalmulhersabia

Esse versículo sobre instrução sempre me impacta porque ele não fala apenas em mostrar o caminho para a criança, mas em caminhar ao lado dela. Instruir é estar junto, é guiar com o exemplo. A educação e a orientação na infância são o terreno onde plantamos as sementes do futuro. Cada atitude nossa ajuda a formar o caráter dos nossos filhos.

Minha filha Helena, que está completando dois anos, já tem o hábito de oração e devocional em sua rotina. Desde seu primeiro mês de vida, mesmo que muitos dissessem que ela era pequena demais para entender, comecei a plantar esses valores. E hoje vejo os frutos desse tempo e dessa dedicação. Quero a incentivar a fazer o mesmo com seus filhos, não importa a idade que tenham. Como mães, temos a responsabilidade de ensiná-los e guiá-los nos princípios de Deus, não só com palavras, mas também com a vida que vivemos diante deles.

Sei que, às vezes, é tentador achar que basta falar ou chamar a atenção, mas lembre-se: as nossas atitudes falam tão alto que muitas vezes não é preciso usar a voz. Educar é uma parceria entre palavras e ações, e cada momento ao lado dos nossos filhos é uma chance de moldar o futuro deles. Ensine pelo exemplo, caminhe ao lado deles. Vai valer a pena cada esforço que você colocar nisso, pois estará construindo um legado de fé, sabedoria e integridade.

Seja uma mulher sábia e viva aquilo que deseja ensinar. O futuro que você sonha para seus filhos começa com suas atitudes hoje.

Eu estou orando por você!

REFLEXÃO

GRATIDÃO

NÃO INVERTA A ORDEM

- Deus
- Saúde
- Família
- Trabalho

O que é essencial?

29 | AGO

"Portanto, vede prudentemente como andais, não como néscios, mas como sábios, remindo o tempo; porquanto os dias são maus."

EFÉSIOS 5:15-16

Cada momento conta; use-os para construir um futuro cheio de propósito.

Devocional 241/365

@devocionalmulhersabia

Não adianta medir forças com o tempo – ele sempre vence, pois é inegociável. A mulher sábia é organizada e produtiva, aproveitando ao máximo suas 24 horas. Todas temos o mesmo tempo disponível, mas o que diferencia são nossas escolhas de organização e produtividade. Quanto mais organizadas e focadas somos, mais satisfação e resultado obtemos.

Hoje, quero declarar sobre você: a mulher sábia é produtiva e organizada. Vivemos em tempos difíceis, em que a pressa e o imediatismo prevalecem, e isso aumenta o estresse, a competitividade e as doenças emocionais. A palavra de Deus nos orienta a sermos prudentes, a andarmos com sabedoria e a remirmos o tempo. Devemos ter cuidado com o modo como agimos, falamos, pensamos e gastamos nosso tempo, evitando desperdiçá-lo com o que não é prioridade.

Para aproveitar bem o tempo, é essencial dar prioridade ao que realmente importa. E o que é mais essencial? A sua comunhão com Deus. Ele deve ser a primeira parte do seu dia. Quando você alimenta seu espírito diariamente, adquire sabedoria e discernimento, e isso permite utilizar suas horas de forma eficaz. Intimidade com Deus é o verdadeiro diferencial para viver de maneira produtiva.

Não temos tempo para perder, mulher sábia. Invista no que realmente importa e aproveite seu tempo da melhor maneira possível.

Eu estou orando por você!

REFLEXÃO

GRATIDÃO

NÃO INVERTA A ORDEM

- Deus
- Saúde
- Família
- Trabalho

"Tudo fez formoso em seu tempo; também pôs o mundo no coração do homem, sem que este possa descobrir a obra que Deus fez desde o principio até ao fim."

ECLESIASTES 3:11

30 | AGO

Deixe com Ele suas preocupações; a paz vem da entrega.

Devocional 242/365

@devocionalmulhersabia

Deus determinou o tempo certo para cada coisa e colocou em nós o desejo de entender tanto o passado quanto o futuro. No entanto, Ele não nos permite compreender completamente Seus planos, pois, se soubéssemos tudo que teríamos que enfrentar para chegar aonde estamos hoje – dores, incertezas, medos e perdas –, talvez tivéssemos desistido. Deus nos conhece bem e sabe que, se nos contasse tudo, perderíamos a coragem de seguir em frente.

Mesmo que gostemos de ter controle, precisamos confiar que Deus sabe o que é melhor. Ele não nos limita, pois conhece nossa capacidade e sabe que podemos suportar os desafios. Nossa parte é manter uma vida de intimidade diária com Ele, entregando a Ele o controle e aguardando com o coração em paz, confiando que tudo está em Suas mãos.

Deus é atemporal e pode mudar tudo num instante, mas sempre no momento perfeito. Ele não quer que a bênção venha acrescida de dor. Confie e descanse, sabendo que Ele fará tudo no tempo certo e da melhor maneira possível.

Eu estou orando por você!

REFLEXÃO

GRATIDÃO

NÃO INVERTA A ORDEM

- Deus
- Saúde
- Família
- Trabalho

31 | AGO

A alegria completa vem quando você pede a Deus com fé.

Devocional 243/365

@devocionalmulhersabia

"Até agora, nada pedistes em meu nome; pedi e recebereis, para que a vossa alegria se cumpra."

JOÃO 16:24

Neste mês, refletimos sobre a união, e a maior delas é a união com Deus. Você e Deus devem ser uma parceria inquebrável, pois nada prevalece contra essa aliança. Nenhum desafio ou gigante resiste quando você está unida ao Senhor em propósito. Para finalizar este mês abençoado, em que você pôde vivenciar a união com Deus, vamos explorar essa relação profunda.

Jesus nos convida, nesse versículo, a pedir a Deus em Seu nome, prometendo-nos uma alegria completa. A oração e a confiança em Deus são caminhos para experimentarmos a plenitude da alegria que Ele deseja para nós. Há um elo entre você e Deus que nada pode romper. Quanto mais forte essa ligação, mais firme e inabalável você se torna. A oração permite que expressemos nossa fé, trazendo alegria verdadeira quando confiamos e vemos Deus responder aos nossos pedidos.

Esse convite para pedir em nome de Jesus nos lembra de que Deus sempre ouve e responde. Muitas vezes, falamos com os outros sobre nossos problemas, mas esquecemos de colocá-los aos pés de Deus, a fonte de tudo. A Palavra diz: "pedi e recebereis para que a vossa alegria seja completa". Então, peça com fé. O livro de Tiago nos ensina que não recebemos porque pedimos de forma equivocada. Para aprender a pedir corretamente, é essencial conhecer Deus profundamente. Quanto mais você conhece Deus, mais suas orações refletem o coração d'Ele.

Lembre-se: a união mais forte que você pode ter é com Deus. Quando busca essa aliança, sua vida é marcada pela alegria e pela força que só Ele pode conceder.

Eu estou orando por você!

REFLEXÃO

GRATIDÃO

NÃO INVERTA A ORDEM

- Deus
- Saúde
- Família
- Trabalho

O que vai mudar o jogo da sua vida é a sua intimidade com Deus.

@alinesampaio_personalize

SETEMBRO

Mês do Crescimento Espiritual

—

"Cresçam, porém, na graça e no conhecimento de nosso Senhor e Salvador Jesus Cristo. A ele seja a glória, agora e para sempre! Amém."

2 PEDRO 3:18

Eu tenho uma palavra de
Deus para o seu mês.

Leia o QR Code e assista.

Intimidade é construção diária

01 | SET

A oração é o combustível que alimenta o nosso propósito.

Devocional 244/365

@devocionalmulhersabia

"Chegai-vos a Deus, e ele se chegará a vós. Limpai as mãos, pecadores; e, vós de duplo ânimo, purificai o coração."

TIAGO 4:8

A intimidade e o crescimento espiritual são construídos diariamente, sem cessar. Não haverá um dia em que você não precise mais buscar, isso será diário até a eternidade. Você precisa cada vez mais encontrar prazer na sua busca diária por Deus; a sua busca por intimidade tem que ser algo prazeroso. Quanto mais você busca, mais vê as respostas do Senhor e o agir de Deus na sua vida.

A promessa de Deus é clara e poderosa: se nos aproximarmos do Pai, Ele se aproximará de nós. Isso é um convite para um relacionamento mais profundo, uma intimidade que se constrói pela busca sincera e pela pureza de coração. Quando nos afastamos das impurezas e da indecisão, abrimos espaço para a presença de Deus em nossas vidas. Tenha bom ânimo, dobre os joelhos, não queira um dia e outro dia não, não oscile, seja constante em Deus.

A sua sede por Deus tem que ser constante. Imagine o Senhor se aproximando, não como observador distante, mas como um amigo próximo. Esse relacionamento íntimo é o que Deus deseja para cada um de nós; e, para experimentar essa proximidade, é necessário limpar as mãos e purificar o coração. Descubra a paz e a força que vêm da presença de Deus. A caminhada com Deus é uma jornada não apenas de fé, mas de experiência pessoal e de crescimento espiritual.

Eu estou orando por você!

REFLEXÃO

GRATIDÃO

NÃO INVERTA A ORDEM

- Deus
- Saúde
- Família
- Trabalho

O seu caminho será iluminado

"Lâmpada para os meus pés é tua palavra e luz, para o meu caminho."

SALMOS 119:105

A palavra de Deus é descrita aqui como uma lâmpada que ilumina o nosso caminho em um mundo repleto de incertezas e escuridão. Vivemos em um mundo que nos bombardeia com muita informação o tempo todo, com muita opinião e muitos conselhos. Mas nós precisamos, como mulheres sábias, estar pautadas somente na verdade da cruz, na Palavra e na direção de Deus. A escritura oferece orientação e clareza; cada decisão e escolha se torna mais coerente quando a luz da Palavra ilumina o nosso caminho.

Imagine estar em uma estrada escura, onde cada passo é incerto, sem uma fonte de luz. A palavra de Deus age como essa luz, revelando não apenas o caminho diante de nós, mas também as trilhas que podem levar a perigos em tempos de dúvida e confusão. Permita que a escritura seja a sua guia fiel. Você precisa ter o farol da luz de Deus, iluminando os seus caminhos para você não se perder. A escritura tem que ser sua guia fiel.

Caminhar à luz da Palavra nos ajuda a evitar armadilhas e a seguir o caminho que Deus preparou para nós. É uma luz constante, que não apenas ilumina, mas também nos dá confiança para avançar, sabendo que estamos seguindo a direção certa. Deus precisa ser a luz no seu caminho.

Eu estou orando por você!

02 | SET

Ao se aprofundar na Bíblia, você encontra a direção de que precisa.

Devocional 245/365

@devocionalmulhersabia

REFLEXÃO

GRATIDÃO

NÃO INVERTA A ORDEM

Deus

Saúde

Família

Trabalho

Quais são seus pensamentos?

03 | SET

> Repreenda os pensamentos negativos; você é uma filha amada com um propósito divino.

Devocional 246/365

@devocionalmulhersabia

"E não vos conformeis com este mundo, mas transformai-vos pela renovação do vosso entendimento, para que experimenteis qual seja a boa, agradável e perfeita vontade de Deus."

ROMANOS 12:2

A estratégia do inferno sempre foi a mesma: confundir a sua mente e a enganar. Isso é desde a época de Adão e Eva, quando Satanás lançou o primeiro pensamento contrário. Isso não muda, porque o inimigo não é criativo. Ele investe em pensamentos distorcidos, em mentiras, em falta de amor-próprio, em falta de verdade, de coragem etc. Você precisa ter bastante clareza de quais têm sido os seus pensamentos, com o que você tem ocupado a sua mente. Para ter crescimento espiritual, para crescer em qualquer área da sua vida, você precisa estar com a mente no que é certo, mantendo todos os pensamentos de Deus.

Cuidado com os seus pensamentos duvidosos relacionados a Deus. Não questione o agir de Deus; tenha cuidado, fique atenta e vigie. Acredite no que a Palavra diz sobre você e que Deus quer que você experimente a boa, agradável e perfeita vontade d'Ele. É nisso que você tem que acreditar. Quando o inferno começar a lançar pensamentos de engano na sua mente, repreenda e não deixe que as palavras do inimigo se tornem verdade sobre a sua vida.

Entenda que, para ter um crescimento espiritual, os seus pensamentos precisam ser de paz. Você tem que saber a sua real identidade em Deus, permita que Ele transforme sua mente para começar a experimentar em plenitude o que Ele tem para você.

Eu estou orando por você!

REFLEXÃO

GRATIDÃO

NÃO INVERTA A ORDEM

- Deus
- Saúde
- Família
- Trabalho

Crescimento contínuo

"Cheguemos, pois, com confiança ao trono da graça, para que possamos alcançar misericórdia e achar graça, a fim de sermos ajudados em tempo oportuno."

HEBREUS 4:16

04 | SET

Deus a está chamando para crescer; responda com coragem e dedicação.

Devocional 247/365

@devocionalmulhersabia

No mundo espiritual nós começamos na fé como bebês; a nossa fé é equivalente ao nosso entendimento espiritual, mas você não pode permanecer como bebê para o resto da sua vida. Tem pessoas que vivem na religiosidade, mas permanecem há anos como bebês na fé. O que Deus planejou para você foi um crescimento contínuo, um amadurecimento saudável, para que cresça em Deus e produza frutos de acordo com o seu crescimento espiritual, vivendo assim os planos d'Ele para você.

À medida que você cresce espiritualmente, Deus consegue derramar a graça, o poder e as promessas sobre a sua vida. Então, você precisa começar a amadurecer para conseguir enxergar as inúmeras coisas planejadas para acontecer na sua vida, que dependem de maturidade e crescimento contínuo.

Não seja a pessoa que retarda as bênçãos de Deus; você precisa ser a principal interessada em crescer espiritualmente para viver as bênçãos que Ele tem para derramar. Busque a intimidade com o Pai e decida ser parecida com Ele a cada dia. Deseje ter o crescimento contínuo em Deus; por mais que às vezes o amadurecimento doa, ele é para o seu bem e para fazê-la viver as bênçãos abundantes que o Senhor tem para a sua vida.

Eu estou orando por você!

REFLEXÃO

GRATIDÃO

NÃO INVERTA A ORDEM

- Deus
- Saúde
- Família
- Trabalho

Seja transparente e sincera

05 | SET

"O caráter sincero agrada a Deus e a leva a um novo nível de crescimento.

Devocional 248/365

@devocionalmulhersabia

"Mas, se andarmos na luz, como ele na luz está, temos comunhão uns com os outros, e o sangue de Jesus Cristo, seu Filho, nos purifica de todo pecado."

1 JOÃO 1:7

Quando você pega um vidro, você vê o outro lado. Transparência na vida é simplesmente ser autêntica, ser de verdade, assim como Jesus sempre foi. Ser autêntica na sua caminhada é ser realmente quem você é e deixar de lado toda a falsidade e todo o fingimento.

Infelizmente vivemos em um tempo em que é normal ser hipócrita, ser falso e não falar a verdade. Mas mulheres que frutificam, são sábias e buscam um crescimento espiritual precisam ser transparentes, sobretudo diante de Deus, mas também dos homens. Você precisa ter uma vida tão transparente a ponto de não ter problema que os homens a vejam como você é, porque Deus na Sua soberania já a vê como você é.

Vidas de transparência agradam a Deus, porque permitem que Deus nos use. Seja transparente com você mesma. Daniel foi um grande exemplo de vida transparente, por isso ele foi tão usado por Deus. Como você é quando está sozinha diante de Deus e quando está em público? O caráter é mais importante do que o resultado; seja transparente e sincera, porque isso agrada o coração de Deus e a faz avançar espiritualmente.

Eu estou orando por você!

REFLEXÃO

GRATIDÃO

NÃO INVERTA A ORDEM

- Deus
- Saúde
- Família
- Trabalho

Aumente as suas qualidades

"E vós também, pondo nisto mesmo toda a diligência, acrescentai à vossa fé a virtude, e à virtude, a ciência, e à ciência, a temperança, e à temperança, a paciência, e à paciência, a piedade, e à piedade, a fraternidade, e à fraternidade, o amor."

2 PEDRO 1:5-7

06 | SET

Cultive virtudes diariamente e construa um caráter que reflita o amor de Cristo.

A Palavra nos exorta a adicionar qualidades à nossa fé, criando uma progressão de crescimento espiritual que precisa ser contínua e diária. Começando com a fé, devemos buscar virtude, conhecimento, temperança, paciência, piedade, fraternidade e, finalmente, amor.

Cada uma dessas qualidades constrói sobre o que há de anterior, formando um caráter cristão robusto e equilibrado, que agrada a Deus. A única pessoa que nós precisamos buscar agradar é Deus, sendo transparentes, sinceras e buscando um crescimento contínuo. Imagine esse processo como a construção de uma casa, onde cada tijolo é essencial para a estrutura final; a fé é a fundação, e as outras qualidades são como os pilares e as paredes que sustentam a construção.

Sem um desses componentes, a estrutura pode não ser tão sólida assim. Ao cultivarmos essas virtudes, estamos formando um caráter que reflete o de Cristo. Esse crescimento espiritual não apenas nos transforma pessoalmente, mas também fortalece a nossa capacidade de amar e servir aos outros, estabelecendo uma base sólida para uma vida cristã significativa e que, acima de tudo, agrade o coração do Pai. Aumente as suas qualidades todos os dias.

Eu estou orando por você!

Devocional 249/365

@devocionalmulhersabia

REFLEXÃO

GRATIDÃO

NÃO INVERTA A ORDEM

- Deus
- Saúde
- Família
- Trabalho

Prossiga para o alvo

07 | SET

"Prossigo para o alvo, pelo prêmio da soberana vocação de Deus em Cristo Jesus."

FILIPENSES 3:14

Mantenha seus olhos fixos em Jesus e deixe o passado para trás; o melhor está por vir!

Devocional 250/365

@devocionalmulhersabia

O seu olhar tem que estar atento para o alto e para o alvo. Não olhe para as pessoas, as circunstâncias ou o passado. Certas coisas podem paralisá-la. Com certeza, você já viveu coisas no seu passado que a incomodam ou doem, mas você não pode dar importância para isso. Arrependa-se, perdoe-se ou peça perdão se for preciso, porque Deus já a perdoou. Quando o Senhor perdoa, nunca mais se lembra dos seus erros. Faça o mesmo que Deus e esqueça o que passou. Avance, olhe para o alto.

Você não vai conseguir crescer espiritualmente se não abandonar o que já foi; tire toda a culpa, pois Jesus já levou isso na cruz por você. Tudo isso a impede de viver o Novo Tempo e o crescimento espiritual; o que você pode fazer é mudar daqui para a frente, olhando para o alto e para o alvo.

Deixe o passado onde ele tem que estar e viva o seu presente. O agora é um presente de Deus na sua vida. Avance, prossiga, não pare, cresça espiritualmente e coloque o seu alvo em Jesus. É Ele quem cuida de tudo. Prossiga para o alvo, que é Jesus, e não pare.

Eu estou orando por você!

REFLEXÃO

GRATIDÃO

NÃO INVERTA A ORDEM

- Deus
- Saúde
- Família
- Trabalho

Tenha sede por Deus

"Ó Deus, tu és o meu Deus; de madrugada te buscarei; a minha alma tem sede de ti; a minha carne te deseja muito em uma terra seca e cansada, onde não há água."

SALMOS 63:1

08 | SET

Quanto mais você se aproxima de Deus, mais milagres você testemunha.

Devocional 251/365

@devocionalmulhersabia

O segredo do crescimento espiritual está em ter um coração sedento por mais de Deus. Aquele que não busca o Senhor, que não cultiva esse relacionamento em sua rotina diária, acaba ficando fraco nas decisões e em vida abundante. Quando isso acontece a sua tranquilidade é roubada facilmente; todas as vezes que precisa enfrentar uma adversidade, você se sente fraca e sem tranquilidade, quando não busca Deus de todo o seu coração. Não deixe os anos passarem sem desfrutar da maravilhosa presença de Deus. Não deixe o seu coração ficar insensível, distante de Deus, não deixe o inimigo roubar a sua paz.

Essa metáfora reflete a necessidade essencial de Deus em nossas vidas, que vai além do físico e atinge o mais profundo da nossa alma. Imagine estar em um deserto sem água: a sede é intensa e desesperadora, e assim deve ser o seu desejo por mais de Deus, uma busca constante.

Essa sede por Deus nos leva a buscar a Sua presença com intensidade e devoção. Quando satisfazemos essa sede com a água viva que Ele oferece, experimentamos uma plenitude, um rejuvenescimento que somente Ele pode proporcionar. Busque Deus intensamente, tenha sede de Deus. E assim você vai ter um crescimento espiritual sem medida e bênçãos abundantes serão derramadas sobre a sua vida. Porque quanto mais sedento está seu coração, mais milagre do Senhor você vive.

Eu estou orando por você!

REFLEXÃO

GRATIDÃO

NÃO INVERTA A ORDEM

- Deus ☐
- Saúde ☐
- Família ☐
- Trabalho ☐

Simplesmente permaneça

09 | SET

A verdadeira força vem da sua permanência em Deus; Ele é sua fonte de vida.

Devocional 252/365

@devocionalmulhersabia

"Estai em mim, e eu, em vós; como a vara de si mesma não pode dar fruto, se não estiver na videira, assim também vós, se não estiverdes em mim."

JOÃO 15:4

Precisamos aprender a simplesmente permanecer, porque a Palavra nos diz que se nós permanecemos em Deus, Ele permanece em nós. Para sermos mulheres frutíferas, com crescimento espiritual em Deus, é preciso sermos nutridas continuamente pela presença do Senhor. Assim como a videira precisa ser nutrida, você também, para que possa dar mais frutos e continuar permanecendo em Deus.

Uma das coisas mais importantes, mulher sábia, é você permanecer em Deus. Não tem como dar bons frutos espirituais se não estiver sendo nutrida diariamente pela presença de Deus, pela abundância do Senhor, pela paz e pela alegria. Visualize a videira como a fonte de vida e força; os ramos que permanecem na videira recebem o nutriente necessário para crescer e frutificar. Da mesma forma, a nossa conexão e intimidade com Deus nos sustenta e nos capacita para viver de acordo com a Sua vontade e a produzir frutos que glorifiquem quem é Deus.

Permanecer em Cristo significa manter uma relação contínua e íntima com Ele, buscando a Sua orientação e força diariamente. Veja o Senhor como a fonte da sua nutrição, do que é essencial para a sua vida. É através dessa conexão vital que experimentamos crescimento espiritual e produzimos frutos que refletem Sua presença em nossas vidas. Mulher sábia, simplesmente permaneça, que tudo vai valer a pena.

Eu estou orando por você!

REFLEXÃO

GRATIDÃO

NÃO INVERTA A ORDEM

- Deus
- Saúde
- Família
- Trabalho

Seja igual a Ele

"Porque os que dantes conheceu, também os predestinou para serem conformes à imagem de seu Filho, a fim de que ele seja o primogênito entre muitos irmãos."

ROMANOS 8:29

10 | SET

Cada dia é uma nova oportunidade de resplandecer Jesus em todas as áreas da sua vida.

Devocional 253/365

@devocionalmulhersabia

Esse versículo revela o propósito de Deus para a nossa vida: sermos conformados à imagem do seu filho Jesus Cristo, ou seja, nós nascemos para sermos conforme Ele. Nós nascemos para sermos iguais a Ele, e esse processo de transformação nos molda para refletir o caráter e os atributos de Cristo, estabelecendo Jesus como primogênito entre muitos irmãos.

Nós precisamos, de uma vez por todas, entender que temos que resplandecer Jesus por onde formos. Você tem resplandecido Jesus por onde tem ido, mulher? Na sua casa, no seu trabalho, as pessoas podem olhar para você e ver Jesus?

Pense em um artista moldando uma escultura; a imagem final é uma representação fiel do que o artista deseja. Da mesma forma, Deus está moldando nossas vidas para que possamos refletir a imagem de Cristo, criando uma família de fé que é um testemunho da sua obra em nós. Ser conforme a imagem de Cristo é um chamado para viver com os valores e a integridade de Jesus, manifestando o Seu amor e a Sua verdade em todas as áreas da nossa vida.

É um processo contínuo que nos aproxima do nosso propósito eterno e nos une como irmãos em Cristo. Seja igual a Ele, você nasceu para isso; resplandeça Jesus por onde colocar a planta dos seus pés.

Eu estou orando por você!

REFLEXÃO

GRATIDÃO

NÃO INVERTA A ORDEM

- Deus
- Saúde
- Família
- Trabalho

Saia agora do piloto automático

11 | SET

Deus tem um novo tempo para você; não se acomode!

Devocional 254/365

@devocionalmulhersabia

REFLEXÃO

GRATIDÃO

"Como, pois, recebestes o Senhor Jesus Cristo, assim também andai nele, arraigados e edificados nele e confirmados na fé, assim como fostes ensinados, crescendo em ação de graças."

COLOSSENSES 2:6-7

Hoje eu quero convidar você a sair do piloto automático, tanto na sua vida como na sua intimidade com Deus; não se acomode, pois sempre dá para melhorar, sempre dá para avançar e ter ou buscar mais de Deus. Pare de viver no piloto automático; Deus tem coisas novas para você, e existe um tempo novo sobre a sua vida.

A vida com Deus é construída dia após dia, com a sua decisão de buscar intimidade com Ele. Valorize o seu tempo com Deus e a sua jornada. Não viva no piloto automático, de modo que todo dia acorda, trabalha, paga boleto e vai dormir. Não foi para isso que Deus a chamou.

Valorize o que Deus lhe dá, valorize o amor do Senhor, valorize a morte de Jesus na cruz. Imagine uma árvore cujas raízes são profundas e firmes no solo e fornecem estabilidade e nutrição, permitindo que a árvore cresça forte e saudável. Da mesma forma, estarmos regadas em Cristo nos dá força e estabilidade para enfrentar os desafios da vida e crescer espiritualmente. Agradecer a Deus é uma resposta natural para essa firmeza e esse crescimento; a gratidão reflete nossa consciência da Sua provisão e do Seu amor constante. Ao permanecermos em Cristo, reconhecemos Suas bênçãos, a nossa fé se fortalece e a nossa vida se enriquece.

Eu estou orando por você!

NÃO INVERTA A ORDEM

- Deus
- Saúde
- Família
- Trabalho

Alimente-se d'Ele e transborde amor

"Mas o fruto do Espírito é: amor, gozo, paz, longanimidade, benignidade, bondade, fé, mansidão, temperança. Contra essas coisas não há lei."

GÁLATAS 5:22-23

12 | SET

Quanto mais nos alimentamos de Deus, mais o Seu amor transborda em nossas vidas.

Devocional 255/365

@devocionalmulhersabia

O fruto do espírito é um reflexo das qualidades que Deus deseja ver em nossas vidas. Cada tributo, amor, alegria, paz, longanimidade, benignidade, bondade, fé, mansidão e temperança é uma expressão do caráter de Cristo manifestada em nós. Quanto mais nós crescemos e avançamos espiritualmente, mais parecidas com Ele nós ficamos e, consequentemente, mais transbordamos dos frutos do espírito.

Os frutos do espírito têm que ser um reflexo da sua vida para que você saiba que realmente está acertando na caminhada com Deus. Visualize uma árvore que produz diferentes tipos de frutos, mas cada um é uma manifestação da presença e da influência do Espírito Santo em nossa vida. Quando vivemos de acordo com esses atributos, mostramos ao mundo o impacto da presença de Deus em nosso coração.

Essas qualidades são não apenas para o nosso benefício, mas também para edificação e bênção dos outros. Ao cultivarmos os frutos do espírito, contribuímos para um ambiente de amor e harmonia, refletindo a luz de Cristo na nossa vida. O que Deus tem para nós é diferente, porque o primeiro atributo é servir, é amar. Permita-se ser dirigida pelo Espírito Santo, que está dentro de você. Você tem que estar ligada à fonte e sendo nutrida por Deus para produzir os frutos do espírito e transbordar esse amor.

Eu estou orando por você!

REFLEXÃO

GRATIDÃO

NÃO INVERTA A ORDEM

Deus

Saúde

Família

Trabalho

Alinhe-se com a vontade de Deus

13 | SET

"Bem-aventurados os que têm fome e sede de justiça, porque eles serão fartos."

MATEUS 5:6

Viver no centro da vontade de Deus é o melhor lugar para se estar!

Devocional 256/365

@devocionalmulhersabia

REFLEXÃO

GRATIDÃO

NÃO INVERTA A ORDEM

- Deus
- Saúde
- Família
- Trabalho

Jesus declara que aqueles que têm fome e sede de justiça serão satisfeitos. Essa fome e essa sede representam um desejo profundo e sincero de viver de acordo com a justiça de Deus e vê-la prevalecer no mundo. Precisamos hoje entender que não podemos tratar a palavra de Deus como algo comum, banal ou como um livro qualquer.

A palavra de Deus é viva e intensa; valorize-a com a consciência de que Ele é a sua vida, o seu início e o seu fim. Imagine um banquete preparado para aqueles que estão famintos: a promessa de Jesus é que aqueles que buscam a justiça com a mesma intensidade receberão uma plenitude espiritual que sacie sua alma. Essa satisfação é mais que um alívio temporário, é uma experiência duradoura de plenitude em Deus.

A busca pela justiça deve ser constante e apaixonada para refletir o nosso compromisso com os princípios de Deus. Ao alinhar os seus desejos com a vontade de Deus, você encontrará a verdadeira satisfação que vem de viver em harmonia, justiça e verdade. Alinhe-se com a vontade de Deus, nada vale mais a pena do que viver no centro da vontade de Deus. Ele sabe agradar seu coração e realizar os seus desejos. Apenas confie, que você vai se surpreender.

Eu estou orando por você!

Aquiete-se, eu sou o seu Deus

"Aquietai-vos e sabei que eu sou Deus; serei exaltado entre as nações; serei exaltado sobre a terra. O Senhor dos Exércitos está conosco; o Deus de Jacó é o nosso refúgio. (Selá)"

SALMOS 46:10-11

14 | SET

Não deixe que a pressão do mundo roube seu descanso em Cristo.

Devocional 257/365

@devocionalmulhersabia

Se eu fosse o inimigo, com certeza faria com que tudo parecesse urgente, faria você achar que tudo depende de você. Eu lotaria a sua agenda para cansar a sua mente e ao mesmo tempo fazê-la se sentir culpada porque acha que nunca é suficiente para fazer as coisas. Se eu fosse o inimigo, optaria por mantê-la ocupada, sobrecarregada, porque assim você nunca vai ter tempo para Deus.

Você sempre vai estar sob pressão, vai perder a paz, o descanso e o contentamento. Vai contra tudo o que Deus planejou para você. Hoje o mundo está cheio de pressão, mas quero lhe dizer que você tem um Deus exaltado entre as nações. Aquiete a sua alma, porque o Senhor é o Deus da sua vida, e a intenção do inimigo é mantê-la escravizada. Nem toda coisa boa é de Deus, comece a distinguir melhor o que você deve fazer. Não diga "sim" a nada antes de falar com o seu Deus, antes de orar, de jejuar. Você não nasceu para viver nessa pressão.

Agora você está com os olhos abertos e vendo que existe uma estratégia do inimigo para fazê-la parar. Não ceda à pressão, não se deixe paralisar. Recupere a sua paz, o seu descanso, o contentamento em estar com os seus, em ter seu tempo com Deus, em cuidar de você.

Eu estou orando por você!

REFLEXÃO

GRATIDÃO

NÃO INVERTA A ORDEM

- Deus
- Saúde
- Família
- Trabalho

Você é livre em Deus

15 | SET

> Antes de tomar qualquer decisão, faça uma oração.

Devocional 258/365

@devocionalmulhersabia

REFLEXÃO

GRATIDÃO

NÃO INVERTA A ORDEM

- Deus
- Saúde
- Família
- Trabalho

"Eu sou o Senhor, teu Deus, que te tirei da terra do Egito; abre bem a tua boca, e a encherei."

SALMOS 81:10

Essa vida é tudo o que temos, por isso não podemos viver sob a pressão que o inimigo tenta impor em nós. Não podemos deixar o inimigo nos colocar em looping absurdo de ter que fazer e acontecer. A vida nunca vai deixar de ser difícil, por isso temos que fazer o nosso melhor e nos esforçar ao máximo, para que cada área da nossa vida cresça.

Não podemos ser escravas de agendas que consomem nosso tempo, que nos impedem de viver com contentamento, com alegria, porque nós nascemos para ser líderes em Deus. É hora de começar a viver como uma mulher livre. Quando se torna uma mulher estratégica e focada em oração, Deus tira esse fardo de você. E Ele começa a torná-la mais produtiva, mais livre.

Então, antes de tomar qualquer decisão, faça orações específicas e estratégicas para Deus. Peça para Ele lhe dar real discernimento do que é importante fazer, onde é importante dedicar o seu tempo ou onde deve ou não estar. Não fale "sim" para tudo, permita-se ser dirigida por Deus, para ganhar o controle da sua vida.

Você vai começar a estabelecer limites e, com isso, será mais frutífera, produtiva e alegre. Dependa totalmente de Deus, coloque a sua agenda na mão d'Ele, para você entender que é livre. Comece a ter orações específicas e estratégicas. Seja uma mulher livre, contente, feliz, alegre, descansada e renovada em Deus.

Eu estou orando por você!

Transforme a amargura em perdão

"E, quando estiverdes orando, perdoai, se tendes alguma coisa contra alguém, para que vosso Pai, que está nos céus, vos perdoe as vossas ofensas."

MARCOS 11:25

16 | SET

Você foi perdoada; agora é hora de perdoar e avançar.

Devocional 259/365

@devocionalmulhersabia

Hoje eu quero convidá-la a transformar toda a amargura em perdão. Nós, mulheres, temos o sério hábito de muitas vezes pensar em coisas que já passaram. Com isso, o seu coração continua algemado e preso pela falta de perdão, você fica triste e amargurada, as orações vão ficando sem vida. Você permite que essa falta de perdão no seu coração sempre fique sondando-a, permite paralisar o que Deus quer fazer na sua vida.

Perdoe, obedeça a Deus, não deixe o inimigo ficar usando coisas que já passaram para a afrontar, para a paralisar. Não permita que velhas feridas estacionem na sua mente. Deus quer te dar uma nova vida, portanto não seja mais enganada pelo diabo. Perdoe, porque sem perdão você não vive intimidade com Deus. Dobre o seu joelho e faça uma oração estratégica para Deus pedindo perdão, não fique se ferindo por coisas que já passaram.

Não fique inflamando brigas, você é livre porque já foi perdoada por Deus. Não há nada pior do que deixar o inimigo torturá-la com coisas que já passaram. Seja uma mulher livre, posicionada, com oração estratégica, que não deixa essas mentiras ficarem atacando a sua mente. Seja livre para viver a boa, perfeita e agradável vontade de Deus na sua vida.

Eu estou orando por você!

REFLEXÃO

GRATIDÃO

NÃO INVERTA A ORDEM

- Deus
- Saúde
- Família
- Trabalho

Chore para Deus

17 | SET

"Chorar diante de Deus é um sinal de força, não de fraqueza.

Devocional 260/365

@devocionalmulhersabia

"Toda amargura, e ira, e cólera, e gritaria, e blasfêmias, e toda malícia seja tirada de entre vós. Antes, sede uns para com os outros benignos, misericordiosos, perdoando-vos uns aos outros, como também Deus vos perdoou em Cristo."

EFÉSIOS 4:31-32

Eu sei que está pesado, está cansativo, está doendo, mas eu quero lhe dizer hoje, mulher sábia, que os ombros do Pai são largos o suficiente para você chorar. Chore para Deus curá-la, abraçá-la, refazê-la. Mas para isso você precisa desabafar com Ele do fundo do seu coração. Mesmo que seu coração esteja em pedaços, desabafe. Deus vai levantá-la e conduzi-la.

Você já está no lugar certo, que é no colo de Deus. Só de você estar aqui hoje lendo isso, já é o lugar certo, Ele vai colocar nos seus lábios uma nova canção. A partir do momento em que você pedir para Deus lhe dar orações estratégicas, louvores, Ele vai colocar nos seus lábios um louvor e lhe devolver a liberdade. Agradeça por você ter um Pai, arrependa-se e peça perdão por ficar tanto tempo se dedicando a coisas que não agradam ao coração d'Ele.

Sinta o perdão de Deus por você, estenda-o para outras pessoas. Peça cura, sabedoria, discernimento, para Ele a ajudar a ter uma vida que agrada o coração d'Ele, e se comprometa a responder ativamente o que o Espírito Santo de Deus lhe ordenar. Sinta a coragem saindo de você, Deus refazendo todas as suas forças, reestruturando, dando-lhe ânimo novo, perdão e liberdade.

Eu estou orando por você!

REFLEXÃO

GRATIDÃO

NÃO INVERTA A ORDEM

- Deus
- Saúde
- Família
- Trabalho

Seja destemida

"Moisés, porém, disse ao povo: Não temais; estai quietos e vede o livramento do Senhor, que hoje vos fará; porque aos egípcios, que hoje vistes, nunca mais vereis para sempre."

ÊXODO 14:13

18 | SET

Quando o medo vier, aumente o seu louvor e a sua oração.

Devocional 261/365

@devocionalmulhersabia

O inimigo vem tentando intimidá-la com medo, preocupações sem fundamento, coisas que nem sequer vão chegar a acontecer, só para a deixar ansiosa, indecisa e sem sair do lugar. Deixe de lado esse medo, para que possa viver o melhor de Deus na sua vida; se a única razão pela qual você não está avançando é o medo, perceba que isso é o inimigo tentando pará-la. Não fique sentada deixando o medo a dominar.

Deus lhe diz hoje que Ele não lhe deu espírito de medo, mas lhe deu poder, amor e equilíbrio. Deus é com você, não tenha medo. Se Ele prometeu, Ele vai fazer. Só que o inimigo fica colocando medo na sua mente o tempo inteiro, o nosso Deus é destemido. Se Deus está com você, se Ele já abriu o Mar Vermelho, o que Ele não vai fazer por você? Tenha fé, não tenha medo.

Lembre-se de que as suas preocupações são estratégias deliberadas do inimigo para paralisá-la. Lute contra ele com a sua própria estratégia de oração e jejum, é assim que vencerá o medo, entendendo que Deus lhe deu poder, amor e equilíbrio para avançar. Quando o medo vier, aumente o seu louvor e a sua oração, fale mais alto, porque o seu Deus é maior do que qualquer medo.

Eu estou orando por você!

REFLEXÃO

GRATIDÃO

NÃO INVERTA A ORDEM

- Deus
- Saúde
- Família
- Trabalho

A minha alma tem sede de Ti

19 | SET

"Como o cervo brama pelas correntes das águas, assim suspira a minha alma por ti, ó Deus! A minha alma tem sede de Deus, do Deus vivo; quando entrarei e me apresentarei ante a face de Deus?"

SALMOS 42:1-2

Somente Deus pode preencher o vazio que você sente em sua alma.

Devocional 262/365

@devocionalmulhersabia

Existe um espaço em nós que você pode tentar preencher com qualquer coisa do mundo, mas só Deus pode suprir. Esse espaço é do tamanho exato de Deus; é por isso que, independentemente de qualquer coisa, a sua alma anseia dia e noite por Deus. O que muitas pessoas não sabem é que essa falta que sentimos é de Deus. Esse desejo é uma busca contínua e intensa pela presença de Deus.

O problema é que muitas vezes tentamos preencher esse desejo com coisas que não são Deus, com coisas superficiais. E está tudo bem você desejar estar com a sua família, isso faz parte. Mas existe um lugar que só Deus preenche, uma sede e uma fome que só a presença de Deus sacia. É uma busca contínua e intensa pela presença de Deus.

Essa busca constante é um reflexo do desejo genuíno de experimentar a plenitude de Deus. Mulher sábia, pare de correr atrás do que não sacia a sua sede nem a sua fome, só Deus vai preencher esse vazio. Há quantos anos você tem tentado preencher esse espaço e não consegue? Esse espaço deseja Deus profundamente. Seja honesta nas suas orações e combata todos os dias o desânimo espiritual. Declare agora: "Jesus, eu te amo. A minha alma tem sede de Ti".

Eu estou orando por você!

REFLEXÃO

GRATIDÃO

NÃO INVERTA A ORDEM

- Deus
- Saúde
- Família
- Trabalho

Deus começou, Ele vai terminar

"Tendo por certo isto mesmo: que aquele que em vós começou a boa obra a aperfeiçoará até ao Dia de Jesus Cristo."

FILIPENSES 1:6

20 | SET

Permita que o Senhor finalize a boa obra que Ele iniciou em sua vida.

Devocional 263/365

@devocionalmulhersabia

Mulher sábia, quem começou a boa obra não é outro senão o próprio Deus, mas você precisa saber qual é essa boa obra que Ele começou na sua vida. Talvez seja a sua transformação por completo; saiba que Deus começou uma boa obra na sua vida que inclui todas as bênçãos para derramar sobre você. Ele faz tudo novo de novo, quantas vezes for preciso, e Deus completará até o dia de Cristo Jesus. O que Deus começou Ele vai terminar.

O processo pode ser longo, detalhado, mas Ele vai completando, dia após dia, a boa obra que começou em nós, moldando-nos para refletir o Seu caráter e propósito. Mas para isso você precisa cooperar com Ele, sendo fiel e seguindo princípios e com o coração aberto para deixar Deus fazer a obra.

Não impeça o Senhor de completar a boa obra que Ele começou. Se Deus começou uma transformação na sua vida, Ele vai terminar. Só não desanime nem deixe de crer; às vezes você pode achar que Ele já terminou, mas Deus ainda está fazendo, ainda tem um Novo Tempo. Porque Ele só termina até o dia de Cristo Jesus.

Eu estou orando por você!

REFLEXÃO

GRATIDÃO

NÃO INVERTA A ORDEM

- Deus
- Saúde
- Família
- Trabalho

Não desanime

21 | SET

Não desista da sua família porque Deus nunca desistiu de você.

Devocional 264/365

@devocionalmulhersabia

"Por isso, não desfalecemos; mas, ainda que o nosso homem exterior se corrompa, o interior, contudo, se renova de dia em dia."

2 CORÍNTIOS 4:16

Hoje eu quero encorajá-la a não desanimar de algo muito importante, que é a sua família. Para isso, é essencial que esteja aberta a uma renovação diária do seu interior, para Deus a fortalecer e a renovar espiritualmente. A sua família é a base de tudo e o bem mais precioso do plano de Deus para você, então fortaleça essa base. Ela tem que estar forte para as próximas gerações construírem famílias sólidas.

O Senhor hoje está quebrando toda a maldição de separação sobre a sua vida. O inimigo tem investido pesado na destruição das famílias, principalmente distorcendo o valor do perdão e o papel do homem dentro de casa. Não desista da sua casa, você é a rocha do seu lar, a mulher de oração da sua casa. A sua palavra tem poder dentro da sua casa, a sua boca é a boca do Senhor, então declare palavras de bênção todos os dias.

A sua família não é um fracasso, seu marido é uma bênção, e seus filhos são heranças benditas do Senhor; em Deus você tem condição de fazer diferente. Visualize a sua família pela fé, não desista da sua casa, porque Deus nunca desistiu de você. A sua casa será lugar de honra ao Senhor, a sua casa será o lugar onde as pessoas vão ver a Glória de Deus.

Eu estou orando por você!

REFLEXÃO

GRATIDÃO

NÃO INVERTA A ORDEM

- Deus
- Saúde
- Família
- Trabalho

Renuncie, confie e viva o novo de Deus

"Com ele está a sabedoria e a força; conselho e entendimento tem."

JÓ 12:13

22 | SET

A renúncia é um ato de fé que prepara o caminho para grandes mudanças.

Devocional 265/365

@devocionalmulhersabia

Ao vivermos o tempo de renúncia, de jejum e oração, veremos o poder de Deus agindo e conduzindo em verdadeiras águas profundas. Para viver o Novo Tempo que Deus tem preparado, você precisa passar pelo tempo de renúncia e confiança no Senhor, você precisa abrir espaço e deixar ir embora o que é velho para o novo entrar. Para o novo de Deus acontecer, o velho tem que sair. O convite de hoje é para você mergulhar nessas águas de renúncia e confiança, para viver o novo de Deus. O crescimento espiritual, juntamente com o conhecimento, vai fazê-la dar passos de fé, confiar em Deus.

A sabedoria de Deus é como um oceano profundo. Quanto mais você aprende, mais quer saber. Quanto mais você anda com Ele, mais quer andar. Muitas vezes a vida nos coloca diante de desafios e questões complexas. Nesses momentos precisamos buscar a sabedoria de Deus que está pronta para nos guiar, como uma bússola confiável, que aponta a direção certa.

Quando enfrentar decisões difíceis ou momentos de incerteza, busque o conselho de Deus em oração e meditação. A sabedoria divina é um tesouro que pode transformar sua vida e capacitá-la a enfrentar qualquer desafio. Se Deus está lhe pedindo para renunciar, renuncie e confie que Ele está cuidando de tudo e vai lhe dar algo muito maior e melhor.

Eu estou orando por você!

REFLEXÃO

GRATIDÃO

NÃO INVERTA A ORDEM

- Deus
- Saúde
- Família
- Trabalho

Renove suas forças na espera

23 | SET

Cada momento de espera é uma oportunidade para aprofundar sua fé.

Devocional 266/365

@devocionalmulhersabia

"Mas os que esperam no Senhor renovarão as suas forças e subirão com asas como águias; correrão e não se cansarão; caminharão e não se fatigarão."

ISAÍAS 40:31

Eu sei que em certos momentos a gente não aguenta mais esperar porque tem sonhos a realizar, vontades a cumprir, promessas que queremos ver acontecer, projetos para terminar, mas existem momentos também em que não resta alternativa a não ser esperar em Deus. Talvez você esteja vivendo esse momento em que não lhe resta nada a fazer a não ser esperar em Deus.

A nossa impaciência cresce muito diante da espera, isso é normal do ser humano. É nesse momento que, muitas vezes, começamos a questionar a Deus até quando será essa espera. Imagine como Sara se sentiu esperando o filho da promessa; por não conseguir esperar em Deus, ela mesma tentou dar uma solução.

O que você tem tentado solucionar em vez de esperar em Deus? Não tente fazer do seu jeito, garanto que esperar o tempo de Deus é muito melhor. Não se precipite, peça ajuda para Deus, Ele está sustentando-a e renovando as suas forças. Durante o tempo da espera as nossas forças são renovadas, a gente corre e não se cansa. Creia em Deus, Ele não se atrasa.

Não resolva as coisas no impulso, não perca a maior bênção da sua vida por querer fazer do seu jeito. Deusa a ama tanto que o seu maior prazer é realizar o que lhe prometeu, de acordo com o que o seu coração deseja. Ele é fiel e vai cumprir na hora certa. A bênção vai chegar, mantenha a sua fé.

Eu estou orando por você!

REFLEXÃO

GRATIDÃO

NÃO INVERTA A ORDEM

- Deus
- Saúde
- Família
- Trabalho

Sempre há novas possibilidades

"Mas todos nós, com cara descoberta, refletindo, como um espelho, a glória do Senhor, somos transformados de glória em glória, na mesma imagem, como pelo Espírito do Senhor."

2 CORÍNTIOS 3:18

24 | SET

Só vive o propósito quem suporta o processo.

Devocional 267/365

@devocionalmulhersabia

Estamos sempre buscando métodos para suavizar os nossos medos, as nossas aflições. Porque, muitas vezes, ousar ter novas atitudes de crescimento e evolução dói, nos preocupa ou nos gera medo. A Palavra nos lembra de que refletimos a glória do Senhor e, de glória em glória, somos transformadas pelo Espírito Santo. Sempre existem novas possibilidades, e nós precisamos estar abertas para viver o novo de Deus.

Às vezes você quer tanto viver algo novo, mas só reclama da vida e se fecha para viver a transformação. A transformação de Deus é como a jornada da lagosta, um animal que vive em uma concha rígida que a protege, mas que também a impede de crescer. Ela só cresce quando a casca se torna desconfortável e faz isso sempre, ao contrário da borboleta, que passa por apenas uma transformação.

Ela enfrenta períodos de desconforto, libera sua antiga casca, volta à superfície da vida que segue de glória em glória. Às vezes, precisamos passar pela dor para construir uma nova versão de nós mesmas. Quando nos permitimos ficar vulneráveis e depender do Senhor, encontramos novas possibilidades de crescimento pelo poder d'Ele. Prefira ser como a lagosta e ser transformada por Ele quantas vezes for preciso. Só vive o propósito quem suporta passar pelo processo do crescimento.

Eu estou orando por você!

REFLEXÃO

GRATIDÃO

NÃO INVERTA A ORDEM

- Deus
- Saúde
- Família
- Trabalho

Não limite a promessa

25 | SET

Conheça sua identidade em Deus e não deixe que ninguém a limite.

Devocional 268/365

@devocionalmulhersabia

REFLEXÃO

GRATIDÃO

NÃO INVERTA A ORDEM

- Deus
- Saúde
- Família
- Trabalho

"Porque, agora, vemos por espelho em enigma; mas, então, veremos face a face; agora, conheço em parte, mas, então, conhecerei como também sou conhecido."

1 CORÍNTIOS 13:12

Não limite a promessa de Deus, não se limite. Davi podia ter se limitado por ser apenas um cuidador de ovelhas, mas, apesar de alguns tentarem limitá-lo, ele não aceitou, Davi sabia a identidade dele em Deus, entendia quem tinha feito a promessa para ele, porque conhecia Deus não só de ouvir falar, mas de com Ele andar.

Essa é a diferença quando sabemos quem nos prometeu. Por isso, precisamos estar sempre buscando crescer em Deus e conhecê-Lo face a face. Esse conhecimento pleno será uma experiência transformadora e reveladora; essa esperança nos encoraja a continuar buscando a verdade e a proximidade com Deus, sabendo que a plenitude da compreensão e do relacionamento com Ele será realizada no futuro. Até lá, vivemos com a certeza de que Deus nos conhece completamente e nos guia em nossa jornada.

Assim como Davi, seja forte e corajosa, saiba a sua real identidade em Deus. Você é filha amada e tem a marca da promessa. Não limite a promessa e não deixe ninguém limitar o que Deus tem para você.

Eu estou orando por você!

Deixe o passado para trás

"Irmãos, quanto a mim, não julgo que o haja alcançado; mas uma coisa faço, e é que, esquecendo-me das coisas que atrás ficam e avançando para as que estão diante de mim, prossigo para o alvo, pelo prêmio da soberana vocação de Deus em Cristo Jesus."

FILIPENSES 3:13-14

26 | SET

Avance em direção ao futuro, deixando o passado onde ele pertence.

Devocional 269/365

@devocionalmulhersabia

A transformação de Deus é constante, e isso é bom; seria ruim saber que nada de diferente poderia acontecer na sua vida. Deus sempre tem algo novo para você, mas para viver o novo de Deus você precisa abandonar o passado. Não tem como viver o novo sem deixar velhos hábitos, velhos lugares, talvez até velhas pessoas que hoje já não fazem mais sentido para o que Deus quer fazer em você.

Esqueça o passado e avance para o alvo que é Deus. Essa transformação contínua é um processo pelo qual todos nós devemos passar como mães, esposas, amigas, empresárias, para permanecer em constante transformação e evolução para uma versão melhor.

Ser igual diariamente é não usufruir da transformação de Deus, por isso queira ser melhor a cada dia. Busque a transformação e o crescimento em Deus, avance com energia e disposição. Abandone o passado, deixe o que não faz mais sentido para trás. Não tenha medo, abra-se para viver o novo de Deus. Eu garanto, mulher sábia, que vale a pena; siga com a fé de que Deus está fazendo algo por você.

Eu estou orando por você!

REFLEXÃO

GRATIDÃO

NÃO INVERTA A ORDEM

- Deus
- Saúde
- Família
- Trabalho

Guarde a Palavra no coração

27 | SET

"Escondi a tua palavra no meu coração, para eu não pecar contra ti."

SALMOS 119:11

A sua fé vai aumentar à medida que a palavra de Deus penetrar no seu coração.

Devocional 270/365

@devocionalmulhersabia

É importante guardar a palavra de Deus em nosso coração como uma forma de evitar o pecado. A internalização da escritura é um meio de nos proteger e nos orientar em nossa vida diária. Por isso, a Palavra também nos fala que a fé vem por ouvir Deus. Uma mulher sábia, que deseja ter direcionamento do Senhor, com sabedoria, discernimento e vivendo as bênçãos, precisa ler e ouvir a palavra de Deus. Imagine a palavra de Deus como um tesouro escondido em seu coração, uma fonte de sabedoria e força que nos ajuda a resistir às tentações e viver de acordo com a vontade de Deus.

Ao termos a Palavra profundamente gravada, nós ficamos mais preparadas para enfrentar os desafios, as adversidades do dia a dia. Guardar a Palavra no coração é um compromisso diário de meditação e aplicação. Isso lhe dá mais sabedoria para viver uma vida íntegra e obediente, refletindo a vontade de Deus nas suas decisões e ações.

Você precisa ter vontade de aprender; seja de Deus, esteja com o ouvido e o coração inclinados para a palavra de Deus. Guarde a palavra de Deus no seu coração, não a trate como algo qualquer, como algo banal, como um livro qualquer. A sua fé vai aumentar à medida que a palavra de Deus penetrar no seu coração. Tenha foco em Deus, valorize a palavra de Deus e tenha a consciência de que ela é viva e eficaz para a sua vida.

Eu estou orando por você!

REFLEXÃO

GRATIDÃO

NÃO INVERTA A ORDEM

- Deus
- Saúde
- Família
- Trabalho

Acenda a sua lanterna

"Tendo iluminados os olhos do vosso entendimento, para que saibais qual seja a esperança da sua vocação e quais as riquezas da glória da sua herança nos santos."

EFÉSIOS 1:18

28 | SET

A oração é a luz que afasta a escuridão e traz clareza à sua jornada.

Devocional 271/365

@devocionalmulhersabia

Os seus olhos espirituais precisam ser iluminados, para que você entenda qual é a boa, perfeita e agradável vontade de Deus na sua vida. Esse devocional foi feito intencionalmente para ser um farol, um direcionamento para a sua vida. Um farol serve para orientar e direcionar aquele que está em lugares escuros; a palavra de Deus e a oração são justamente faróis que a ajudam a desviar dos obstáculos, a encontrar o caminho, a se livrar do mal.

Muitas pessoas hoje estão andando com a lanterna apagada, por um caminho perigoso, desconhecido. Sem a verdade de Deus, você anda sem orientação em um caminho que não sabe, não conhece. Estamos inseridas em um mundo de trevas, por isso precisamos desse farol, para enxergar tudo através dos olhos do Senhor.

Quando Deus nos ilumina, nos mostra o que precisamos fazer. Com a lanterna acesa nas mãos, você desvia dos obstáculos, do sofrimento, da falta de esperança. Começa a enxergar através da Palavra e da oração, começa a olhar com os olhos de Deus, pois essa é a luz de que você precisa para ser direcionada. Apegue-se à palavra de Deus e acenda esse farol.

Eu estou orando por você!

REFLEXÃO

GRATIDÃO

NÃO INVERTA A ORDEM

- Deus
- Saúde
- Família
- Trabalho

29 | SET

"Não hesite em buscar mais de Deus; a transformação começa em você.

"Confia no Senhor de todo o teu coração e não te estribes no teu próprio entendimento. Reconhece-o em todos os teus caminhos, e ele endireitará as tuas veredas."

PROVÉRBIOS 3:5-6

Devocional 272/365

@devocionalmulhersabia

Hoje eu quero falar sobre Daniel, um homem de profunda conexão com Deus, pois buscou ter intimidade espiritual e compreensão divina. Ele sabia que para discernir as coisas espirituais era necessário mortificar a carne para vivificar o espírito. Era uma busca constante, por meio de jejum e oração, de crescimento espiritual, com intensidade para estar atento à voz do Espírito Santo.

Sempre que Daniel precisava de visão e direção, buscava Deus com oração e jejum; ele sabia que o céu reage às ações, ao falar das palavras, às atitudes. O céu reage o tempo todo e sempre responde às ações, essa é uma verdade poderosa. Hoje, como mulheres sábias, podemos seguir o exemplo de Daniel e buscar Deus, quando desejamos compreender as coisas espirituais.

Quando você não estiver entendendo o que está acontecendo na sua vida financeira, familiar ou no seu coração, aproxime-se de Deus com o coração humilde em jejum e oração. Lembre-se de que o céu reage. Faça uma busca sincera pela resposta do céu; o retorno depende do que você tem emanado para o céu e das suas ações. Seja profunda em Deus para o céu poder reagir a você.

Eu estou orando por você!

REFLEXÃO

GRATIDÃO

NÃO INVERTA A ORDEM

- Deus
- Saúde
- Família
- Trabalho

"Eu sou a videira, vós, as varas; quem está em mim, e eu nele, este dá muito fruto, porque sem mim nada podereis fazer."

JOÃO 15:5

30 | SET

Jejuar é abrir espaço para Deus agir.

Devocional 273/365

@devocionalmulhersabia

Daniel compreendeu que o jejum e a oração eram armas espirituais poderosas. Ele percebeu que não poderia dar um passo sequer sem modificar a sua carne ou ouvir a voz do Espírito Santo de Deus. Você precisa refletir sobre até que ponto está disposta a mover o céu por meio de um propósito de Deus. O céu sempre responde às suas ações, às suas atitudes e ao seu posicionamento diante do Senhor. Esse é o caminho para viver o melhor de Deus.

Então, esteja com os ouvidos atentos ao Espírito Santo de Deus, peça para Ele o discernimento espiritual, para abrir os seus ouvidos e blindar a sua mente. Faça jejum e oração para estar atenta à voz de Deus. Não se deixe mover pelo que está vendo, pelo que está acontecendo no momento, olhe para o alto.

Nossa jornada de fé envolve uma busca profunda por meio do jejum e da oração, movendo o céu e, assim, impactando o mundo material. Não adie mais, comece hoje. Faça algo diferente por você hoje, faça um planejamento de como pode fazer isso tudo acontecer. Você precisa mudar as suas atitudes para ter resultados diferentes, precisa de novas ações, nova comunhão, novo caminhar com Deus, novas armas espirituais na sua vida para ter novos resultados.

Eu estou orando por você!

REFLEXÃO

GRATIDÃO

NÃO INVERTA A ORDEM

- Deus
- Saúde
- Família
- Trabalho

OUTUBRO

Mês da Frutuosidade

"Deem e será dado a vocês: uma boa medida, calcada, sacudida e transbordante será dada a vocês. Pois a medida que usarem também será usada para medir vocês."

LUCAS 6:38

Eu tenho uma palavra de Deus para o seu mês.

Leia o QR Code e assista

Viva a compaixão

01 | OUT

"Diante das dificuldades da vida, acredite que a recompensa vem de Deus."

Devocional 274/365

@devocionalmulhersabia

"Sabendo que recebereis do Senhor o galardão da herança, porque a Cristo, o Senhor, servis."

COLOSSENSES 3:24

Quando refletimos sobre o nosso trabalho diário, concluímos que muitas vezes é fácil ficar presa na rotina, nas dificuldades, na falta de tempo e de reconhecimento. A Palavra nos lembra de que, apesar das lutas, nossa verdadeira recompensa vem do Senhor. Imagine que cada tarefa, projeto ou hora dedicada não é apenas um esforço para alcançar um objetivo mundano, mas um investimento eterno. É como se estivéssemos construindo um edifício cujas fundações estão firmadas na fidelidade a Cristo.

Cada detalhe do nosso trabalho é observado e valorizado por Deus, que recompensa aqueles que servem com o coração íntegro e dedicado. Principalmente você, mulher que se dedica tanto à criação dos seus filhos, ao seu lar, ao seu casamento. Deus está vendo, e a recompensa virá do céu.

Nossa vida é um testemunho da nossa fé, quando fazemos nosso trabalho com diligência e paixão, não apenas honrando a Deus, mas também refletindo o Seu caráter para o mundo. Nossos esforços são uma forma de adoração, uma expressão de confiança de que Deus está no controle, nos sustenta. Portanto, ao nos depararmos com desafios das tarefas do dia a dia, é crucial mantermos a mente na promessa de que a recompensa vem de Deus. Ele é o Senhor de todas as áreas da nossa vida e, ao trabalharmos para Ele, acumulamos tesouros eternos. Viva compaixão, faça com amor. Assim, cada esforço se torna significativo, e cada desafio, uma oportunidade de demonstrar nossa fé e devoção.

Eu estou orando por você!

REFLEXÃO

GRATIDÃO

NÃO INVERTA A ORDEM

- Deus
- Saúde
- Família
- Trabalho

Seja cuidadosa e frutífera hoje

"A mão dos diligentes dominará, mas os enganadores serão tributários."

PROVÉRBIOS 12:24

02 | OUT

Cuidado e zelo são as chaves que abrem as portas do sucesso.

Devocional 275/365

@devocionalmulhersabia

Muitas vezes o trabalho é visto como uma luta, mas a palavra de Deus nos apresenta uma perspectiva diferente. O cuidado e o zelo são as chaves para a liderança e a realização. Imagine a mão cuidadosa de um jardineiro habilidoso que, ao cultivar a terra com dedicação, vê as plantas crescerem fortes e frutíferas. Da mesma forma, nossas ações cuidadosas e zelosas nas responsabilidades diárias são o solo onde nossas conquistas e nossos sonhos podem florescer.

Pare de fazer de qualquer jeito, pare de fazer da maneira que dá. Faça bem-feito; o que você se propuser a fazer, mulher sábia, faça com amor, zelo, cuidado e paixão. Em vez de querer fazer tudo, faça o que consegue, mas com amor. A preguiça é um terreno não cultivado, onde as ervas daninhas prosperam e as plantas morrem.

Quem evita o trabalho acaba sobrecarregado por tarefas não feitas, e a vida se torna um ciclo de esforço constante, sem recompensas verdadeiras. Assim, a preguiça não apenas impede o progresso, mas também cria um círculo vicioso de frustração e insatisfação. E isso pode gerar culpa, depressão ou ansiedade. Ao trabalharmos com dedicação, estamos no caminho para o sucesso. A única forma de você frutificar em Deus é sendo cuidadosa e zelosa com o que já está nas suas mãos.

Eu estou orando por você!

REFLEXÃO

GRATIDÃO

NÃO INVERTA A ORDEM

- Deus
- Saúde
- Família
- Trabalho

A frutificação é garantida

03 | OUT

Todo esforço dedicado tem uma colheita preciosa esperando por você.

Devocional 276/365

@devocionalmulhersabia

"O lavrador que trabalha deve ser o primeiro a gozar dos frutos."

2 TIMÓTEO 2:6

O trabalho árduo e a paciência são temas importantes nesse versículo. Nessa carta, Paulo usa a analogia do lavrador para ilustrar a importância da perseverança e da colheita que vem após o esforço.

Pense em um agricultor que planta as sementes com esperança, cuida das plantas com paciência e finalmente colhe os frutos do seu trabalho. Da mesma forma, nosso esforço e nossa dedicação são um solo onde nossos sonhos e nossas realizações podem crescer. Ao trabalhar de forma correta, você sempre terá uma devolutiva positiva porque o trabalho devolve a recompensa.

A Palavra nos ensina que o trabalho não é apenas uma atividade, é um processo que exige tempo, paciência e fé. Assim como o lavrador espera a temporada da colheita, nós também devemos esperar o momento em que veremos os frutos do nosso trabalho. É uma promessa de que nossos esforços não são em vão e de que, ao seguirmos o caminho da diligência e da fé, seremos recompensados com o fruto do nosso labor. A frutificação não é instantânea, mas é garantida para aqueles que persistem.

O Senhor nos recompensará conforme os frutos do nosso trabalho. Você pode usufruir dos frutos que o seu trabalho já está lhe dando e vai lhe dar. A frutificação é garantida para aqueles que semeiam certo. Usufruir dos frutos faz parte, é importante e agrada ao coração de Deus, quando você aprende a usufruir do que Ele lhe deu.

Eu estou orando por você!

REFLEXÃO

GRATIDÃO

NÃO INVERTA A ORDEM

- Deus
- Saúde
- Família
- Trabalho

Seja alegre na sua rotina

"E também que todo homem coma e beba e goze do bem de todo o seu trabalho. Isso é um dom de Deus."

ECLESIASTES 3:13

04 | OUT

Viva cada dia como um presente e encontre felicidade nas pequenas coisas.

Devocional 277/365

@devocionalmulhersabia

Não queira ser feliz apenas aos fins de semana ou nas férias, Deus a fez para ser feliz todos os dias. Ame todos os dias porque eles são a oportunidade de exercitar os dons que Deus lhe deu, a oportunidade de frutificação do Senhor na sua vida, então não espere para ser feliz somente em dias fora da rotina.

Por vezes nos perdemos na correria do dia a dia e esquecemos de apreciar o fruto do nosso esforço. A capacidade de desfrutar do que produzimos é um presente divino; o prazer do trabalho não deve ser visto apenas como uma consequência de sucesso, mas como um dom. É um convite para você apreciar o que consegue alcançar, para reconhecer que a habilidade de encontrar satisfação é uma bênção divina.

Ao desfrutarmos dos frutos do nosso trabalho, estamos celebrando a bondade de Deus, que nos concede a capacidade de encontrar alegria nas pequenas e grandes conquistas. Portanto, é importante não apenas trabalharmos duro, mas também cultivarmos a gratidão e a apreciação pelo que conseguimos realizar.

Ao fazermos isso, transformamos o trabalho em um ato de louvor a Deus, reconhecendo que toda a boa dádiva vem de Deus e que a verdadeira alegria vem de entender e valorizar o dom de poder experimentar os frutos do nosso trabalho. Seja alegre na sua rotina, pois isso vai alegrar o coração de Deus e ajudá-la a usufruir do fruto do seu trabalho. Você merece aproveitar, se permita.

Eu estou orando por você!

REFLEXÃO

GRATIDÃO

NÃO INVERTA A ORDEM

- Deus
- Saúde
- Família
- Trabalho

Não atrapalhe o agir de Deus

05 | OUT

"Apenas confie no agir de Deus.

Devocional 278/365

@devocionalmulhersabia

"Também o negligente na sua obra é irmão do desperdiçador."

PROVÉRBIOS 18:9

Você já deve ter ouvido a frase que fala "Muito ajuda quem não atrapalha", então não atrapalhe a ação do Espírito Santo, não atrapalhe o agir de Deus na sua vida. Ele não precisa da nossa ajuda, apenas da sua obediência, pois o fazer d'Ele é de forma natural.

Você pode atrapalhar o agir do Espírito Santo, fazendo uma escolha errada ou no tempo errado. Quando tenta fazer algo pelo seu tempo, não é tão perfeito como seria se aguardasse o tempo de Deus. Basta você não atrapalhar os planos de Deus, porque Ele vai fazer da maneira certa e na hora exata. Nós precisamos apenas confiar mais no agir de Deus e parar de atrapalhar a Sua ação. Declare que você depende do Senhor, isso faz toda a diferença. Fique em paz, em segurança.

Quando tomamos decisões que não fazem parte do plano de Deus para nós, isso acarreta várias consequências ruins para a nossa vida. Não atrapalhe o agir de Deus, creia que Ele está cuidando de todos e de tudo. Os sonhos e os planos do Senhor são muito maiores do que os seus, então não subestime Deus.

Eu estou orando por você!

REFLEXÃO

GRATIDÃO

NÃO INVERTA A ORDEM

- Deus
- Saúde
- Família
- Trabalho

O Senhor é com você

"Vendo, pois, o seu senhor que o Senhor estava com ele e que tudo o que ele fazia o Senhor prosperava em sua mão."

GÊNESIS 39:3

06 | OUT

A verdadeira prosperidade vem da presença de Deus em sua vida.

Devocional 279/365

@devocionalmulhersabia

José do Egito é um dos maiores exemplos de como a presença de Deus pode transformar a vida de alguém. Mesmo em circunstâncias desafiadoras, a presença de Deus foi evidente em tudo o que José fez, resultando em prosperidade e sucesso. Pense na vida de José como um jardim que floresce devido ao cuidado e à atenção de um jardineiro dedicado.

Assim como o jardineiro confia nas condições certas para o crescimento das plantas, José confiou na presença de Deus para prosperar em tudo o que fazia. A história de José nos mostra que, independentemente das adversidades, a presença de Deus é um fator decisivo para o seu sucesso e a sua realização. Mesmo quando José estava preso e injustamente tratado, a bênção de Deus estava sobre ele, fazendo com que tudo o que ele tocasse prosperasse.

É um lembrete de que a verdadeira prosperidade não vem apenas do nosso esforço, mas da presença de Deus em nossa vida. Quando enfrentamos os desafios e as dificuldades no trabalho, é essencial lembrarmos que a presença de Deus pode transformar qualquer situação.

Ao confiarmos e buscarmos a Sua orientação, a nossa fidelidade e integridade são recompensadas com bênçãos que transcendem as circunstâncias visíveis. Deus é com você. Busque a presença de Deus na sua vida e, onde você colocar a planta dos seus pés, vai prosperar. Porque a presença e a bênção de Deus estão na sua vida.

Eu estou orando por você!

REFLEXÃO

GRATIDÃO

NÃO INVERTA A ORDEM

- Deus
- Saúde
- Família
- Trabalho

Só depende de você

07 | OUT

"Disse mais Davi: O Senhor me livrou da mão do leão e da do urso; ele me livrará da mão deste filisteu. Então, disse Saul a Davi: Vai-te embora, e o Senhor seja contigo."

1 SAMUEL 17:37

Não questione os planos de Deus.

Devocional 280/365

@devocionalmulhersabia

Nem sempre entendemos por que passamos por certos desafios, mas Deus sabe o quanto eles nos aperfeiçoam e nos geram experiências que nos ajudam a enfrentar desafios ainda maiores que surgirão. Antes de Davi enfrentar o gigante Golias, ele enfrentou animais ferozes, e isso o preparou para a batalha futura. José, vários anos antes de ser o governador do Egito, foi vendido pelos seus irmãos, ficou longe da família, foi preso injustamente.

Muitas coisas já aconteceram na sua vida a fim de prepará-la para chegar aonde chegou hoje ou ainda para onde Deus vai levá-la. Foram essas experiências que a trouxeram até aqui, ainda que você não as entenda quando as está vivendo. Deus tem planos grandiosos para cada uma de nós, que só serão conquistados mediante a fé.

Não fique questionando a Deus por que certas coisas têm acontecido na sua vida, não perca tempo reclamando, se revoltando contra Ele. Tudo tem um porquê, tudo tem um propósito e serve para levá-la a outro nível com Deus. Para fazer você viver as bênçãos que Ele tem preparado para você, pois Deus conhece o seu limite e sabe até onde você consegue ir. Mas você não vai viver coisas grandes se a sua fé não estiver firme. Suporte o processo, só depende de você.

Eu estou orando por você!

REFLEXÃO

GRATIDÃO

NÃO INVERTA A ORDEM

- Deus
- Saúde
- Família
- Trabalho

Deus une propósitos

"Ora, o que planta e o que rega são um; mas cada um receberá o seu galardão, segundo o seu trabalho."

1 CORÍNTIOS 3:8

08 | OUT

Deus não une pessoas, Ele une propósitos.

Devocional 281/365

@devocionalmulhersabia

Ninguém faz nada sozinho, ninguém chega a lugar nenhum sozinho, precisamos gostar de pessoas para trabalhar em equipe, para gerir uma empresa. Cada pessoa tem uma função e uma responsabilidade diferentes, mas todas são importantes no processo de crescimento. Deus não une pessoas, Ele une propósitos.

A frutificação é uma dádiva em que cada contribuição é de vital importância e todos são recompensados de acordo com seu próprio esforço. Veja o valor em seu próprio trabalho e saiba reconhecer a importância do trabalho em equipe, da contribuição de cada um. É importante ter conexões certas com pessoas certas, pois a justiça divina assegura que cada um receberá o que merece com base em seu próprio trabalho e sua dedicação. Pare de apontar o seu dedo para o outro. Olhe para você.

Aprenda a ser grata pelas pessoas que estão ao seu redor. Foque a sua tarefa com mais empenho, sabendo que Deus reconhece e recompensa o esforço individual. Ao enfrentar desafios e dificuldades de desânimo, lembre-se de que a sua dedicação é observada e valorizada por Deus, para que possa contribuir trabalhando com entusiasmo e confiança.

Cada esforço é significativo e contribui para o plano maior que Ele tem para você. Mulher sábia, a partir de hoje Deus vai começar a conectá-la com pessoas certas para levá-la a um outro nível.

Eu estou orando por você!

REFLEXÃO

GRATIDÃO

NÃO INVERTA A ORDEM

- Deus
- Saúde
- Família
- Trabalho

Experiências reais

09 | OUT

"Com o ouvir dos meus ouvidos ouvi, mas agora te veem os meus olhos."

JÓ 42:5

Experiências reais com Deus transformam vidas e renovam esperanças.

Devocional 282/365

@devocionalmulhersabia

Se tem uma coisa que você não pode permitir na sua vida, mulher sábia, é conhecer Deus só de ouvir falar. Você tem que conhecê-Lo de com Ele andar, enxergar pelos seus olhos as maravilhas que Ele pode fazer na sua vida. Você precisa ter experiências reais com Deus através dos seus olhos.

Muitas pessoas se dizem cristãs, mas nunca tiveram experiências com Deus, o que não significa viver coisas extraordinárias, mas ter experiências dentro da própria rotina. Isso acontece quando se tem um relacionamento íntimo com Deus, vendo respostas diárias aos seus pedidos. Muitas pessoas não têm esse nível de intimidade com o Senhor porque é muito mais simples se envolver com as coisas do mundo, por serem mais prazerosas e mais fáceis. Você começa a ser dominada pela correria dos afazeres do mundo e esquece que primeiro tem de buscar a intimidade com Deus.

Deus está só esperando você se aproximar d'Ele para derramar muito mais sobre a sua vida. Não seja mais fria ou morna com Deus, aproxime-se de verdade. Tenha uma vida de verdade com Deus, sem desculpas ou preguiça. Não existe nada mais triste do que viver afastada do colo do Pai.

Buscar Deus é a coisa mais urgente que você pode fazer, pois Ele é o seu combustível diário, então largue o comodismo, largue as desculpas de lado e queira conhecer Deus de com Ele andar; só depende de você.

Eu estou orando por você!

REFLEXÃO

GRATIDÃO

NÃO INVERTA A ORDEM

- Deus
- Saúde
- Família
- Trabalho

Não procrastine, faça

"Não ames o sono, para que não empobreças; abre os teus olhos e te fartarás de pão."

PROVÉRBIOS 20:13

10 | OUT

Cada pequena ação conta; não deixe para amanhã o que pode ser feito hoje.

A procrastinação é um perigo, uma resistência que existe em você, talvez por um sentimento de culpa ou por um problema com horários. Quando você procrastina uma atividade física, um hábito do devocional, uma tarefa do trabalho, é porque está resistindo, por algum motivo, àquilo que você tem que fazer. A procrastinação, além de ser uma resistência, é uma falta de constância, um descaso com as responsabilidades. Imagine alguém que se recusa a acordar cedo para trabalhar, enquanto outros estão se esforçando e colhendo os frutos do seu trabalho. Aquela pessoa acaba empobrecendo enquanto os dirigentes prosperam.

Mulher sábia, a preguiça e a procrastinação têm consequências diretas em nossa capacidade de alcançar sucesso e prosperidade. Você tem que fazer o que ninguém faz, mesmo quando não quiser. Isso é constância e maturidade. A disposição para trabalhar é recompensada com abundância, é um convite para aproveitarmos as oportunidades que Deus tem para a nossa vida.

Viva de forma ativa e produtiva, pois não é possível ter prosperidade sem estar disposta a trabalhar. Seja uma mulher dedicada e não procrastine, faça o que tem que ser feito. Dê o seu melhor em tudo e seja constante; esse é o segredo de uma vida próspera. Seja uma mulher que vive a abundância de Deus. Não permita que a procrastinação a impeça de viver o que Deus tem para sua vida.

Eu estou orando por você!

Devocional 283/365

@devocionalmulhersabia

REFLEXÃO

GRATIDÃO

NÃO INVERTA A ORDEM

- Deus
- Saúde
- Família
- Trabalho

Para cada desculpa, há mil soluções

11 | OUT

"A candeia do corpo são os olhos; de sorte que, se os teus olhos forem bons, todo o teu corpo terá luz."

MATEUS 6:22

A sua atitude pode transformar obstáculos em caminhos de sucesso.

Devocional 284/365

@devocionalmulhersabia

REFLEXÃO

GRATIDÃO

NÃO INVERTA A ORDEM

- Deus
- Saúde
- Família
- Trabalho

Mulher sábia, seja a solução, pois o mundo está cheio de pessoas que dão desculpas para tudo. Deus a desafia a ser a mulher conhecida por trazer soluções, e não desculpas. As pessoas mais bem pagas no mundo são as que sabem solucionar problemas, então pare de encontrar desculpas e ache uma solução. Seja uma solucionadora de desafios e problemas.

Diante de uma situação qualquer, você pode agir de forma positiva, encontrando uma solução, ou de forma negativa, encontrando mil problemas. Perante uma dificuldade, pare, respire, pense e peça para o Espírito Santo ajudá-la a encontrar uma solução.

Sempre existe uma saída, ainda que a nossa visão natural seja pessimista. Mas você é uma mulher que tem a sabedoria do Senhor, pois o Espírito Santo habita em você. A partir de hoje, seja uma mulher sábia e busque a solução. Não ande pelo que vê, mas pelo que os olhos de Deus veem. Através dos olhos do Espírito Santo, você pode ter uma visão privilegiada e iluminada. Não se deixe abater pelo que vê, peça para Deus começar a abrir os seus olhos espirituais para começar a ver a solução. Se os seus olhos forem bons, tudo ao seu redor será bom e próspero; para cada desculpa, você vai começar a achar mil soluções.

Eu estou orando por você!

Não enterre o seu talento

"Porque a qualquer que tiver será dado, e terá em abundância; mas ao que não tiver, até o que tem ser-lhe-á tirado."

MATEUS 25:29

12 | OUT

Acredite em si mesma; você é capaz de grandes coisas.

Devocional 285/365

@devocionalmulhersabia

Hoje, mulher sábia, eu quero desafiá-la a não enterrar o talento que Deus lhe deu. Não enterre o talento que Deus lhe deu, Ele lhe dedicou talentos lindos para você ser bênção na vida de outras pessoas.

Quando Deus pensou em você, Ele já a imaginou habilidosa e que poderia usar cada talento com sabedoria e discernimento. Talvez o inimigo a tenha feito acreditar que não é tão boa assim, mas você tem que utilizar com sabedoria os talentos que Deus lhe deu, para que Ele possa lhe dar mais. Não desperdice seus talentos por insegurança, medo ou vergonha.

Use todo o potencial que existe dentro de você. Deus conta com você, então saiba usar o seu talento e não guarde o que Ele tem lhe dado, porque à medida que lhe foi dado, também será cobrado. Seja ousada, rompa com os limites que o inferno está querendo lhe impor.

Você pode fazer o que Deus planejou para sua vida, abençoando e ensinando outras pessoas. Acredite em você, pois o Senhor acredita em você; não enterre os seus talentos. Seja próspera, seja a bênção, não limite o que Deus está querendo fazer na sua vida. Acredite, porque Ele vai lhe dar capacidade.

Eu estou orando por você!

REFLEXÃO

GRATIDÃO

NÃO INVERTA A ORDEM

- Deus
- Saúde
- Família
- Trabalho

Cada um dá conta de si

13 | OUT

"De maneira que cada um de nós dará conta de si mesmo a Deus."

ROMANOS 14:12

No fim da vida, estarão somente você e Deus.

Devocional 286/365

@devocionalmulhersabia

REFLEXÃO

GRATIDÃO

Cada uma de nós tem uma responsabilidade individual diante de Deus. Nós, mulheres, queremos abraçar o mundo, queremos forçar as pessoas que estão ao nosso redor a trilhar o mesmo caminho que o nosso. Quando se está apaixonada por Jesus, nós queremos que todo mundo sinta a mesma coisa, mas cada um tem seu tempo diante de Deus.

Cada uma de nós é responsável pelas próprias ações e decisões e, no final, prestaremos contas de forma individual a Deus, que como juiz é justo. Ele observa e avalia o nosso comportamento e as nossas atitudes. Somos responsáveis pelos nossos atos e pela forma como usamos nossos talentos e recursos.

A consciência de que prestaremos contas a Deus de forma individual deve nos motivar a viver de acordo com seus princípios e buscar a excelência em tudo o que fazemos. Assim, somos desafiados a viver com integridade e buscar a orientação de Deus para todas as nossas decisões. No fim da vida, diante de Deus, estaremos somente nós mesmos, e cada um receberá o galardão correspondente ao que fez. Ninguém vai poder responder por mim nem por você. Queira simplesmente ser digna de ouvir Deus dizer para entrar no gozo do Senhor.

Eu estou orando por você!

NÃO INVERTA A ORDEM

- Deus
- Saúde
- Família
- Trabalho

Os frutos do Espírito Santo

"Mas o fruto do Espírito é: amor, gozo, paz, longanimidade, benignidade, bondade, fé, mansidão, temperança."

GÁLATAS 5:22

14 | OUT

Você precisa ser bênção por onde for.

Devocional 287/365

@devocionalmulhersabia

Você será frutífera, irá transbordar os frutos do Espírito Santo de Deus, mas para isso precisa saber quais são eles e entender como pode estar cheia deles. Os frutos do Espírito se manifestam por meio de nós, é importante que o mundo veja, através das nossas vidas, o que significa amar a Jesus. Tais frutos não são vistos pela sua fala, mas pelas suas atitudes. As pessoas do mundo estão famintas por Deus e precisam ver através da sua vida o que o Espírito Santo pode transformar.

Precisamos ser bênção onde colocarmos a planta dos nossos pés, ter paz e alegria e ser boas para as pessoas. Para isso, você precisa transbordar amor, paciência, longanimidade, mansidão e domínio próprio. É necessário primeiro estar cheia do Espírito Santo de Deus, para poder transbordar os frutos do Espírito. Não tem como ser cheia do Espírito de Deus e transbordar ansiedade, medo, angústia, tristeza etc.

Precisamos trabalhar com o Espírito Santo para desenvolver seus frutos em nós. Cresça em Deus, ande com Deus a ponto de ficar parecida com Ele. Permaneça forte no Senhor, lembre-se de que o mundo a está observando e de que você precisa ser bênção por onde for. Transborde os frutos do Espírito por onde for.

Eu estou orando por você!

REFLEXÃO

GRATIDÃO

NÃO INVERTA A ORDEM

- Deus
- Saúde
- Família
- Trabalho

A paciência gera maturidade

15 | OUT

Seja forte e perseverante; as melhores coisas levam tempo para florescer.

Devocional 288/365

@devocionalmulhersabia

"Tenha, porém, a paciência a sua obra perfeita, para que sejais perfeitos e completos, sem faltar em coisa alguma."

TIAGO 1:4

Ter paciência é um desafio, mas ela é importante para o processo de crescimento e aperfeiçoamento espiritual. Muitas vezes nos faltam domínio próprio e paciência porque queremos antecipar o que vai acontecer.

Assim como na fabricação de cerâmica, em que cada etapa do processo exige paciência e cuidado, e somente quando é completamente moldada e finalizada é que a peça se torna perfeita e completa, o mesmo ocorre com a nossa vida e o nosso caráter. Eles são aperfeiçoados por meio da paciência e da dedicação. A paciência é essencial para alcançar a maturidade e a plenitude. Mediante as dificuldades somos moldados, refinados e preparados para receber as bênçãos e as responsabilidades que Deus tem para nós.

A obra da paciência e da perseverança é um processo contínuo que nos transforma e nos prepara para sermos completas e perfeitas em Cristo. Tenha paciência no que Deus está fazendo e entenda que o momento da espera é quando o seu caráter é moldado e aperfeiçoado para que você receba a bênção do Senhor. Confie que Deus está trabalhando em você para que se torne mais parecida com Ele. Confie na obra que Deus está realizando na sua vida. Tenha paciência, porque ela é um fruto do espírito. A paciência gera maturidade espiritual. Seja uma mulher sábia, madura e paciente.

Eu estou orando por você!

REFLEXÃO

GRATIDÃO

NÃO INVERTA A ORDEM

- Deus
- Saúde
- Família
- Trabalho

Só dá frutos quem permanece

"Eu sou a videira, vós, as varas; quem está em mim, e eu nele, este dá muito fruto, porque sem mim nada podereis fazer."

JOÃO 15:5

16 | OUT

Você é única e tem um propósito especial; não se compare com os outros.

Devocional 289/365

@devocionalmulhersabia

Não tem como produzirmos frutos bons se não permanecermos em Jesus, assim como uma laranjeira não pode dar banana como fruto. Há pessoas que acham que podem plantar uma coisa e colher outra, mas não. Se você nasceu laranjeira, o seu fruto vai ser laranja.

Não se cobre por algo que não é seu, não queira viver a vida do outro. Não tente falar de forma diferente ou igual ao que outra pessoa fala, dê o fruto que você tem que dar. Não tente aparentar ter bons frutos, porque isso não funciona nem vai fazê-la chegar a lugar nenhum. Deus não a manda mudar, mas se esforçar para buscá-Lo de todo o seu coração, a fim de ter intimidade de verdade com Ele.

Se você permanecer n'Ele, irá produzir bons frutos, porque Deus é a videira e você é o ramo, que só produz frutos se estiver ligada a ela. Essa é a escolha diária que você tem que fazer: estar ligada a Deus. Não finja ser quem você não é, Deus a ama exatamente da forma como é e quer fazê-la frutificar do jeito que é. Tornando-a cada dia mais semelhante a Ele, e não às pessoas. Ele só diz para você permanecer n'Ele para que o fruto d'Ele nasça naturalmente em você, sem esforço, sem peso e sem culpa. Permaneça em Deus para você dar lindos frutos para o Senhor.

Eu estou orando por você!

REFLEXÃO

GRATIDÃO

NÃO INVERTA A ORDEM

- Deus
- Saúde
- Família
- Trabalho

Você pode todas as coisas n'Ele

17 | OUT

Quando você se sente fraca, a força de Deus brilha mais forte!

Devocional 290/365

@devocionalmulhersabia

REFLEXÃO

GRATIDÃO

"Posso todas as coisas naquele que me fortalece."

FILIPENSES 4:13

Muitas vezes você achou que havia chegado ao seu limite, que a partir daquele ponto você não ia conseguir mais. Ou pensou que se determinada coisa acontecesse seria o seu fim, mas o fato aconteceu, e você venceu ficando mais sábia e próxima de Deus; isso acontece porque a sua força vem de Cristo. Os momentos difíceis que você passa a impulsionam a ser quem é hoje. Você não vence esses momentos por você mesma, mas pela força de Cristo.

Por isso é importante que se aproxime ainda mais de Deus e decida viver uma vida pautada n'Ele, para quando passar por desafios confiar que Cristo vai fortalecê-la. Tenha a coragem para seguir em frente e vencer os desafios com confiança, sabendo que você não está sozinha. Ao reconhecer a sua incapacidade, começa a ser revelado em você o poder de Deus.

Ao se apoiar na força de Cristo, você descobre que pode enfrentar qualquer desafio e realizar todas as coisas que Ele a chama para fazer. Você pode todas as coisas n'Aquele que a fortalece; quando você pensa que está fraca, você é forte em Deus. Deposite n'Ele a sua confiança, que a força de Deus vai se manifestar através da sua vida e tudo vai ser para honra e glória do Senhor e para viver as promessas que Ele tem para você.

Eu estou orando por você!

NÃO INVERTA A ORDEM

- Deus
- Saúde
- Família
- Trabalho

Seja firme e constante

"Portanto, meus amados irmãos, sede firmes e constantes, sempre abundantes na obra do Senhor, sabendo que o vosso trabalho não é vão no Senhor."

1 CORÍNTIOS 15:58

18 | OUT

A cada dia de perseverança, você se aproxima ainda mais dos seus sonhos.

Devocional 291/365

@devocionalmulhersabia

Mulher sábia, chega de oscilar, chega de parecer um eletrocardiograma que uma hora está bem e outra não, um dia está bem e outro não. Deus não a fez para ficar oscilando, a palavra do Senhor lhe pede para ser firme, constante e abundante em Deus. Ele a encoraja a manter a firmeza e a constância em tudo o que você se propuser a fazer e na sua vida com Deus, no seu devocional, no seu tempo com Ele. Continue a trabalhar com dedicação e compromisso, mesmo em meio à dificuldade.

Apesar das dificuldades e dos desafios, o nosso trabalho em servir ao Senhor é importante e tem valor, pois o seu esforço é reconhecido e recompensado por Deus. Não se deixe levar pela circunstância do dia ou do momento, pelo que as pessoas estão falando ou deixando de falar, por elogios ou por críticas. Permaneça firme e abundante em Deus, confiando n'Ele e em Sua obra.

Adote uma atitude de proatividade e dedicação. Trabalhe com propósito e não deixe os seus sonhos se perderem. Seja firme e constante em Deus, saiba a sua real identidade no Senhor e não pare. Seja uma mulher sábia firme e constante que não fica oscilando ou dependente emocionalmente de circunstâncias.

Eu estou orando por você!

REFLEXÃO

GRATIDÃO

NÃO INVERTA A ORDEM

- Deus
- Saúde
- Família
- Trabalho

Gerar testemunho dói

19 | OUT

"Deus é maior do que toda dor.

Devocional 292/365

@devocionalmulhersabia

"Então, a mulher, que sabia o que lhe tinha acontecido, temendo e tremendo, aproximou-se, e prostrou-se diante dele, e disse-lhe toda a verdade."

MARCOS 5:33

Com certeza você já ouviu falar da mulher do fluxo de sangue que durante doze anos enfrentou uma hemorragia que não cessava e que a afetou em corpo, mente e espírito. No momento de fé e desespero, ela ouviu falar de Jesus e tomou coragem para buscá-Lo, acreditando que seria curada.

O processo dela levou doze longos anos, mas quando ela decidiu buscar a cura, enfrentou uma multidão, superou medo e vergonha e bastou um toque nas vestes de Cristo para ser curada. Ainda assim ela precisou contar para Jesus toda a sua condição e expor seu medo, sua angústia e seu sofrimento. O que você pode aprender com essa passagem é que o processo é doloroso, porque gera testemunho para a honra e a glória de Deus.

Dói ver pessoas se afastando, dói ter que renunciar a coisas que não agradam ao coração de Deus, dói ser perseguida, dói ter que orar ou perdoar pessoas que a machucaram. Tudo isso dói, porque elas geram um testemunho para Deus. Só que, mesmo em meio à dor, o que nos conforta é a presença e a misericórdia de Deus. E Ele se alegra tanto em ver a sua obediência porque isso por si só já é um testemunho de fé. Passar pelo processo dói, mas compensa. Deus a guia, a acalma, a ajuda a passar pela tempestade, a segura e a sustenta. O processo dói, mas também gera o testemunho mais lindo da sua vida.

Eu estou orando por você!

REFLEXÃO

GRATIDÃO

NÃO INVERTA A ORDEM

- Deus
- Saúde
- Família
- Trabalho

Não desista agora

"Tenho-vos dito isso, para que em mim tenhais paz; no mundo tereis aflições, mas tende bom ânimo; eu venci o mundo."

JOÃO 16:33

20 | OUT

Depois da tempestade vem a bonança; não desista, o melhor ainda está por vir.

Devocional 293/365

@devocionalmulhersabia

Em nenhum momento aqui Jesus nos fala que teríamos que nos virar para resolver as nossas situações, as nossas aflições, os nossos medos, sozinhos. Ele disse que venceu o mundo por nós, não é maravilhoso isso? É maravilhoso saber que a todo momento Jesus diz que está cuidando de você. Por isso, não olhe para o tamanho da sua luta ou do seu problema. Talvez hoje você tenha acordado com uma notícia que a desestabilizou, mas eu quero lhe falar que Jesus venceu o mundo e a quer de bom ânimo, pois o pior Ele já passou por você.

Não desanime e não permita que a sua alma desanime, olhe para a fidelidade do Senhor. Deus foi fiel em todas as palavras d'Ele durante todo o tempo e não vai ser diferente com você. Olhe para o poder de Deus e descanse n'Ele. Não perca a bênção que Deus está prestes a lhe dar por desanimar no meio do caminho. Persevere, continue e seja forte e corajosa.

Não desanime, não desista agora, porque talvez baste você jogar a sua rede para o outro lado para que ela volte cheia de peixes. Você só não pode desistir, não agora, depois de tudo o que você já passou; o pior já passou, o melhor está por vir, creia nessa verdade.

Eu estou orando por você!

REFLEXÃO

GRATIDÃO

NÃO INVERTA A ORDEM

- Deus
- Saúde
- Família
- Trabalho

Frutificai e multiplicai

21 | OUT

Você nasceu para governar.

Devocional 294/365

@devocionalmulhersabia

"E Deus os abençoou e Deus lhes disse: Frutificai, e multiplicai-vos, e enchei a terra, e sujeitai-a; e dominai sobre os peixes do mar, e sobre as aves dos céus, e sobre todo o animal que se move sobre a terra."

GÊNESIS 1:28

Logo no primeiro capítulo de Gênesis, a ordem de Deus já é "frutificai, e multiplicai-vos". Ele já a convida para frutificação e multiplicação. Deus lhe deu a ordem para frutificar e multiplicar usando os talentos que estão em você desde o dia em que a criou.

Você nasceu para governar; esse é o seu chamado para realizar e prosperar. Você tem um propósito dado por Deus para ser produtiva e impactante por onde for. A frutificação e a multiplicação se referem não apenas ao crescimento físico, mas também ao crescimento espiritual, ao uso dos talentos que Deus já lhe deu.

Ao abraçar a ordem de Deus para frutificar e multiplicar, você descobre um propósito mais profundo na sua vida. Use os seus talentos para cumprir com o propósito de Deus e impactar o mundo ao seu redor para você frutificar, multiplicar e encher a Terra.

Você tem domínio sobre tudo, pois Deus lhe deu o poder de governar; quem não governa é governado. Decida governar hoje. Decida frutificar e multiplicar essa verdade que está sobre a sua vida.

Eu estou orando por você!

REFLEXÃO

GRATIDÃO

NÃO INVERTA A ORDEM

- Deus
- Saúde
- Família
- Trabalho

Tudo passa, mas Deus permanece

"Eia, agora, vós que dizeis: Hoje ou amanhã, iremos a tal cidade, e lá passaremos um ano, e contrataremos, e ganharemos."

TIAGO 4:13

22 | OUT

Não adianta ganhar o mundo e perder o que é eterno.

Devocional 295/365

@devocionalmulhersabia

A vida é uma incerteza, você não sabe o que vai acontecer daqui a uma hora, um dia, um ano. A única certeza que nós temos é do amor de Deus por nós, por isso é importante viver com a perspectiva em Deus. Reconheça a fragilidade da vida e busque a orientação de Deus em seus planos e suas decisões, em vez de confiar apenas nas próprias previsões e planejamentos.

As nossas vidas são passageiras, e devemos buscar a vontade de Deus; a consciência da brevidade da vida nos ajuda a manter o foco no que é verdadeiramente importante e a viver de acordo com os propósitos divinos. A humildade e a dependência de Deus são essenciais para vivermos uma vida significativa e alinhada com a Sua vontade.

Não adianta você ganhar o mundo e perder o que é eterno, sendo que o tempo que você vai passar na eternidade é infinitamente maior. Foque o que vai permanecer, porque tudo passa, mas Deus permanece. Não faça o que é errado, mesmo que todos estejam fazendo; faça o que é certo, faça o que agrada ao coração de Deus. Confie em Deus e reconheça que nossos planos são incertos sem sua direção e sabedoria. Tudo passa, mas Deus permanece.

Eu estou orando por você!

REFLEXÃO

GRATIDÃO

NÃO INVERTA A ORDEM

Deus

Saúde

Família

Trabalho

Frutifique, você foi escolhida

23 | OUT

"Você tem um chamado com Deus."

Devocional 296/365

@devocionalmulhersabia

"Não me escolhestes vós a mim, mas eu vos escolhi a vós, e vos nomeei, para que vades e deis fruto, e o vosso fruto permaneça, a fim de que tudo quanto em meu nome pedirdes ao Pai ele vos conceda."

JOÃO 15:16

Você foi escolhida para frutificar, e sua única preocupação, mulher sábia, deve ser ter uma vida frutífera. Essa também é uma preocupação de Jesus, porque Ele a escolheu, somente para frutificar e para que o seu fruto permaneça, para que tudo o que você peça ao Pai, seja concedido. Olhe como a questão da frutificação tem a ver com o Pai conceder os desejos do nosso coração.

Nós estamos aqui para trazer glória para o nome de Deus através de uma vida frutífera, mas para frutificar é preciso permanecer em Deus, independentemente da circunstância. A primeira verdade em que você precisa acreditar é que Deus a escolheu primeiro. Você tem um chamado e um compromisso com Ele, pois foi escolhida para dar fruto. Você é uma videira verdadeira, é frutífera.

Você precisa crescer e amadurecer em Deus, não pode se conformar com este mundo. Toda mudança começa na mente. Tenha o hábito de ler a Bíblia, ouvir a Palavra e meditar no que ela diz. Dessa forma, você cuida, purifica e blinda a sua mente. Você é escolhida para frutificar. Trabalhe os seus talentos, você foi escolhida para permanecer em Deus e dar fruto.

Eu estou orando por você!

REFLEXÃO

GRATIDÃO

NÃO INVERTA A ORDEM

- Deus
- Saúde
- Família
- Trabalho

Seja videira verdadeira

"Não é, pois, bom para o homem que coma e beba e que faça gozar a sua alma do bem do seu trabalho? Isso também eu vi que vem da mão de Deus."

ECLESIASTES 2:24

24 | OUT

Permaneça na Palavra e sua oração será atendida.

Devocional 297/365

@devocionalmulhersabia

REFLEXÃO

GRATIDÃO

Você foi escolhida e chamada para permanecer em Deus e para que o vosso fruto permaneça. A Bíblia ensina que, para gerar frutos que permaneçam, você precisa estar primeiramente em Deus. Não tem como você gerar frutos se não estiver firmada em Deus.

Muitas vezes, por ansiedade, medo, angústia, necessidade de fazer, nós ficamos, como Marta, desligadas de Jesus, preocupadas somente com os afazeres. Para permanecer, você precisa ser como Maria: escolher a boa parte que não lhe é tirada, que é estar aos pés de Jesus. Nossas decisões determinam nosso futuro e se os frutos vão permanecer ou não. Precisamos ter a mesma postura de José, que foi um ramo frutífero, independentemente do lugar onde estava plantado.

Não há muro que impeça uma árvore de frutificar, mas para isso você precisa ser uma videira verdadeira que produz vida. Jesus veio para lhe dar vida em abundância. Quem ficar fora da videira vai secar e não vai permanecer. Muitas pessoas estão vivendo uma vida desorganizada, sem rumo, sem perspectiva, porque estão com ramos secos, sem vida. É preciso confiança e dependência em Jesus para que o fruto permaneça. Ele só concede o desejo do nosso coração se o fruto permanece. Para ter uma oração atendida, você precisa permanecer na Palavra.

Eu estou orando por você!

NÃO INVERTA A ORDEM

- Deus
- Saúde
- Família
- Trabalho

Seja consciente

25 | OUT

Seja intencional em sua caminhada com Deus; permita que Ele guie cada passo.

Devocional 298/365

@devocionalmulhersabia

"Antes que eu te formasse no ventre, eu te conheci; e, antes que saísses da madre, te santifiquei e às nações te dei por profeta."

JEREMIAS 1:5

Você precisa entender que é filha amada de Deus e aprender a viver, receber e pedir ajuda para Deus como tal. Antes de você querer ser filha de Deus, é Ele que quer ser seu Pai, que insiste em você. Contudo, para viver esse nível de relacionamento com Deus, você precisa ser amor, ser bondade, ter domínio próprio, alegria, mansidão e paciência, e isso precisa transbordar de você. Porque somente o Espírito Santo de Deus produz o fruto.

Uma pessoa sem o Espírito Santo não perdura, não permanece. Somente o Espírito Santo de Deus a alinha; sem Ele não há amor, paixão, fidelidade, oportunidade, paciência e tolerância. Você precisa ser uma mulher que transborda o Espírito Santo de Deus. Não adianta você falar que anda com Ele se não transborda o Espírito Santo de Deus.

Se da sua boca saem coisas contrárias aos frutos do Espírito, seja de verdade, porque você tem um Deus que é de verdade. Não seja impulsiva, seja consciente e transborde os frutos do Espírito todos os dias na sua vida. Deixe os frutos do Espírito visíveis no seu dia, para que saiba qual tipo de mulher tem que ser todos os dias e deixe isso frutificar no seu coração.

Eu estou orando por você!

REFLEXÃO

GRATIDÃO

NÃO INVERTA A ORDEM

- Deus
- Saúde
- Família
- Trabalho

Não faça barulho e tenha resultados

"O segredo do Senhor é para os que o temem; e ele lhes fará saber o seu concerto."

SALMOS 25:14

26 | OUT

Os resultados falam mais alto do que palavras vazias; foque a ação!

Devocional 299/365

@devocionalmulhersabia

Estavam o pai e o filho andando em um bosque e, de repente, ouviu-se um barulho. O pai falou para o filho que tinha uma carroça vazia vindo, e o filho questionou ao pai como ele sabia que a carroça estava vazia. O pai respondeu que era porque quanto mais vazia a carroça está, mais barulho ela faz. Quem sai falando sem freio, quem não tem domínio sobre a língua, é porque está vazia, sem a presença do Espírito Santo. Não seja uma carroça vazia, não faça barulho à toa. Seja uma mulher sábia e tenha resultados. Ninguém consegue mascarar a presença do Espírito Santo nem a falta dele.

O que importa na sua vida não é o barulho que você faz, mas a porção de Deus que carrega. Quando produz mensagem que não vive, você só está fazendo barulho, e o barulho é momentâneo, passageiro. Você precisa começar a se impressionar com caráter, não com barulho.

É só a cruz que a transforma em uma nova mulher. Para você ser controlada pelo Espírito Santo de Deus, precisa morrer no lugar de entrega que é a cruz. Desarme-se e deixe o Espírito Santo agir em você. Diminua para que Ele cresça em você, quebrantamento gera dependência. Tudo vai passar, a única coisa que permanece é a palavra de Deus, a presença do Espírito Santo em você. Deus está chamando uma geração de mulheres para se posicionarem. Não faça barulhos, seja uma mulher de resultados.

Eu estou orando por você!

REFLEXÃO

GRATIDÃO

NÃO INVERTA A ORDEM

- Deus
- Saúde
- Família
- Trabalho

Espere, não tem nada atrasado na sua vida

27 | OUT

Confie no tempo de Deus; tudo acontece no momento certo.

Devocional 300/365

@devocionalmulhersabia

"Tomai sobre vós o meu jugo, e aprendei de mim, que sou manso e humilde de coração, e encontrareis descanso para a vossa alma."

MATEUS 11:29

Hoje eu quero que você decida andar no mesmo ritmo que Jesus, que decida tirar esse peso que não é seu; talvez você esteja carregando uma linda carroça com o boi nas costas. Você não precisa carregar todo esse peso. Solte essa mochila de pedras que tem carregado há anos e que só a tem impedido de avançar.

Não ande mais do seu próprio jeito, comece hoje a andar no ritmo que Jesus anda, como nova criatura, sendo direcionada por Ele. Se você toma atitudes precipitadas com ansiedade no coração, não está cooperando para que Ele faça a obra na sua vida. Aceite os planos e o tempo de Jesus. Não tem nada atrasado na sua vida, está tudo bem.

Pense quantos planos Deus já teve que atrasar na sua vida por querer antecipar as coisas, por não esperar. Por ficar olhando para a vida do outro e achando que tem que andar no mesmo compasso, sendo que você só tem que andar nos passos de Jesus. Não tem nada atrasado na sua vida, não compare a sua vida com a do outro. Ache descanso para sua alma e espere em Deus.

Eu estou orando por você!

REFLEXÃO

GRATIDÃO

NÃO INVERTA A ORDEM

- Deus
- Saúde
- Família
- Trabalho

Aprenda algo novo todos os dias

"O tolo cruza as suas mãos e come a sua própria carne."
ECLESIASTES 4:5

28 | OUT

O conhecimento é um tesouro que ninguém pode tirar de você; nunca pare de aprender.

Devocional 301/365

@devocionalmulhersabia

A preguiça e a falta de ação são inúteis para a sua vida; o tolo que cruza os braços acaba consumindo o que poderia ter sido um recurso para seu próprio bem-estar. A preguiça e a falta de ação são, portanto, um perigo. Desafie-se a agir e ser produtiva, em vez de se entregar à ociosidade. O trabalho e o esforço são essenciais para alcançar o sucesso e a prosperidade. E a preguiça leva à autossabotagem, à perda.

Talvez você olhe tantas pessoas avançando, mas olhe também tantas que vivem sempre no mesmo lugar. O que diferencia as pessoas é a disposição a aprender algo novo todos os dias; o cérebro poupa energia e quer mantê-la na zona de conforto. Mas você tem que avançar em conhecimento, porque isso é algo que ninguém lhe tira. Leia livros, faça cursos, não pare nunca de estudar, não pare nunca de avançar. Isso vai fazer bem para você, vai deixá-la bem autoconfiante e fazê-la avançar.

Aprender é a única coisa de que a mente nunca se cansa; ela nunca tem medo e nunca se arrepende. Esteja sempre disposta a aprender. Que você, a partir de hoje, tenha coragem para manter uma atitude proativa e evitar a ociosidade. O esforço e a ação são fundamentais para o nosso sucesso e bem-estar. Ative a sua mente, ative o seu corpo para que prolongue os seus dias na Terra.

Eu estou orando por você!

REFLEXÃO

GRATIDÃO

NÃO INVERTA A ORDEM

- Deus
- Saúde
- Família
- Trabalho

Nova estação para frutificar

29 | OUT

Mantenha o foco nas promessas de Deus; elas são a âncora em tempos de mudança.

Devocional 302/365

@devocionalmulhersabia

"Mas ai das grávidas e das que criarem naqueles dias! Porque haverá grande aflição na terra e ira sobre este povo."

LUCAS 21:23

Hoje eu quero compartilhar com você uma verdade que é como uma rocha inabalável. Ela nos traz esperança, conforto, especialmente quando estamos entrando em um novo tempo da nossa vida; não tem como a frutificação vir se você não começar a viver uma nova estação. Em meio a todas essas mudanças que uma nova estação gera, há algo que permanece constante e inabalável: a palavra de Deus.

Assim como as estações vêm e vão, nossas vidas também experimentam mudanças; podemos entrar em uma nova estação agora, seja ela de desafios, oportunidades ou mudanças significativas. Tudo depende da forma como você reage à nova estação da sua vida. Mas, independentemente de qual seja a sua nova estação, você pode encontrar segurança e orientação nas promessas imutáveis de Deus.

Basta permitir que as palavras inabaláveis de Deus sejam a sua bússola, que o Espírito Santo seja o seu guia a fim de que você realmente frutifique e permaneça. Lembre-se de que, embora o mundo ao seu redor possa mudar, as promessas de Deus permanecem eternas. Enquanto você avança nessa nova estação, confie que Ele está com você em cada passo do caminho, guiando com amor e graça. Encha seu coração de esperança e confiança à medida que abraça essa nova estação, esse novo tempo de frutificação na sua vida.

Eu estou orando por você!

REFLEXÃO

GRATIDÃO

NÃO INVERTA A ORDEM

- Deus
- Saúde
- Família
- Trabalho

Santificar para frutificar

"Ora, amados, pois que temos tais promessas, purifiquemo-nos de toda imundícia da carne e do espírito, aperfeiçoando a santificação no temor de Deus."

2 CORÍNTIOS 7:1

30 | OUT

Busque a santificação e permita que Deus use você para frutificar.

Devocional 303/365

@devocionalmulhersabia

Com base no exemplo inspirado de José, um homem que, mesmo diante das dificuldades, experimentou o extraordinário favor de Deus, a Palavra quer lembrá-la da importância de purificar a sua vida. Tanto no aspecto físico quanto no espiritual, para experimentar e aperfeiçoar a frutificação e a santificação.

O exemplo de José ilustra como essa busca pela santidade pode resultar em prosperidade e frutificação que transcende as capacidades humanas. José, em sua jornada no Egito, possuía a presença do Senhor, e tudo o que ele fazia prosperava. As ações de José testemunhavam a mão e a presença de Deus em sua vida.

Mas José não confiava apenas em suas habilidades naturais, ele buscava agradar a Deus em tudo. Ele se purificou da imundice espiritual e da carne, vivendo com temor a Deus. A purificação, seja no modo como tratamos nosso corpo, nossos pensamentos ou a maneira como buscamos a Deus, é uma parte crucial do processo. Que possamos seguir o exemplo de José e buscar a santificação em todas as áreas da nossa vida. Quando fazemos isso, abrimos espaço para a prosperidade, para o agir de Deus e para a frutificação do Espírito Santo em nós. A purificação e a santificação vão conduzi-la a uma vida abundante em Deus.

Eu estou orando por você!

REFLEXÃO

GRATIDÃO

NÃO INVERTA A ORDEM

- Deus
- Saúde
- Família
- Trabalho

Nova estação para frutificar

31 | OUT

"A intimidade com Deus traz confiança em tempos de incerteza.

Devocional 304/365

@devocionalmulhersabia

"Quando eu a ti clamar, então, retrocederão os meus inimigos; isto sei eu, porque Deus está comigo."

SALMOS 56:9

Mesmo em meio a tantas perseguições, traições, decepções e espera, Davi permanecia confiando em Deus, na sua proteção e no seu livramento. Davi buscou Deus, pois temia pela própria vida. Muitos eram os seus inimigos, e ele precisava de uma intervenção divina, Davi tinha a certeza de que Deus era com ele. Ele era convicto de que quando clamasse ao Senhor, seus inimigos seriam destruídos e que mais uma vez Deus iria lhe dar a vitória.

A vida do cristão não é isenta de problemas, a diferença é que ele sabe onde buscar ajuda. A diferença, mulher sábia, é que você tem o colo do Pai para correr das aflições e angústias. Assim como Davi, confie no amor e no cuidado do Senhor diante dos problemas, pois Deus é por você e vai lhe dar a vitória. Comece a declarar isso hoje, comece a ser mais confiante no Deus em que você acredita e ao qual serve. O nosso Deus é o Deus do impossível.

Se Davi, um homem falho, conseguia superar os momentos difíceis confiando em Deus, nós também conseguimos. O segredo é a intimidade; quando conhecemos Deus face a face, o medo e a insegurança, se dissipam, e permanecemos confiantes na vontade boa, perfeita e agradável de Deus. Acredite nessa verdade, seja convicta e permaneça para você frutificar e viver a boa, perfeita e agradável vontade de Deus.

Eu estou orando por você!

REFLEXÃO

GRATIDÃO

NÃO INVERTA A ORDEM

- Deus
- Saúde
- Família
- Trabalho

Quando estiver cansada, descanse, mas não desista!

@alinesampaio_personalize

NOVEMBRO

Mês da Permanência em Deus

"Não só isso, mas também nos gloriamos nas tribulações, porque sabemos que a tribulação produz perseverança; a perseverança, um caráter aprovado; e o caráter aprovado, esperança. E a esperança não nos decepciona, porque Deus derramou seu amor em nossos corações, por meio do Espírito Santo que ele nos concedeu."

ROMANOS 5:35

Eu tenho uma palavra de Deus para o seu mês.

Leia o QR Code e assista.

Vinho novo, odre novo

01 | NOV

Deixe o Senhor derramar vinho novo em sua vida.

Devocional 305/365

@devocionalmulhersabia

"Ninguém deita remendo de pano novo em veste velha, porque semelhante remendo rompe a veste, e faz-se maior a rotura. Nem se deita vinho novo em odres velhos; aliás, rompem-se os odres, e entorna-se o vinho, e os odres estragam-se; mas deita-se vinho novo em odres novos, e assim ambos se conservam."

MATEUS 9:16-17

Mulher sábia, para você viver o novo de Deus, é preciso se desvincular do velho. Deus não derrama vinho novo em odre velho, a Palavra diz que não se deve colocar um remendo novo em um pano velho. Da mesma forma, não se deve colocar vinho novo em um odre velho, porque se essa mistura for feita, estraga.

Quando nos permitimos ter um relacionamento com Deus, tudo se transforma, Ele não remenda nada, pois tudo se faz novo. Para isso, você precisa deixar o que a aprisiona para trás. Faça uma lista e escreva tudo o que a tem impedido de viver o novo de Deus, tudo que ainda a aprisiona. Talvez você esteja presa à condição financeira que você já teve ou à casa que você teve; liste tudo o que a faz viver presa ao seu passado. Depois amasse isso com uma oração pedindo ao Senhor o desvínculo de tudo o que a atrapalha de viver o novo.

O vinho novo do Senhor está pronto para ser derramado, Ele só precisa do seu odre novo. Isso vai lhe trazer uma vida em abundância, porque o que Deus tem para você é muito maior, melhor, mais completo e agradável do que um dia você imaginou viver ou sonhou. O novo que Deus tem para derramar é muito maior.

Eu estou orando por você!

REFLEXÃO

GRATIDÃO

NÃO INVERTA A ORDEM

- Deus
- Saúde
- Família
- Trabalho

Não olhe para trás e viva o novo

"E a mulher de Ló olhou para trás e ficou convertida numa estátua de sal."
GÊNESIS 19:26

02 | NOV

Liberte-se do seu passado e viva o novo de Deus em sua vida.

Devocional 306/365

@devocionalmulhersabia

A Palavra nos mostra a consequência que a desobediência causa em nossa vida, que ficar olhando para trás e viver do passado só nos prejudica e aprisiona. A esposa de Ló já estava distante de Sodoma, com seu marido e suas filhas, quando se recordou do que estava abandonando. O desejo dela de olhar para trás e não se desligar do velho roubou a sua obediência, e ela pagou com a própria vida.

Não viva presa ao lugar de onde o Senhor já ordenou que você saia. Enquanto continuar olhando para o que desagrada a Deus, não desfrutará do novo lugar que Ele quer lhe dar. Desvincule-se do passado.

O seu passado não tem poder de prendê-la, de a impedir de seguir em frente, mas é uma escolha sua continuar olhando para ele ou não. Não olhe para o passado, o que foi feito não pode ser desfeito, mas você pode recomeçar e ter uma nova vida no Senhor. Não olhe para trás, prossiga para o alvo.

Não fique presa ao passado, lamentando por aquilo que não lhe pertence. Mantenha-se com os seus olhos para a terra prometida. Olhe para o hoje e prossiga para o alvo, vivendo em obediência e amor para viver o novo de Deus.

Eu estou orando por você!

REFLEXÃO

GRATIDÃO

NÃO INVERTA A ORDEM

- Deus
- Saúde
- Família
- Trabalho

Fé para viver o novo de Deus

03 | NOV

"De sorte que a fé é pelo ouvir, e o ouvir pela palavra de Deus."

ROMANOS 10:17

A Palavra é a fonte que nutre a nossa confiança em Deus.

Devocional 307/365

@devocionalmulhersabia

REFLEXÃO

GRATIDÃO

A fé não é algo que simplesmente surge, é alimentada e cultivada por meio da exposição contínua à palavra de Deus. Quanto mais eu escuto, quanto mais eu leio sobre Ele, mais quero saber, mais tenho sede e me alimento. Assim como uma planta precisa de água e luz para crescer, nossa fé necessita de constante ingestão e meditação nas estruturas para se fortalecer. A Palavra é a fonte que nutre a nossa confiança em Deus, ajudando-nos a ver além das circunstâncias.

Quando se nutre com a palavra de Deus e não olha só para o momento, os problemas ou os desafios, você acredita nas promessas de Deus em sua vida. Ouvir a palavra de Deus é um processo ativo que transforma o nosso coração e a nossa mente. A cada vez que lemos ou ouvimos a palavra de Deus, somos desafiadas a renovar nossa visão e perspectiva.

A fé é construída sobre a verdade encontrada nas escrituras, que se aprofunda, quando entendemos a natureza de Deus e seus planos para nós. É através da Palavra que somos lembradas do caráter fiel de Deus e das suas promessas imutáveis. Isso nos dá coragem para enfrentar os desafios da vida com confiança. É na Palavra que você encontra a verdade que sustenta a sua fé, pois é através dela que podemos conhecer melhor o Deus a que servimos e confiarmos plenamente nos planos d'Ele.

Eu estou orando por você!

NÃO INVERTA A ORDEM

- Deus
- Saúde
- Família
- Trabalho

Mais amor para viver o novo de Deus

"Porque Deus amou o mundo de tal maneira que deu o seu Filho unigênito, para que todo aquele que nele crê não pereça, mas tenha a vida eterna."

JOÃO 3:16

04 | NOV

Deus a amou primeiro; agora reflita esse amor no mundo ao seu redor.

Devocional 308/365

@devocionalmulhersabia

O amor de Deus é a base da nossa fé, da nossa esperança para viver o novo do Senhor. Deus não apenas criou o mundo, mas demonstrou o seu amor de uma forma incomparável ao oferecer seu próprio Filho para a nossa salvação. Esse ato de amor nos dá a garantia de que, independentemente das nossas falhas e limitações, há uma oferta de redenção e vida eterna para todos que creem em Jesus.

Esse amor não é limitado ao condicional e não depende do que você faz. É um amor que transcende barreiras, desafia as nossas expectativas e se manifesta em ações concretas, não apenas em palavras. Quando Deus deu seu Filho, fez o maior sacrifício possível para nos mostrar a profundidade de seu amor e compromisso conosco. É nesse amor que encontramos a motivação e a força para viver uma vida que reflete essa mesma generosidade de graça.

À medida que vivemos nossa fé, somos chamadas a refletir esse amor em nossas próprias vidas. Somos desafiadas a amar como Deus amou, oferecendo ao mundo um vislumbre de amor eterno e transformador que recebemos de Cristo. Precisamos aumentar a nossa fé para viver o novo de Deus. Quanto mais eu amo a Deus, mais eu vivo o amor d'Ele em mim. Ele manifesta o amor por você todos os dias; o tempo novo de Deus é hoje na sua vida, mulher sábia.

Eu estou orando por você!

REFLEXÃO

GRATIDÃO

NÃO INVERTA A ORDEM

- Deus
- Saúde
- Família
- Trabalho

Aquiete-se e viva o novo de Deus

05 | NOV

Aquietar-se é um ato de fé; confie e permita que Deus cuide de você.

Devocional 309/365

@devocionalmulhersabia

"Aquietai-vos e sabei que eu sou Deus; serei exaltado entre as nações; serei exaltado sobre a terra."

SALMOS 46:10

Em meio ao caos e à agitação da vida cotidiana, é vital encontrarmos momentos para nos aquietarmos e reconhecermos a soberania de Deus. A Palavra nos lembra da importância de parar e refletir sobre quem Deus é e sobre seu controle absoluto. A quietude não é apenas uma pausa física, mas uma postura espiritual, de confiança e entrega. Ao nos aquietarmos, somos convidadas a silenciar nossas preocupações e permitir que a presença de Deus acalme nossos corações.

Aquietar o nosso coração agrada a Deus porque é um ato de confiança. Essa quietude é um convite para reconhecer que, embora possamos não entender todas as circunstâncias que estão ao nosso redor, Deus é sempre maior do que qualquer situação que enfrentamos. É um lembrete de que Ele é exaltado não apenas em nossa vida pessoal, mas também entre as nações em toda a Terra. A quietude nos dá a oportunidade de olhar para além dos nossos próprios desafios e ver a grandeza de Deus em ação, trazendo paz e perspectiva.

Quando nos aquietamos e colocamos nossa confiança em Deus, há uma paz que transcende todo o entendimento. É nessa quietude que nossa fé é renovada, nossa confiança é restaurada e a nossa visão é ampliada para ver a mão de Deus trabalhando em nossas vidas e no mundo ao nosso redor. Aquiete-se, mulher sábia, e viva o novo de Deus.

Eu estou orando por você!

REFLEXÃO

GRATIDÃO

NÃO INVERTA A ORDEM

- Deus
- Saúde
- Família
- Trabalho

Está sobrecarregada? Espere no Senhor

"Mas os que esperam no Senhor renovarão as suas forças e subirão com asas como águias; correrão e não se cansarão; caminharão e não se fatigarão."

ISAÍAS 40:31

06 | NOV

Mesmo sobrecarregada, suas forças serão renovadas em Deus.

Devocional 310/365

@devocionalmulhersabia

A espera no Senhor é mais do que um simples passar de tempo, é um processo de renovação, fortalecimento e aprendizado. Existe transformação que ocorre em nós quando confiamos em Deus e aguardamos sua intervenção. Assim como as águias são conhecidas por sua habilidade de voar alto e enfrentar tempestades com graça, aqueles que esperam no Senhor são capacitados a superar desafios com renovada força e resistência.

Quando nos deparamos com momentos de exaustão e desânimo, é natural sentirmo-nos sobrecarregadas, e talvez esse seja o seu sentimento hoje. No entanto, esse versículo a lembra de que, ao colocar a sua esperança em Deus, você vai experimentar uma renovação que vai além da capacidade humana. É como se Deus a levasse acima das dificuldades, lhe dando uma nova perspectiva.

A partir de hoje, Deus vai lhe dar um olhar novo, seu vigor vai ser renovado para você continuar avançando e viver o novo de Deus. Esperar no Senhor não significa passividade, mas uma confiança ativa em Sua promessa de a sustentar e fortalecer. Enquanto você espera, é convidada a refletir sobre o poder e a fidelidade de Deus. Cada momento de espera é uma oportunidade para desenvolver uma confiança mais profunda, pois à medida que você confia, experimenta a transformação prometida, ganhando a capacidade de enfrentar a vida com mais energia.

Eu estou orando por você!

REFLEXÃO

GRATIDÃO

NÃO INVERTA A ORDEM

- Deus
- Saúde
- Família
- Trabalho

Não ande pelo que você vê, mas pelo que Ele lhe prometeu

07 | NOV

"(Porque andamos por fé e não por vista.)."
2 CORÍNTIOS 5:7

Caminhe pela fé, e não pelas circunstâncias; Deus é fiel às Suas promessas.

Devocional 311/365

@devocionalmulhersabia

REFLEXÃO

GRATIDÃO

A vida cristã é marcada por uma jornada de fé, em que somos chamadas a confiar em Deus mesmo quando não vemos o caminho à frente. A Palavra nos lembra de que viver pela fé significa andar em obediência ao que Deus lhe revelou e prometeu, mesmo quando as circunstâncias ao redor parecerem totalmente contrárias. A visão humana é limitada e falha, mas a fé nos permite ver além do imediato e abraçar as promessas de Deus com confiança.

Viver pela fé é um desafio diário que envolve confiar em Deus para suprir nossas necessidades, orientar nossas decisões e cumprir com as Suas promessas, mesmo quando a evidência visível não está presente. É como caminhar em um terreno desconhecido, onde a nossa segurança não vem do que podemos ver, mas da certeza de que Deus está conosco e guia nossos passos.

Cada passo de fé é uma oportunidade para testemunhar a fidelidade de Deus em nossas vidas. À medida que enfrentamos situações que desafiam nossa compreensão, somos lembradas de que Deus é nosso guia confiável. A nossa jornada de fé nos fortalece e nos aproxima de uma confiança mais profunda no Seu plano para nós. Ande pelo que Ele lhe prometeu, e não pelo que você está vendo. Se Ele lhe prometeu, não importam as circunstâncias, a promessa vai se cumprir. Não dependa da sua circunstância ou do seu momento, pois não é isso que define o seu futuro; o que define o seu futuro é a promessa.

Eu estou orando por você!

NÃO INVERTA A ORDEM

- Deus
- Saúde
- Família
- Trabalho

Sem fé, não se vive o novo de Deus

"Peça-a, porém, com fé, não duvidando; porque o que duvida é semelhante à onda do mar, que é levada pelo vento e lançada de uma para outra parte."

TIAGO 1:6

08 | NOV

A fé é a ponte que a leva ao novo que Deus preparou para você.

Devocional 312/365

@devocionalmulhersabia

A fé é um elemento essencial na nossa comunicação com Deus, especialmente quando buscamos sua orientação ou provisão. A Palavra nos ensina que, ao pedirmos algo a Deus, devemos fazê-lo com uma confiança inabalável, sem deixar espaço para dúvida. Não duvide do que Deus pode fazer, Ele quer derramar sobre a sua vida.

A metáfora da onda do mar ilustra a instabilidade de uma fé vacilante que é constantemente movida por circunstâncias e incertezas. Mulher sábia, não deixe circunstâncias ficarem mudando o seu dia, o seu humor, o seu caminhar e a sua fé em Deus ou a sua busca pelo Senhor.

A dúvida é não apenas uma hesitação mental, mas um obstáculo que pode impedir o fluxo de bênçãos e respostas que Deus deseja nos oferecer. Quando duvidamos, nossa fé se torna inconsciente, e a nossa confiança em Deus se enfraquece. Em contraste, uma fé firme e inabalável é aquela que está ancorada na certeza do caráter de Deus.

Ao pedir a Deus, lembre-se de que Ele é fiel para cumprir o que prometeu. Cultivar uma fé sólida requer prática, disciplina e constância. Assim, você vai experimentar uma maior estabilidade espiritual e confiança mais profunda no fato de que Deus responderá as suas orações. Aumente a sua fé e viva o novo de Deus na sua vida, mulher sábia.

Eu estou orando por você!

REFLEXÃO

GRATIDÃO

NÃO INVERTA A ORDEM

- Deus
- Saúde
- Família
- Trabalho

Peça para quem pode lhe dar

09 | NOV

Direcione suas orações a Deus, o único que pode mudar sua história.

Devocional 313/365

@devocionalmulhersabia

"E tudo o que pedirdes na oração, crendo, o recebereis."
MATEUS 21:22

Jesus nos fez uma promessa poderosa, basta pedirmos a Deus com fé e convicção de que Ele responderá conforme a Sua vontade. A oração é mais do que uma formalidade, é um diálogo com Deus baseado na confiança de que Ele ouve e age. A crença em suas promessas e na capacidade de responder as nossas orações é fundamental para receber o que pedimos. A Palavra nos desafia a alinhar a nossa fé com as nossas orações, acreditando que Deus é capaz de atender às nossas necessidades.

No entanto, lembre-se de que a resposta de Deus pode não ser o que esperamos. A confiança em Deus e a fé em sua sabedoria são essenciais para que possamos receber suas respostas com gratidão e paciência. Peça para quem realmente pode ajudar, mulher sábia. Pare de ter expectativa de que alguém vai solucionar os seus problemas; quem vai mudar a sua história e escrever um novo tempo é Deus.

Coloque a sua expectativa somente em Deus, peça para Ele em oração, com o coração pleno de fé e uma mente aberta para aceitar Sua vontade. A crença na eficácia da oração e na vontade de Deus nos ajuda a permanecermos firmes e esperançosas sabendo que Ele sempre responderá conforme Sua perfeita sabedoria e Seu amor. Pare de ficar expondo a sua vida, falando com pessoas que nada podem fazer por você. Vá para o colo d'Aquele que pode mudar a sua história e fazer tudo novo de novo.

Eu estou orando por você!

REFLEXÃO

GRATIDÃO

NÃO INVERTA A ORDEM

- Deus
- Saúde
- Família
- Trabalho

Ele ama realizar os seus sonhos

"E esta é a confiança que temos nele: que, se pedirmos alguma coisa, segundo a sua vontade, ele nos ouve."
1 JOÃO 5:14

10 | NOV

A vontade de Deus é sempre melhor do que os nossos planos.

Devocional 314/365

@devocionalmulhersabia

Nós precisamos eliminar a ideia de que, ao entregarmos a nossa vida para Deus, não vamos viver os nossos sonhos. Ao renunciar às coisas do mundo, você vai experimentar a boa e perfeita vontade de Deus, que é muito além do que você um dia planejou. Pense agora como seria a vida perfeita, de acordo com os seus sonhos. O que Deus tem para você é o que você imaginou, só que triplicado.

Quando deixa Deus agir, Ele faz mais do que você deseja, porque tudo o que Ele entra para fazer é abundante. A confiança em Deus é baseada na Sua fidelidade e disposição para ouvir nossas orações. A Palavra nos assegura de que Deus não só ouve, mas também responde às nossas petições, quando estão alinhadas com a Sua vontade. A oração é uma forma de nos conectarmos com Deus e de buscarmos sua orientação. A confiança no fato de que Ele ouve e responde é fundamental para uma vida de fé. Pedir conforme a vontade de Deus significa buscar o que é bom e justo, alinhando nossos desejos com os Seus propósitos.

Saber que Deus ouve as nossas orações traz paz e fortalece nossas jornadas, mesmo quando as respostas não são imediatas ou como oramos. A confiança em Sua sabedoria e em Seu amor nos ajuda a enfrentar os desafios com serenidade, sabendo que Ele está sempre atento às nossas necessidades e orações. Deus ama realizar os desejos mais íntimos do seu coração e nunca vai decepcioná-la.

Eu estou orando por você!

REFLEXÃO

GRATIDÃO

NÃO INVERTA A ORDEM

- Deus
- Saúde
- Família
- Trabalho

Você é muito forte

11 | NOV

Mesmo fraca, você é forte em Deus; Ele renova suas forças.

Devocional 315/365

@devocionalmulhersabia

"Posso todas as coisas naquele que me fortalece."

FILIPENSES 4:13

Comece hoje a se declarar forte em Deus e acredite nessa verdade. Talvez hoje você não tenha recebido uma notícia tão boa, ou esteja cansada, sem força, mas lembre-se de que a sua força vem de Deus, porque é Ele quem a fortalece.

Sinta-se grande e forte, porque o poder vem d'Ele. Deus não lhe deu espírito de medo, n'Ele você é forte, não importa o quão difícil pareça ser a solução do que está acontecendo com você. Deus tem a saída e a fortalece, porque é o responsável pelo milagre que vai fazer. A Palavra diz que quando você está fraca é que você é forte. Deus a ergue e a faz vencedora, mesmo que aparentemente você esteja se sentindo pequena.

Afirme para si mesma hoje, mulher sábia: "Eu sou forte em Deus, Deus me faz forte, é Ele quem me fortalece". A sua força não vem de você mesma, mulher sábia, então pare de se achar fraca. Você é forte em Deus.

Eu estou orando por você!

REFLEXÃO

GRATIDÃO

NÃO INVERTA A ORDEM

- Deus
- Saúde
- Família
- Trabalho

Não ande pelo que vê

"E não duvidou da promessa de Deus por incredulidade, mas foi fortificado na fé, dando glória a Deus; e estando certíssimo de que o que ele tinha prometido também era poderoso para o fazer."

ROMANOS 4:20-21

12 | NOV

Aprenda a ter fé quando os ventos estiverem contrários.

Devocional 316/365

@devocionalmulhersabia

A história de Abraão é um exemplo poderoso de fé inabalável. Apesar das circunstâncias desfavoráveis e do tempo que passava, Abraão não permitiu que a dúvida enfraquecesse a sua confiança em Deus.

A Palavra destaca como a sua fé foi fortalecida pela convicção de que Deus seria capaz de cumprir Suas promessas mesmo quando o cenário parecia totalmente improvável. Abraão enfrentou o desafio de acreditar nas promessas de Deus, mesmo quando tudo ao seu redor parecia indicar o contrário; a sua fé não era baseada em evidências visíveis, mas na certeza de que Deus é fiel e poderoso.

Assim como Abraão, somos convidadas a manter nossa confiança em Deus, mesmo quando enfrentamos situações que desafiam nossa compreensão. A fé verdadeira é aquela que, apesar das circunstâncias, nos permite acreditar que Deus cumprirá o que prometeu.

Ter fé quando tudo está favorável é fácil, o difícil é ter fé quando os ventos são contrários. Não permita que a dúvida domine, busque fortalecer a fé através de oração, meditação na Palavra e lembrando das vezes que Deus foi fiel no passado. Traga a memória do que lhe dá esperança. Assim somos capacitadas a permanecermos firmes, confiando que o Deus que fez a promessa a Abraão também é fiel para cumprir as promessas feitas a nós.

Eu estou orando por você!

REFLEXÃO

GRATIDÃO

NÃO INVERTA A ORDEM

- Deus
- Saúde
- Família
- Trabalho

Viva o favor de Deus

13 | NOV

"Quando você busca a presença de Deus, o favor d'Ele a acompanha.

Devocional 317/365

@devocionalmulhersabia

"O rei tem seu contentamento no servo prudente, mas, sobre o que procede indignamente, cairá o seu furor."

PROVÉRBIOS 14:35

Não existe nada melhor do que vivermos sob o favor de Deus, porque mesmo quando há forças contrárias tudo trabalha a seu favor. É incrível a bênção que é viver sob o favor de Deus; o melhor exemplo disso é José do Egito, homem bom e temente a Deus, mas injustamente preso. Apesar de todos os acontecimentos, ele teve o favor de Deus o tempo todo. No momento certo, José foi exaltado, porque os humilhados sempre são exaltados quando estão diante de Deus. Ele sempre deixou muito claro que servia a Deus, e era visível o favor do Senhor em tudo que José fazia.

E você, filha amada do Pai, tem o favor de Deus a todo momento. Deus quer favorecê-la da mesma forma que fez com José, porém, para viver o favor de Deus, você precisa estar constantemente buscando a presença do Senhor e ter uma vida coerente com a palavra de Deus.

Se você reage às circunstâncias difíceis com reclamação, duvidando ou reclamando de Deus, isso não contribui para que viva o favor de Deus. Seja obediente e busque Deus. Seja grata por tudo o que Ele tem feito, por todo o cuidado e por todo o favor que já tem sobre a sua vida. Não culpe ninguém pela situação da sua vida, decida viver uma vida com favor de Deus. Você está sob o favor d'Ele, e o Novo Tempo de Deus chegou para você.

Eu estou orando por você!

REFLEXÃO

GRATIDÃO

NÃO INVERTA A ORDEM

- Deus
- Saúde
- Família
- Trabalho

"E Jesus lhes disse: Por causa de vossa incredulidade; porque em verdade vos digo que, se tiverdes fé como um grão de mostarda, direis a este monte: Passa daqui para acolá, e há de passar; e nada vos será impossível."

MATEUS 17:20

14 | NOV

Até a menor fé pode mover montanhas.

Devocional 318/365

@devocionalmulhersabia

Nada é impossível para o Deus a quem você serve, pois Ele é um Deus do impossível. Acredite nessa verdade, Deus quer falar com o seu coração. Muitas vezes a fé pequena pode parecer insignificante, mas é poderosa quando colocada em ação – como podemos ver nessa comparação com o grão de mostarda, que nos lembra de que a quantidade de fé não é tão importante quanto a qualidade. Mesmo uma fé pequena, mas genuína, tem o poder de realizar grandes coisas, porque a confiança em Deus faz a diferença, não a magnitude da nossa crença.

Quando Jesus fala sobre mover montanhas, ensina que a fé, mesmo que pareça pequena, pode superar obstáculos aparentemente intransponíveis. Basta confiarmos em Deus para gerir as nossas vidas e estarmos dispostas a permitir que Sua força e Seu poder se manifestem através da nossa fé. Desafios podem parecer montanhas em nossos caminhos, mas, com uma fé ativa e confiante, você vai poder ver a intervenção de Deus e a transformação de tudo na sua vida.

A fé em Deus nos permite ver além das limitações humanas e experimentar Seu poder que opera em nós e através de nós. Deixe que as circunstâncias e os desafios sirvam para aumentar a sua fé. E creia que para o Senhor nada é impossível, o novo de Deus vai acontecer na sua vida. Existe uma nova história em Deus preparada para você que não se compara a nada que um dia já viveu.

Eu estou orando por você!

REFLEXÃO

GRATIDÃO

NÃO INVERTA A ORDEM

- Deus
- Saúde
- Família
- Trabalho

Muita coragem e fé

15 | NOV

"Porque Deus é o que opera em vós tanto o querer como o efetuar, segundo a sua boa vontade."

FILIPENSES 2:13

Seja como Ester: coragem e fé podem mudar a sua história.

Devocional 319/365

@devocionalmulhersabia

REFLEXÃO

GRATIDÃO

NÃO INVERTA A ORDEM

- Deus
- Saúde
- Família
- Trabalho

Se tem uma mulher que representa coragem e fé, para mim, é Ester. Eu amo a história de Ester e hoje eu quero convidá-la a conhecê-la. Os dias atuais têm demandado muita coragem, muita força, muita demonstração de fé e muita renúncia por parte de nós, mulheres que desejamos ser mais sábias e viver uma vida que agrade o coração de Deus.

Ester era uma órfã judia que foi criada por seu primo Mardoqueu e se tornou rainha, ao se casar com o rei Assuero. Isso nos mostra o quanto a fé e a coragem podem mudar tudo. Os planos de Deus para uma mulher que tem fé e coragem jamais são frustrados. No primeiro momento, Ester temeu diante do desafio. No livro de Ester 4: 11, diz assim: "Todos os servos do rei e o povo das províncias do rei bem sabem que para todo homem ou mulher que entrar ao rei, no pátio interior, sem ser chamado, não há senão uma sentença, a de morte, salvo se o rei estender para ele o cetro de ouro, para que viva; e eu, nestes trinta dias, não sou chamada para entrar ao rei". Por esse motivo Ester teve medo, porque naquela época estar diante do rei significava uma sentença de morte. Apesar de ter medo, Ester decidiu ter força e coragem, fez jejum e oração e, quando precisou ir, foi em nome de Deus, alcançando a graça diante do rei.

Pare de andar segundo o seu desejo, mulher. Assim como Ester, paute-se em oração e jejum, obedecendo às ordens de Deus. Seja forte e corajosa, seja guiada pela voz do Espírito Santo e, assim como Ester, você vai poder viver o novo tempo de Deus.

Eu estou orando por você!

Tenha o favor do rei e avance

"Entrega o teu caminho ao Senhor; confia nele, e ele tudo fará."

SALMO 37:5

16 | NOV

Na hora certa, Deus a coloca exatamente onde você precisa estar.

Devocional 320/365

@devocionalmulhersabia

Vamos continuar falando de Ester, temos muito o que aprender com essa mulher. Hoje eu quero lhe apresentar quatro lições para começar a agir, avançar e ter o favor de Deus sobre a sua vida. Ester foi muito obediente e cirúrgica sobre a providência de Deus; ela agiu na hora certa e obteve o favor d'Ele. A primeira lição é que Deus sabe todas as coisas e a coloca no lugar certo, na hora certa, porque Ele é soberano e direciona no caminho exato.

A segunda é: Deus tem um plano para sua vida que já existe desde antes de você nascer. Deus tinha um plano na vida de Ester, e ela se deixou ser conduzida por Deus. Mesmo com circunstâncias desfavoráveis, confie e busque Deus com jejum e oração, e se permita viver um Novo Tempo sobre a sua vida.

Terceira: tenha paciência e aja com sabedoria, não no impulso. Seja uma mulher sábia, mantenha a calma, seja estratégica. Peça direcionamento para Deus por meio de jejum, oração e leitura da Palavra.

Quarta: sempre tenha um porquê, aja em favor do povo de Deus. A rainha Ester estava agindo a favor do povo judeu, e você precisa também defender a sua missão. Tenha um propósito, um porquê, então defenda a sua família, a sua missão. Seja forte e corajosa, sim, como Ester. Assim, o favor do rei vai estar sobre a sua vida, e você vai avançar para o novo de Deus.

Eu estou orando por você!

REFLEXÃO

GRATIDÃO

NÃO INVERTA A ORDEM

Deus

Saúde

Família

Trabalho

Muita coragem e fé

17 | NOV

"Quando estiver com medo, faça jejum e oração.

Devocional 321/365

@devocionalmulhersabia

"Chegando, pois, a vez de Ester, filha de Abiail, tio de Mardoqueu (que a tomara por sua filha), para ir ao rei, coisa nenhuma pediu, senão o que disse Hegai, eunuco do rei, guarda das mulheres; e alcançava Ester graça aos olhos de todos quantos a viam."

ESTER 2:15

Inspire-se em Ester para ser também uma grande mulher; ela conquistou o favor de Deus e foi abençoada com várias virtudes. Aprenda com as virtudes que Ester demonstrou ter, para que a graça e o novo de Deus estejam em sua vida. A sabedoria foi a primeira virtude que Deus deu para Ester; ela sempre ouvia as pessoas com mais experiência e não era precipitada, porque tinha domínio próprio e era organizada. A palavra de Deus fala que se você pedir sabedoria, Deus lhe dá da maneira certa no momento certo, pois quem tem sabedoria evita muito sofrimento.

Ser amável foi a segunda virtude que Deus deu a Ester. Ela não era só bonita, tanto que todos que a conheciam tinham uma boa impressão e gostavam de estar perto dela. Seja amável com as pessoas, sorria, pois assim como cuidamos do nosso corpo, também precisamos cuidar das atitudes para ter beleza interior. Ser amável é um dos frutos do Espírito para nós.

A terceira virtude com que Deus abençoou Ester foi a coragem, mas para isso foi preciso que ela buscasse o Senhor e jejuasse por três dias. Tenha a coragem para fazer o que é certo, Deus vai ajudá-la. Quando estiver com medo, jejue e ore, e Ele vai lhe dar a coragem de que você precisa para tomar a decisão certa na hora exata. Você vai ter virtudes de uma grande mulher.

Eu estou orando por você!

REFLEXÃO

GRATIDÃO

NÃO INVERTA A ORDEM

- Deus
- Saúde
- Família
- Trabalho

A mulher sábia é vigilante

"Vigiai, estai firmes na fé, portai-vos varonilmente e fortalecei-vos."
1 CORÍNTIOS 16:13

18 | NOV

A vigilância é a armadura que protege a fé!

Devocional 322/365

@devocionalmulhersabia

A vida da mulher sábia exige vigilância, firmeza e coragem. A Palavra nos exorta a estarmos atentas às tentações e aos desafios que enfrentamos, a mantermos a nossa fé firme e nos comportarmos com coragem e força. A vigilância é essencial para manter nossa fé intacta em meio a diversidades e distrações.

Mas estar firme na fé significa manter uma confiança constante em Deus, apesar das circunstâncias. Isso envolve um compromisso diário de buscar a Sua presença, estudar a Sua palavra, buscar intimidade e resistir às tentações. A coragem para viver conforme os princípios de Deus e enfrentar os desafios com bravura é uma expressão da nossa fé genuína. Fortalecer-se na fé é um processo contínuo e diário de crescimento espiritual e resistência. À medida que enfrentamos as batalhas da vida, somos chamadas a agir com coragem, sabendo que Deus está conosco e nos fortalece para cumprir o propósito que Ele tem para nossas vidas. Mulher sábia, esteja vigilante, seja sábia, vigie e ore sem cessar.

O inimigo veio para roubar, matar e destruir, mas Jesus veio para que todos tenham vida em abundância. Mas para isso, mulher sábia, você tem que estar posicionada, vigilante e constante em Deus para viver o novo e a abundância que o Senhor tem para a sua vida e casa. Esteja vigilante. Vigie e ore sem cessar.

Eu estou orando por você!

REFLEXÃO

GRATIDÃO

NÃO INVERTA A ORDEM

- Deus
- Saúde
- Família
- Trabalho

Seja alegre

19 | NOV

Sua felicidade não depende das situações; ela vem de dentro!

Devocional 323/365

@devocionalmulhersabia

"Ora, o Deus de esperança vos encha de todo o gozo e paz em crença, para que abundeis em esperança pela virtude do Espírito Santo."

ROMANOS 15:13

Hoje em dia tenho visto o inimigo tentando roubar a nossa alegria, tirando a nossa esperança, a nossa paz, mas você tem que ser alegre, porque em Deus você já tem a vitória. Alegre-se, mulher, não deixe o inimigo roubar a sua alegria, seu equilíbrio emocional.

Olhe para Deus, pois a sua alegria de espírito não pode depender das circunstâncias, tem que estar firmada em Deus. A sua reação perante as injustiças da vida, as afrontas, as falas injustas, a vingança, as intimidações, as fofocas ou as coisas que saem do seu controle pode ser a causa por trás das tristezas que têm dominado você e a deixado prostrada, sem ânimo, sem energia, às vezes até para levantar-se da cama. A vida é abundante, pois Jesus veio para lhe trazer uma vida plena, cheia de alegria. Você é vitoriosa em Deus.

Eu não sei quais são os seus desafios, mas você tem duas opções hoje: permitir que o diabo continue roubando a sua alegria ou escolher viver alegre simplesmente pelo fato de que tem Deus ao seu lado. A alegria é uma escolha de confiar em Deus todos os dias, por isso alegre-se em Deus, e Ele vai fazer sempre mais por você. Peça para Deus hoje encher seu coração de alegria, trazer à sua memória aquilo que lhe dá esperança. Seja uma mulher alegre por onde for, coloque um sorriso no rosto e vá.

Eu estou orando por você!

REFLEXÃO

GRATIDÃO

NÃO INVERTA A ORDEM

- Deus
- Saúde
- Família
- Trabalho

"Ao qual, não o havendo visto, amais; no qual, não o vendo agora, mas crendo, vos alegrais com gozo inefável e glorioso."

1 PEDRO 1:8

20 | NOV

Seja grata e viva contente; a alegria é sua força!

Devocional 324/365

@devocionalmulhersabia

Houve um período na minha vida em que eu não sentia alegria, vivia com o semblante fechado, triste e amargurado. Se as pessoas me perguntavam como eu estava, falava que estava levando. Talvez seja sua atitude ultimamente, deixando a vida levá-la. Mas quero lhe dizer que Deus a convida hoje para ser feliz, porque Ele tem a verdadeira felicidade para lhe dar. Olhe para o seu interior e seja sincera, pergunte-se se você tem sido feliz. O livro de Filipenses 4:4 diz: "regozijai-vos, sempre, no Senhor; outra vez digo: regozijai-vos". A alegria do Senhor é sua força para passar por momentos de tristeza e dificuldade. Ela não é uma alegria emocional, mas uma força que vem de dentro.

Quando eu entendi que a alegria do Senhor era essa força, e não apenas um estado emocional, comecei a compreender as palavras do apóstolo Paulo quando ele diz: "Eu sei passar necessidade e sei o que é fartura". Aprendi o segredo de viver contente em toda e qualquer situação, seja bem alimentada, seja com fome, tendo muito ou passando necessidade: é saber que você tudo pode n'Aquele que a fortalece.

Seja feliz com Jesus, pois esse é o convite que Ele tem para você hoje. Ele tem a alegria de que você precisa. Estar alegre e viver o melhor que Deus tem para sua vida são decisões diárias. Enquanto isso, Ele a fortalece e cura, basta você decidir estar alegre em Deus, porque a alegria do Senhor é a sua força.

Eu estou orando por você!

REFLEXÃO

GRATIDÃO

NÃO INVERTA A ORDEM

Deus
Saúde
Família
Trabalho

Virtudes de uma mulher feliz e sábia

21 | NOV

> Uma mulher sábia é um tesouro inestimável!

Devocional 325/365

@devocionalmulhersabia

"Mulher virtuosa, quem a achará? O seu valor muito excede o de rubis."

PROVÉRBIOS 31:10

A mulher foi criada à imagem e semelhança de Deus, como um presente do Senhor para o homem. Uma mulher sábia possui dez virtudes dadas por Deus. A primeira virtude é ser preciosa e valer mais do que qualquer coisa. Você é preciosa para Deus, no seu lar, para o seu marido, para os filhos. A segunda virtude é ser confiável; uma mulher assim não gasta mais do que o necessário e administra bem o lar. A terceira é ser abençoadora; cada palavra que sai da sua boca é de bênção na vida dos que estão ao seu redor, ela ora pela casa dela. A quarta virtude é ser trabalhadora, boa administradora que não é relaxada com a casa, não é preguiçosa, mas tem visão.

A quinta é ser organizada; se programar e se antecipar, para ter tempo para Deus, para os filhos, para o próximo e o marido. A sexta é ser generosa, gostar de ajuda e não ser egoísta. A sétima é ser elegante, cuidando do corpo e da mente, com postura ao se vestir e ao falar. A oitava é ser educadora e ensinar aos filhos o caminho pelo qual devem andar. A nona é ser piedosa. E a décima é ser elogiada por Deus.

O Senhor, ao exaltá-la, promove essa mulher com um reconhecimento não apenas da Terra. Seja uma mulher sábia e aprenda essas virtudes. Lembre-se de que o seu primeiro ministério é o seu lar, então nenhum sucesso pessoal ou profissional compensa o fracasso do seu casamento ou da sua família.

Eu estou orando por você!

REFLEXÃO

GRATIDÃO

NÃO INVERTA A ORDEM

- Deus
- Saúde
- Família
- Trabalho

Seja equipada com poder, amor e equilíbrio

"Porque Deus não nos deu o espírito de temor, mas de fortaleza, e de amor, e de moderação."

2 TIMÓTEO 1:7

22 | NOV

Deus é o equilíbrio de que precisamos para enfrentar os desafios.

Devocional 326/365

@devocionalmulhersabia

Deus nos equipa com o espírito de poder, amor e equilíbrio, em vez de medo. A Palavra nos lembra de que o medo não vem de Deus, Ele nos dá o que precisamos para enfrentar os desafios com coragem e equilíbrio, pois a mulher sábia é corajosa e enfrenta os desafios com o auxílio da oração e do jejum. O medo pode nos paralisar e impedir de cumprir com o nosso propósito, mas a confiança em Deus nos capacita a agir com coragem e sabedoria. O espírito de poder que Deus nos dá é a força para enfrentar a diversidade e superar obstáculos.

O amor nos capacita a agir com compaixão e compreensão, e o equilíbrio nos ajuda a viver com autocontrole e domínio próprio, tomando decisões certas, sem impulsividade, pois tudo o que você faz no impulso não dá certo. Quando você junta o poder, o amor e o equilíbrio, vive de maneira mais plena e fiel, refletindo o caráter de Deus em sua vida. Ao enfrentarmos situações que podem causar medo ou insegurança, devemos lembrar que Deus está conosco e nos fornece todos os equipamentos de que precisamos para seguir em frente.

A confiança em sua provisão e proteção nos dá coragem para agir e viver de acordo com os seus propósitos. Declare agora na sua vida que possui poder, amor e equilíbrio, porque a sua confiança está em Deus. Você vai viver o novo de Deus porque está capacitada a viver os sonhos do Senhor na sua vida.

Eu estou orando por você!

REFLEXÃO

GRATIDÃO

NÃO INVERTA A ORDEM

- Deus
- Saúde
- Família
- Trabalho

23 | NOV

"E a paz de Deus, que excede todo o entendimento, guardará os vossos corações e os vossos sentimentos em Cristo Jesus."

FILIPENSES 4:7

Mantenha o coração em paz, mesmo nas tempestades!

Devocional 327/365

@devocionalmulhersabia

Nós vivemos em um mundo muito turbulento, cheio de cobranças, medo, angústia, disputa. Você, como uma mulher sábia, precisa criar paz no seu lar, pois ele precisa ser um lugar de paz para você e para os seus. O mundo pode estar caindo, mas quando você entra em seu lar reina a paz, pois ali habita a paz de Deus.

Deus nos promete a paz que guarda o nosso coração e a nossa mente, mas para isso você precisa transmitir paz. Não permita ser dominada pelo que está acontecendo; isso é uma escolha que você faz o tempo todo, o inimigo tenta nos aterrorizar todos os dias, porque esse é o recurso que ele tem. O que você precisa é aquietar o seu coração sabendo que o Deus da paz está cuidando de você.

Todos os dias vamos ter desafios, mas não podemos deixá-los tirarem a nossa paz. Comece a desfrutar da paz de Deus, aja por fé e mantenha-se equilibrada. Tenha domínio próprio para viver com o coração em paz. Tenha o lar em paz, evite gritos, evite brigas. Comece a se policiar para ter mais paz dentro de você. Pare de cobrar tanto das pessoas, viva mais leve. Busque essa paz interior e aquiete o seu coração, está tudo bem. Deus está cuidando de tudo, para você poder viver o novo tempo d'Ele na sua vida.

Eu estou orando por você!

REFLEXÃO

GRATIDÃO

NÃO INVERTA A ORDEM

- Deus
- Saúde
- Família
- Trabalho

Tenha uma vida abundante

"Primeiramente, dou graças ao meu Deus por Jesus Cristo, acerca de vós todos, porque em todo o mundo é anunciada a vossa fé."

ROMANOS 1:8

24 | NOV

A verdadeira riqueza está em manter a integridade!

Devocional 328/365

@devocionalmulhersabia

Daniel tinha uma vida abundante e sistemática em oração; mesmo sendo um homem muito ocupado, Deus era prioridade em sua vida. Ele não alterou a sua vida com o Senhor por causa de nada, ele era temente a Deus, por isso não tinha medo de nenhum homem. A prioridade da vida de Daniel era Deus, ele não dava nenhum passo sem consultar o Senhor. A primeira das muitas coisas que podemos aprender com ele é a ter um espírito excelente.

Nós precisamos ser fiéis a Deus para ter sabedoria e discernimento das coisas espirituais. A maior glória de uma pessoa não é o seu dinheiro nem a sua fama, mas o seu caráter, pois é o que importa para Deus. É melhor ter um bom nome do que muitas riquezas. É melhor ter um espírito excelente do que muitos diplomas. É melhor ser reconhecida no céu do que aplaudida na terra. O segundo aprendizado é permanecer íntegra, mesmo em lugares de corrupção. Não se deixe ser corrompida, mantenha-se firme. O terceiro é manter-se fiel a Deus, ainda que seja perseguida. É fácil não querer se vender quando ninguém quer comprá-la.

O quarto é não abandonar a oração e o jejum. O quinto é crer que Deus é a sua proteção sempre, mesmo quando parece que não. Portanto, decida hoje ser íntegra, ter um espírito excelente, ser fiel, orar, jejuar em todo tempo, para você viver o novo e ter uma vida abundante em Deus.

Eu estou orando por você!

REFLEXÃO

GRATIDÃO

NÃO INVERTA A ORDEM

- Deus
- Saúde
- Família
- Trabalho

Dedique-se a buscar a intimidade com Deus

25 | NOV

"Coloque Deus como prioridade, busque-O todos os dias.

Devocional 329/365

@devocionalmulhersabia

REFLEXÃO

GRATIDÃO

"E em ti confiarão os que conhecem o teu nome; porque tu, Senhor, nunca desamparaste os que te buscam."

SALMOS 9:10

O que a faz mudar a sua vida, viver os sonhos de Deus e uma nova história é a sua intimidade com Ele, e nada mais. Não é só se relacionar, não é só ir uma vez por semana na igreja, não é só falar sobre Ele; é buscar ter intimidade diária com o Pai.

A confiança em Deus está fundamentada no conhecimento do seu nome e caráter; a Palavra assegura que aqueles que conhecem Deus e O buscam podem contar com sua fidelidade e seu apoio constante. Conhecer o nome de Deus é reconhecer sua autoridade, seu poder e suas promessas. E é isso que nos dá a confiança de que Ele nunca nos abandonará. Você precisa buscar Deus todos os dias, colocando-O como prioridade. Não faça devocional no dia que dá, coloque isso como uma regra absoluta na sua vida. Ore, busque, leia a Palavra, leia o devocional, peça direcionamento e entregue o seu dia nas mãos de Deus.

Buscar Deus é muito mais do que uma simples atividade para ter intimidade, você tem que dedicar tempo de qualidade. Você precisa conhecê-Lo para confiar em sua orientação. Mesmo nos momentos difíceis, Deus é um refúgio seguro para aqueles que O buscam com sinceridade. A certeza de que Deus nunca desampara aqueles que O buscam nos encoraja a continuar a nossa caminhada de fé. Deus está ao nosso lado, guiando-nos e sustentando-nos em todas as situações.

Eu estou orando por você!

NÃO INVERTA A ORDEM

- Deus
- Saúde
- Família
- Trabalho

A preocupação e a ansiedade não podem paralisá-la

"Lançando sobre ele toda a vossa ansiedade, porque ele tem cuidado de vós."

1 PEDRO 5:7

26 | NOV

A verdadeira força está em confiar no cuidado de Deus!

Devocional 330/365

@devocionalmulhersabia

A preocupação e a ansiedade podem ser pesadas e difíceis de carregar sozinhas, mas primeiro a palavra nos oferece uma solução que é lançar sobre Deus as nossas ansiedades, pois Ele cuida de nós e está atento às nossas necessidades e preocupações. A confiança em seu cuidado nos permite entregar a Ele aquilo que nos sobrecarrega, aliviando nosso coração e nossa mente. Entregue tudo que está sobrecarregando você, que está pesando no seu coração, que a está preocupando. A maior parte das coisas que a preocupam não irão nem acontecer. Então fale com Deus, lance para Ele as suas ansiedades.

Lançar em Deus as suas ansiedades não é um ato de passividade, mas de fé ativa. Isso significa que você reconhece que não precisa carregar o peso do mundo sozinha. A confiança em Seu cuidado nos dá paz e nos permite enfrentar os desafios com a perspectiva mais tranquila e segura. Ao entregarmos nossas preocupações a Deus, podemos experimentar a liberdade e a leveza que vêm de confiar plenamente em seu amor e sua fidelidade.

Confie em Deus e lance sobre Ele toda a sua ansiedade. Nada está despercebido ao olhar de Deus. Ele só quer a sua entrega, então conte a Deus o que lhe traz ansiedade. Faça uma oração estratégica, lançando realmente sobre Ele e acreditando que o Senhor está cuidando de você.

Eu estou orando por você!

REFLEXÃO

GRATIDÃO

NÃO INVERTA A ORDEM

- Deus
- Saúde
- Família
- Trabalho

O verdadeiro amor lança fora o medo

27 | NOV

"No amor, não há temor; antes, o perfeito amor lança fora o temor; porque o temor tem consigo a pena, e o que teme não é perfeito em amor."

1 JOÃO 4:18

O amor de Deus é seu escudo contra o medo!

Devocional 331/365

@devocionalmulhersabia

O amor de Deus é antídoto para o medo; eu amo esse versículo porque nos fala que o verdadeiro amor lança fora o medo. Então não tem como amar a Deus e não confiar n'Ele. As pessoas sempre dizem que amam a Deus, mas têm medo. Quando você teme, é porque não ama de verdade. O amor perfeito expulsa o medo e traz paz e segurança.

O amor de Deus nos assegura a Sua aceitação e o Seu cuidado incondicional. Quando vivemos o amor de Deus, sentimos confiança e segurança. Então, você não pode ter medo de um Deus que a liberta das preocupações e ansiedades. Ao abraçarmos o amor divino, somos capacitadas a enfrentar inseguranças e desafios com uma nova perspectiva de confiança e coragem. O amor perfeito de Deus nos convida a viver sem medo, sabendo que estamos seguras em Suas mãos e que Sua presença nos envolve e nos protege.

Mulher sábia, acredite e entregue para Deus seus medos, porque o verdadeiro amor lança fora o medo. Você não tem o que temer, porque tem um Deus que pode, cuida e vê todas as coisas e, além de estar atento a tudo, tem prazer em cuidar de você.

Eu estou orando por você!

REFLEXÃO

GRATIDÃO

NÃO INVERTA A ORDEM

- Deus
- Saúde
- Família
- Trabalho

Não tenha medo, pois estou com você

"Não temas, porque eu sou contigo; não te assombres, porque eu sou o teu Deus; eu te esforço, e te ajudo, e te sustento com a destra da minha justiça."

ISAÍAS 41:10

28 | NOV

Deus está com você; não permita que o medo a paralise!

Devocional 332/365

@devocionalmulhersabia

Hoje eu quero convidá-la a se esvaziar, se livrar do medo e se encher de Deus. Nós vivemos muitas vezes com sensação de medo e ameaça, e isso é o que causa as crises de ansiedade, pânico, angústia e depressão. A Bíblia nos ensina que o medo não é só um sentimento, mas um espírito maligno. Por isso não podemos deixar o medo nos dominar, porque ele a paralisa e depois destrói.

Como você tem reagido às investidas do inimigo na sua vida? Tem ficado com medo, recuando, se desesperando? Não é isso que Deus quer e tem para você. Deus não lhe deu o espírito de medo. "Não tenha medo, pois estou com você", assim diz o Senhor para você hoje. Não permita que o medo cegue o seu caminho. Não perca de vista as promessas de Deus e o que Ele quer derramar sobre a sua vida e sua história por causa do medo. Mande-o embora.

Revista-se da armadura de Deus, blinde a sua mente e repreenda esse espírito maligno do medo sobre a sua vida. Peça a Deus para colocar no seu coração, no lugar do medo, paz, amor e alegria. Não deixe que ele a domine e a impeça de viver o novo de Deus. Esvazie-se do medo para viver o novo de Deus.

Eu estou orando por você!

REFLEXÃO

GRATIDÃO

NÃO INVERTA A ORDEM

- Deus
- Saúde
- Família
- Trabalho

Você vai viver a promessa

29 | NOV

> Cada passo de fé a aproxima da promessa de Deus!

Devocional 333/365

@devocionalmulhersabia

"Esforçai-vos, e ele fortalecerá o vosso coração, vós todos os que esperais no Senhor."

SALMOS 31:24

Deus está afirmando que você vai viver a promessa, que já está no processo. Ele tem uma nova história para você. E você vai viver o novo e essa nova história, assim como Davi. Ele teve medo, pois era um simples pastor de ovelhas; não imaginava, ao receber a unção do espírito de Deus, o tempo de espera para viver a promessa do seu reinado. Mas Davi continuou servindo e fazendo o que fazia com excelência.

Você vai viver a promessa, mas para isso precisa continuar servindo com excelência o que Deus lhe propôs fazer. A gente sempre quer viver na hora os sonhos de Deus, mas existe um tempo certo para todas as coisas. A espera faz parte do processo, ela ensina, amadurece e forma o seu caráter.

Só não tire os olhos de Deus e não desista, porque tudo isso faz parte. Você acha que Davi também não se cansou? Você acha que ele também não imaginou que a promessa seria cumprida logo? Mas quando chegou o dia, ele estava pronto!

Mulher sábia, esteja pronta para o tempo de Deus, porque talvez você ainda esteja no tempo de cuidar das ovelhas. Faça com excelência, seja fiel no pouco, porque sobre o muito Deus a colocará. Não se esqueça disso; você vai viver a promessa.

Eu estou orando por você!

REFLEXÃO

GRATIDÃO

NÃO INVERTA A ORDEM

- Deus
- Saúde
- Família
- Trabalho

Deus tem uma nova história para você

"Não vos lembreis das coisas passadas, nem considereis as antigas. Eis que farei uma coisa nova, e, agora, sairá à luz; porventura, não a sabereis? Eis que porei um caminho no deserto e rios, no ermo."

ISAÍAS 43:18-19

30 | NOV

Quando uma porta se fecha, Deus abre janelas.

Devocional 334/365

@devocionalmulhersabia

Eu não sei como está acabando o seu mês, mas sei que Deus tem uma nova história para você, porque Ele nos prometeu um novo tempo. Talvez você já esteja vivendo esse novo tempo de Deus.

A Palavra nos orienta a esquecer as coisas do passado e nos abrirmos para viver o novo de Deus. Ele abre caminho no deserto, nada impede Seu agir; só que, para andar nesse caminho, você tem que olhar para o alto, que é de onde vem o socorro. Olhe para a frente, na direção que Ele já tem lhe dado. O Senhor está fechando portas que não são para você, para você não se perder. Mas Ele está abrindo as portas certas à sua frente.

Olhe para a direção que Deus está dando, não desvie o seu olhar, olhando para o lado ou para trás. Deus tem um caminho no deserto para você, a nova história está começando, abra-se para viver o novo de Deus. Novas experiências, um novo mês, o Senhor está renovando as suas forças e lhe dando uma nova chance de acreditar e de recomeçar.

Deus tem se alegrado com sua obediência, não deixe de obedecer, não desvie o seu olhar e não desanime. A nova história está se iniciando, Deus está agindo e orgulhoso de você.

Eu estou orando por você!

REFLEXÃO

GRATIDÃO

NÃO INVERTA A ORDEM

- Deus
- Saúde
- Família
- Trabalho

DEZEMBRO

Mês da Esperança

"Porque eu bem sei os pensamentos que tenho a vosso respeito, diz o Senhor, pensamentos de paz e não de mal, para vos dar o fim que esperais."

JEREMIAS 29:11

Eu tenho uma palavra de
Deus para o seu mês.

Leia o QR Code e assista.

Nunca perca a esperança

01 | DEZ

"Mesmo em tempestades, olhe para o farol da fé.

Devocional 335/365

@devocionalmulhersabia

"Ora, o Deus de esperança vos encha de todo o gozo e paz em crença, para que abundeis em esperança pela virtude do Espírito Santo."

ROMANOS 15:13

Uma coisa que você nunca pode perder é a esperança. Ela é uma virtude do Espírito Santo e a mantém de pé, forte e corajosa. Imagine um barco navegando em mar aberto, onde o vento sopra forte, as ondas batem com intensidade e a sensação de insegurança se instala; no entanto, ao olhar para o horizonte, você vê um farol brilhando e guiando para um porto seguro. Esse farol é como a esperança em Deus, uma luz que ilumina o caminho, mesmo nos momentos mais sombrios e de maior medo.

A esperança que Deus nos oferece não é baseada em circunstâncias passageiras, mas enraizada na certeza de Sua presença e Suas promessas. Ela vai além do que vemos, com os olhos físicos alimentando nossa fé e nos enchendo de alegria e paz, mesmo em meio às tempestades da vida. A verdadeira paz não é a ausência de problemas, mas a presença de Deus em meio a eles.

A Palavra nos exorta a abundarmos em esperança pela virtude do Espírito Santo e nos chama a viver com os olhos fixos no farol divino, sem olhar para a circunstância. Essa esperança transborda em nós através da obra do Espírito Santo, a paz que ultrapassa todo o entendimento. Permita que o Espírito Santo inunde você com essa esperança. Mantenha o olhar fixo em Deus, sabendo que Ele é fiel para cumprir Suas promessas. Que sua vida seja marcada por essa alegria e paz, frutos de uma fé inabalável n'Aquele que nunca falha. Deus está cuidando de você.

Eu estou orando por você!

REFLEXÃO

GRATIDÃO

NÃO INVERTA A ORDEM

- Deus
- Saúde
- Família
- Trabalho

"Ó minha alma, espera somente em Deus, porque dele vem a minha esperança."
SALMOS 62:5

02 | DEZ

Desconecte-se das distrações e conecte-se com Deus.

Devocional 336/365

@devocionalmulhersabia

Imagine-se em um dia agitado, cercado por ruídos e distrações de todos os lados, o coração se agitando com preocupações e a alma parecendo não encontrar descanso. Em meio a todo esse tumulto, a Palavra nos convida a fazer uma pausa profunda.

Esperar em Deus, de forma silenciosa, é um ato de confiança absoluta. É aquietar o coração, cessar a inquietação e repousar na certeza de que Ele é a fonte de toda a esperança. Não é fácil encontrar esse silêncio interior em um mundo tão barulhento, mas é nesse lugar de quietude que Deus se revela e lhe dá direção. Quando se silencia, a alma se abre para ouvir a voz de Deus, que é um sussurro de paz em meio às tempestades. Essa espera silenciosa é ativa, pois requer disciplina e fé para resistir à tentação de correr para soluções rápidas. Confie plenamente no tempo de Deus.

A alma que espera em Deus, em silêncio, aprende a descansar nas promessas que Ele fez, sem pressa, sem ansiedade, apenas confiando que Ele tem o controle de todas as coisas. Que possamos encontrar essa paz no silêncio, confiando que a nossa esperança vem de Deus. Mulher sábia, não deixe as distrações a impedirem de viver a bênção. O inimigo tem tentado distraí-la com o que não é importante. Olhe para o alto, não perca a esperança, aquiete o coração e a ansiedade e repouse na certeza de que Ele é a fonte de toda a esperança.

Eu estou orando por você!

REFLEXÃO

GRATIDÃO

NÃO INVERTA A ORDEM

- Deus
- Saúde
- Família
- Trabalho

Nova manhã, novo renovo

03 | DEZ

Levante-se com gratidão, pois Deus é fiel em cada detalhe.

Devocional 337/365

@devocionalmulhersabia

"As misericórdias do Senhor são a causa de não sermos consumidos; porque as suas misericórdias não têm fim. Novas são cada manhã; grande é a tua fidelidade."

LAMENTAÇÕES 3:22-23

Nas dificuldades, é fácil sentir-se consumida pelo peso do mundo. As preocupações do dia a dia, as batalhas internas e as incertezas sobre o futuro podem parecer insuportáveis. No entanto, a Palavra nos oferece uma verdade poderosa, a razão pela qual não somos destruídas, que é a infinita misericórdia e bondade de Deus.

A cada manhã somos lembradas de que as misericórdias de Deus são renovadas na nossa vida. Não importa o quão difícil tenha sido o dia anterior, pela manhã a misericórdia de Deus se renova, Ele lhe dá um novo recomeço. A cada amanhecer, sua fidelidade é inabalável, e Ele permanece ao nosso lado, sustentando-nos.

Essa renovação diária é um convite para que você se apegue à esperança, sabendo que o amor de Deus é constante e nunca falha. O nosso Deus não falha. É fácil nos deixarmos levar pelo desespero, mas, ao voltarmos nossos olhos para a fidelidade de Deus, encontramos força para continuar. Sua compaixão é como uma fonte inesgotável que nunca seca, mesmo nos desertos da vida. Podemos confiar que, assim como o sol nasce todos os dias, as misericórdias de Deus também estão sempre presentes. Então, que possamos acordar a cada manhã com o coração cheio de gratidão, reconhecendo que Deus é fiel e não falha. Sua misericórdia nos cobre, nos renova e nos dá força para enfrentar qualquer coisa que o dia possa trazer.

Eu estou orando por você!

REFLEXÃO

GRATIDÃO

NÃO INVERTA A ORDEM

- Deus
- Saúde
- Família
- Trabalho

Não vacile, Deus vai cumprir

"Retenhamos firmes a confissão da nossa esperança, porque fiel é o que prometeu."

HEBREUS 10:23

04 | DEZ

Lembre-se: tempos difíceis não são permanentes, apenas passageiros.

Devocional 338/365

@devocionalmulhersabia

A vida é cheia de desafios que testam a nossa fé e esperança. Em muitos momentos podemos sentir o peso das dúvidas e dos questionamentos, mas a Palavra nos encoraja a manter nossa esperança sem vacilar, pois a fidelidade de Deus é a nossa garantia. Podemos ver inúmeros personagens da Bíblia, como Davi, Elias e Abraão, que não vacilaram, porque entenderam que, para viverem a promessa e a bênção, precisavam passar pelo tempo de deserto. E ali eles ficaram com os ouvidos atentos, obedecendo, dependendo e gerando intimidade com o Pai. Para a promessa de Deus se cumprir, os nossos ouvidos têm que estar atentos e abertos aos direcionamentos de Deus.

Assim como um marinheiro que se agarra ao mastro de seu navio em meio a uma tempestade, sabendo que o barco ainda está no caminho certo, devemos nos apegar à nossa esperança em Deus, sabendo que Ele é fiel e cumprirá tudo o que prometeu. Não é fácil manter essa esperança inabalável, especialmente quando o mundo ao nosso redor parece desmoronar. Mas lembre-se de que tempos de deserto não são lugar de permanência, só de passagem. Nesses momentos, devemos lembrar quem é o autor das promessas. Portanto, em tempos de incerteza, não nos deixemos abalar. Lembremo-nos de que nossa esperança está em Deus, que cumpre Suas promessas no tempo exato.

Que possamos manter essa esperança viva e pulsante em nossos corações, confiando que o melhor ainda está por vir. Não vacile, mulher sábia, Ele prometeu e vai cumprir.

Eu estou orando por você!

REFLEXÃO

GRATIDÃO

NÃO INVERTA A ORDEM

- Deus
- Saúde
- Família
- Trabalho

Espere somente em Deus

05 | DEZ

"Agora, pois, Senhor, que espero eu? A minha esperança está em ti."

SALMOS 39:7

"A verdadeira esperança não se baseia nas circunstâncias, mas na fidelidade de Deus.

Devocional 339/365

@devocionalmulhersabia

Há momentos na vida em que nos encontramos em um ponto de inflexão, onde todas as esperanças terrenas parecem ter se esgotado e estamos sozinhas. Nesses momentos, a Palavra nos guia a uma reflexão profunda, pois quando todas as outras fontes de segurança falham, a nossa esperança deve estar somente em Deus.

Colocar nossa esperança em Deus é reconhecer que Ele é a única âncora segura em um mundo de incertezas. É entender que, enquanto tudo ao nosso redor pode mudar, Deus permanece o mesmo para sempre. Sua constância nos dá confiança para enfrentar o que vier, sabendo que Ele está ao nosso lado, sustentando-nos com Seu amor e poder. É como um agricultor que planta suas sementes sabendo que a colheita virá no tempo certo. Assim é quando esperamos em Deus, com a certeza de que no tempo certo veremos os frutos da nossa fé, se não desanimarmos.

Independentemente do que enfrentemos, Deus é fiel e nunca decepciona. Não coloque expectativa em pessoas. Mulher sábia, a sua expectativa tem que estar somente em Deus, pois a chance de você se frustrar quando coloca expectativa em pessoas é muito grande, mas em Deus você não se frustra. Espere somente n'Ele.

Eu estou orando por você!

REFLEXÃO

GRATIDÃO

NÃO INVERTA A ORDEM

- Deus
- Saúde
- Família
- Trabalho

Confie no processo

"Porque eu bem sei os pensamentos que penso de vós, diz o Senhor; pensamentos de paz e não de mal, para vos dar o fim que esperais."

JEREMIAS 29:11

06 | DEZ

A paciência é a virtude que revela as promessas de Deus.

Devocional 340/365

@devocionalmulhersabia

Em momentos de incerteza e confusão, é comum questionarmos o propósito de Deus para nossa vida. Podemos nos perguntar por que certas coisas acontecem e qual é o plano d'Ele, no entanto Deus, em Sua infinita sabedoria e amor, nos assegura de que seus pensamentos a nosso respeito são de paz, e não de mal. Deus tem um plano perfeito para cada uma de nós; embora nem sempre possamos ver o quadro completo, podemos confiar que Ele está trabalhando para o nosso bem. Assim como o artista que, ao pintar uma obra-prima, começa com esboços e camadas que por si só podem não fazer sentido, mas que no final formam uma bela imagem.

Deus está pintando uma obra-prima em nossa vida, e é essencial que confiemos no processo, mesmo quando não entendemos os detalhes. Deus lhe promete um fim esperado, um futuro cheio de esperança e paz. Essa promessa é um lembrete de que, independentemente da circunstância atual, Deus está no controle e Seus planos para você são bons.

Portanto, que você possa descansar na certeza de que Deus conhece o seu caminho e Seus planos são sempre para o seu bem. Que você possa confiar na fidelidade e esperar com esperança e paciência, sabendo que o melhor ainda está por vir. Confie no processo, Deus está cuidando de todas as coisas. O nosso Deus não falha, então não perca a esperança.

Eu estou orando por você!

REFLEXÃO

GRATIDÃO

NÃO INVERTA A ORDEM

- Deus
- Saúde
- Família
- Trabalho

Aprenda a abençoar a provisão oculta de Deus

07 | DEZ

"Vai-te daqui, e vira-te para o oriente, e esconde-te junto ao ribeiro de Querite, que está diante do Jordão."

1 REIS 17:3

A provisão de Deus é muitas vezes encontrada nos lugares mais inesperados.

Devocional 341/365

@devocionalmulhersabia

Querite é lugar de deserto, desconfortável, é escola de Deus, lugar de total dependência e onde não somos reconhecidas, onde a provisão de Deus está no oculto. Talvez você esteja vivendo esse tempo na sua vida, e esse é o lugar de viver a provisão de Deus e ter discernimento espiritual. O deserto é apenas um lugar para se passar, não é lugar de permanência.

Antes de vivermos as maiores promessas e bênçãos da nossa vida, existe o tempo de Querite. Porque para caminhar com Deus e ser usada por Ele, você precisa aprender a depender d'Ele. É no deserto que é forjado o seu caráter e você aprende a viver na dependência do Senhor. É no deserto que você aprende a obedecer às diretrizes e a ouvir os direcionamentos de Deus, se tornando íntima do Senhor. Sem intimidade com o Pai, não existe bênção.

Para você viver coisas novas em Deus, precisa de novas atitudes em Deus, portanto aprenda a abençoar a provisão oculta do Senhor. A nova estação de Deus, o novo tempo da esperança chegou e vai ser radical na sua vida. Mulher sábia, é tempo de viver as bênçãos de Deus. Aprenda a abençoar a provisão oculta do Pai.

Eu estou orando por você!

REFLEXÃO

GRATIDÃO

NÃO INVERTA A ORDEM

- Deus
- Saúde
- Família
- Trabalho

Espere com paciência, Ele está fazendo

"Porque, em esperança, somos salvos. Ora, a esperança que se vê não é esperança; porque o que alguém vê, como o esperará? Mas, se esperamos o que não vemos, com paciência o esperamos."

ROMANOS 8:24-25

08 | DEZ

É no tempo de espera que o melhor de Deus acontece.

Devocional 342/365

@devocionalmulhersabia

A esperança é o que nos move adiante, mesmo quando o caminho à frente é incerto. A Palavra nos lembra de que a esperança está intrinsecamente ligada à nossa salvação, pois fomos salvos para esperar, para viver na expectativa daquilo que ainda não vemos.

Esperar por aquilo que é óbvio não é espera, mulher sábia. A espera é pelo que ainda não se vê, mas que sabemos ser real e verdadeiro por causa das promessas de Deus. Esperar o que não vemos exige uma fé profunda e paciente. Devemos plantar a nossa fé no solo da promessa de Deus e aguardar o tempo certo de colher os frutos.

Durante essa espera, podemos ser tentadas a desistir ou a duvidar, especialmente quando as dificuldades da vida parecem nos sufocar. Mas é exatamente nesse momento que a esperança se torna mais poderosa. Ela nos lembra de que há algo maior e mais glorioso, reservado para nós, garantido pela palavra de Deus. Portanto, continuemos a esperar com paciência, fazendo da nossa esperança uma âncora firme, que nos mantenha estáveis em meio às tempestades da vida.

É nesse tempo de espera que o melhor de Deus acontece. Obedeça, busque mais intimidade, decida depender de Deus, e você vai viver as maiores experiências com Ele.

Eu estou orando por você!

REFLEXÃO

GRATIDÃO

NÃO INVERTA A ORDEM

- Deus
- Saúde
- Família
- Trabalho

Humildade não é fraqueza, é dependência

09 | DEZ

"O Senhor agrada-se dos que o temem e dos que esperam na sua misericórdia."

SALMOS 147:11

A verdadeira força está em reconhecer nossa necessidade de Deus.

Devocional 343/365

@devocionalmulhersabia

Em um mundo onde o poder, a força e a autossuficiência são frequentemente exaltadas, a Palavra nos lembra de que a humildade é a chave para a elevação. Deus, em Sua justiça e sabedoria, eleva os humildes, que são aqueles que reconhecem sua dependência d'Ele e buscam viver de acordo com Seus princípios.

A humildade não é fraqueza, é força sob controle, é dependência e reconhecimento de que sem Deus nada podemos fazer. Quando nos humilhamos diante de Deus, Ele nos exalta porque vê em nós um coração que está disposto a ser moldado, guiado e usado para a Sua glória. Por outro lado, aqueles que se exaltam confiando em suas próprias forças, ignorando Deus, acabam sendo abatidos, pois a soberba precede à queda.

A elevação dos humildes é tanto um processo espiritual quanto um princípio que se manifesta em nossas vidas. Quando escolhemos caminhar em humildade, abrimos espaço para que Deus trabalhe em nós. Que possamos, então, buscar a humildade em tudo o que fazemos, confiando que Deus, em Sua justiça, nos elevará no tempo certo. Que nossas vidas sejam reflexo da verdadeira grandeza que vem do coração humilde que se submete ao Senhor. Humildade não é fraqueza, é dependência, então decida hoje viver uma vida de dependência em Deus. Não queira viver com autossuficiência, pela sua força. Até hoje, você está vivendo pela força dos seus braços e não está dando certo. Decida a partir de hoje, mulher sábia, viver uma vida de dependência em Deus.

Eu estou orando por você!

REFLEXÃO

GRATIDÃO

NÃO INVERTA A ORDEM

- Deus
- Saúde
- Família
- Trabalho

Não tema, viva na dependência

"Não temas, porque eu sou contigo; não te assombres, porque eu sou o teu Deus; eu te esforço, e te ajudo, e te sustento com a destra da minha justiça."

ISAÍAS 41:10

10 | DEZ

Coragem é confiar em Deus, mesmo diante do medo.

Devocional 344/365

@devocionalmulhersabia

A mulher sábia entende que precisa viver em dependência de Deus, e isso joga fora todo o medo, que é uma emoção universal, que todos experimentamos em diferentes momentos da vida, mas pode nos paralisar, nos afastar dos nossos objetivos e nos impedir de viver plenamente.

O medo nos afasta da vida em abundância que Deus tem preparado para nós. No entanto, o Senhor nos oferece uma poderosa garantia, que não precisamos temer, pois Ele é conosco. Acredite de todo o seu coração que, quando Deus diz para não temer, Ele não está minimizando nossas lutas ou nossos desafios. Pelo contrário, Ele está nos lembrando de que, em meio ao medo, Sua presença é a nossa maior força.

Saber que o Deus todo-poderoso está ao nosso lado nos dá a coragem para enfrentar qualquer adversidade. Ele não apenas nos conforta, mas também nos ampara com Sua justiça. Essa promessa é um convite para confiarmos plenamente em Deus, independentemente do que enfrentamos. Não importa quão grandes sejam os desafios, podemos ter a certeza de que Deus está conosco. Ele é nosso refúgio e fortaleza, nos conduz em vitória.

Que você possa erguer sua cabeça, confiando que Deus está com você, sustentando-a com Sua mão poderosa e guiando-a por caminhos seguros. Você nunca está sozinha, você é cuidada e amada por Deus.

Eu estou orando por você!

REFLEXÃO

GRATIDÃO

NÃO INVERTA A ORDEM

- Deus
- Saúde
- Família
- Trabalho

Ele a livra o tempo todo

11 | DEZ

Cada livramento é uma prova do amor incondicional de Deus por você.

Devocional 345/365

@devocionalmulhersabia

"O qual nos livrou de tão grande morte e livrará; em quem esperamos que também nos livrará ainda."

2 CORÍNTIOS 1:10

Durante a sua existência, Deus já a livrou talvez de relacionamentos, pessoas, acidentes, doenças etc. A vida cristã é marcada por livramentos constantes, tanto físicos quanto espirituais.

A Palavra nos convida a exercer a confiança inabalável no poder de Deus para livrar-nos e reconhecer que n'Ele temos a segurança de que, independentemente das circunstâncias, o Senhor nos livrará. Essa confiança não vem de uma expectativa ilusória de que não enfrentaremos problemas, mas de uma profunda experiência de que Deus já nos livrou no passado. E é essa mesma experiência que fortalece a nossa esperança de que Ele continuará a nos livrar no futuro.

Cada livramento é uma prova do cuidado e do amor de Deus, um lembrete de que ele está sempre presente operando em nossas vidas, mesmo quando não percebemos. Esperar em Deus, confiando que Ele nos livrará, é um ato de fé que nos mantém firmes em meio à diversidade, é um escudo que protege de ataques de dúvida e desespero. Mulher sábia, traga à memória, todos os dias, todos os livramentos que Deus já fez por você. Que possamos colocar nossa esperança no Deus que é o nosso libertador e que ela nos dê força para enfrentar qualquer situação, sabendo que Deus está sempre ao nosso lado, pronto para nos livrar, seja do que for.

Eu estou orando por você!

REFLEXÃO

GRATIDÃO

NÃO INVERTA A ORDEM

- Deus
- Saúde
- Família
- Trabalho

Deus se alegra com a sua espera

"Esforçai-vos, e ele fortalecerá o vosso coração, vós todos os que esperais no Senhor."

SALMOS 31:24

12 | DEZ

Esperar no Senhor é um ato de fé que traz recompensas eternas.

Devocional 346/365

@devocionalmulhersabia

Espera é uma palavra difícil para nós, mulheres; nós queremos tudo para hoje, para agora, mas você precisa ser mais como Maria e menos como Marta. Maria decidiu esperar aos pés de Jesus, enquanto Marta se ocupou de afazeres. Maria escolheu a boa parte que não seria tirada dela, enquanto Marta estava ansiosa e preocupada.

Esperar no Senhor é uma das maiores demonstrações de fé e confiança que podemos ter. No entanto, essa espera muitas vezes exige de nós esforço e determinação. A Palavra nos encoraja a fortalecer os nossos corações enquanto esperamos no Senhor. Esforçar-se enquanto espera significa continuar a confiar, orar, buscar em Deus e agradecê-Lo. Mesmo quando as respostas não são imediatas ou não são as respostas que você deseja. É uma caminhada de fé em que, mesmo sem ver o resultado, acreditamos que Deus está trabalhando. Esse esforço é recompensado com uma fé ainda mais profunda, pois, à medida que esperamos, Deus nos molda, nos ensina e nos prepara para o que está por vir. Muitas vezes o que Ele tem para nós exige um coração forte, resiliente e cheio de fé.

É na espera que essas qualidades são desenvolvidas, que seu caráter é forjado, que Deus a cura, a transforma e faz de você uma mulher sábia. Portanto, que a espera seja uma jornada de crescimento espiritual, da qual saímos mais fortes e preparadas para receber o que Deus tem reservado para nós. Deus se alegra com sua espera e obediência. Espere buscando mais intimidade com Ele.

Eu estou orando por você!

REFLEXÃO

GRATIDÃO

NÃO INVERTA A ORDEM

- Deus
- Saúde
- Família
- Trabalho

A sua espera não será frustrada

13 | DEZ

"Porque deveras há um fim bom; não será malograda a tua esperança."

PROVÉRBIOS 23:18

A esperança em Deus é a certeza de que tudo ficará bem.

Devocional 347/365

@devocionalmulhersabia

A vida é composta de começos e fins, e passamos por diversas estações, cada uma trazendo seus próprios desafios e bênçãos. Se você viveu várias estações neste ano, alegre-se! Algumas pessoas passam pela mesma estação a vida toda por não aprenderem o que Deus está ensinando. Se você tem experimentado mudanças, é porque está sendo aprovada e avançando para o próximo nível. Em meio a essas transições, Deus nos dá uma promessa inabalável: haverá um fim, e nossa esperança não será frustrada.

Esse versículo nos lembra de que, independentemente das circunstâncias, haverá um desfecho bom. Ter esperança em Deus significa confiar que Ele está no controle de cada detalhe e que o fim será de vitória e alegria, como Ele nos garante. Nossa esperança em Deus nos dá paz para enfrentar as tempestades, com a certeza de que elas não durarão para sempre e de que, no tempo certo, Ele trará o fim desejado conforme Sua perfeita vontade.

Nossa esperança está segura nas mãos de um Deus que nunca falha. Que possamos manter nossos olhos fixos em Deus, confiando que Ele trabalha todas as coisas para o nosso bem. Em todas as nossas jornadas, lembremos: nossa esperança será recompensada com o melhor de Deus. Se Ele prometeu, certamente cumprirá. Mulher sábia, você não será frustrada; pelo contrário, o que Deus fará em sua vida será maior e mais lindo do que você jamais sonhou ou imaginou.

Eu estou orando por você!

REFLEXÃO

GRATIDÃO

NÃO INVERTA A ORDEM

- Deus
- Saúde
- Família
- Trabalho

Deus a ouve e reorganiza a sua vida

"Eu, porém, esperarei no Senhor; esperei no Deus da minha salvação; o meu Deus me ouvirá."

MIQUEIAS 7:7

14 | DEZ

Mesmo em meio ao caos, Deus tem o poder de trazer ordem.

Devocional 348/365

@devocionalmulhersabia

Há momentos na vida em que em tudo ao nosso redor parece estar em desordem, as circunstâncias podem ser desafiadoras e os problemas podem parecer esmagadores. No entanto, na Palavra encontramos um poderoso exemplo de fé que nos mostra que, mesmo quando tudo parece perdido, você pode colocar a sua confiança em Deus, sabendo que Ele ouvirá o seu clamor e reorganizará toda a sua vida.

Olhar para o Senhor é uma escolha deliberada de tirar os olhos das dificuldades e focar Deus. Esperar pelo Deus da nossa salvação é confiar que Ele já tem um plano e que, no tempo certo, intervirá em nosso favor. Essa atitude de fé nos fortalece e nos dá esperança em meio às adversidades de que, independentemente da circunstância, Deus nos ouve, pois está atento às nossas orações e não nos abandona. Sua salvação é certa, a resposta virá no tempo certo, e Ele vai reorganizar tudo no tempo exato.

Portanto, nos momentos de desordem, que você possa olhar para Deus, esperar n'Ele e depositar a sua confiança na certeza de que Deus ouve e responde o clamor dos seus filhos. Ele está reorganizando a sua vida.

Eu estou orando por você!

REFLEXÃO

GRATIDÃO

NÃO INVERTA A ORDEM

Deus

Saúde

Família

Trabalho

É preciso silêncio para ouvir Deus

15 | DEZ

"O silêncio é o espaço onde Deus fala mais alto.

Devocional 349/365

@devocionalmulhersabia

"Tu és o meu refúgio e o meu escudo; espero na tua palavra."

SALMOS 119:114

A palavra de Deus é um refúgio seguro, um esconderijo em meio às tempestades da vida. Há uma profunda confiança na proteção e na segurança que encontramos em Deus de que as Suas promessas são verdadeiras e que Ele é fiel para cumpri-las. A palavra de Deus é viva e eficaz, porque o Senhor não muda, e nela encontramos tudo de que precisamos para enfrentar as lutas e os desafios da vida. É um escudo que nos protege dos ataques do inimigo, um refúgio onde podemos descansar com segurança, sabendo que Deus está conosco quando esperamos.

Na palavra de Deus, estamos nos alinhando com a Sua vontade e confiando que Ele cumprirá o que prometeu. Silencie, no refúgio da Palavra, o seu coração, a sua ansiedade e a sua alma, para ouvir a voz de Deus.

Aquiete-se, mulher sábia, você precisa estar no esconderijo, firmada na Palavra, para ouvir a voz e a direção de Deus. Ele quer lhe dar direcionamento, mas para isso você precisa aquietar o coração. Permaneça firme na fé, orando, jejuando, meditando e vivendo de acordo com os princípios de Deus. À medida que espera, Deus a fortalece, lhe dá sabedoria e a guia em cada passo do caminho. É preciso silêncio para ouvir a voz de Deus.

Eu estou orando por você!

REFLEXÃO

GRATIDÃO

NÃO INVERTA A ORDEM

- Deus
- Saúde
- Família
- Trabalho

"E a esperança não traz confusão, porquanto o amor de Deus está derramado em nosso coração pelo Espírito Santo que nos foi dado."

ROMANOS 5:5

16 | DEZ

Mulher sábia, quando estiver com medo e insegura, descanse no amor de Deus.

Devocional 350/365

@devocionalmulhersabia

Nesse versículo, a Palavra nos assegura de que a esperança que encontramos em Deus é firme e não nos desilude nem gera confusão. Quando falamos de esperar em Deus, não estamos falando de um sentimento passageiro ou incerto, mas de uma confiança profunda e duradoura, alicerçada no amor de Deus, derramado em nós pelo Espírito Santo.

Esse amor é um presente Divino que nos conecta diretamente com a fonte de toda a esperança. O Espírito Santo é o nosso guia e consolador, que nos lembra constantemente do amor de Deus e nos dá a certeza de que somos amadas e cuidadas. Quando nos sentimos perdidas ou confusas, é esse amor que nos dá a segurança para enfrentar as adversidades e nos ajuda a perceber que a esperança em Deus é uma âncora firme para a nossa alma, que não se abala mesmo diante das tempestades da vida.

Assim, nossa esperança é constantemente renovada e reforçada pelo Espírito Santo, que nos capacita a ver além das dificuldades imediatas e a confiar que Deus está sempre ao nosso lado, trabalhando para o nosso bem e nos sustentando em amor.

É esse amor divino que nos fortalece e nos encoraja a permanecer firmes. Mulher sábia, quando você precisar saber se algo é de Deus ou não, lembre-se de que tudo o que vem de Deus traz paz no coração.

Eu estou orando por você!

REFLEXÃO

GRATIDÃO

NÃO INVERTA A ORDEM

- Deus
- Saúde
- Família
- Trabalho

Deus é a sua âncora, Ele é o seu sustento

17 | DEZ

Confie na estabilidade que só Deus pode oferecer em tempos de incerteza.

Devocional 351/365

@devocionalmulhersabia

"A qual temos como âncora da alma segura e firme e que penetra até ao interior do véu."

HEBREUS 6:19

A esperança é como uma âncora para a nossa alma em tempos de tempestade e incerteza, mantém o barco seguro e estável. Da mesma forma, a esperança que temos em Cristo é uma âncora que nos mantém firmes mesmo quando as ondas da vida nos abalam. Ela não é uma sensação passageira, mas algo profundo e duradouro que penetra até o interior do véu, simbolizando o acesso direto à presença de Deus.

Nossa esperança em Cristo nos dá uma base sólida para enfrentar qualquer desafio e nos mantém firmes em meio às provações. É uma esperança que não se baseia em circunstâncias externas, mas na certeza de que estamos seguras n'Aquele que já entrou no lugar do Santíssimo por nós.

Portanto, que possamos nos agarrar a essa âncora, sabendo que em Cristo temos segurança e estabilidade, mesmo quando o mar da vida está agitado e incerto. Nossa esperança é segura, garantindo que estamos firmes na presença de Deus. Você está segura, protegida e amada e tem a firmeza somente em Deus.

Eu estou orando por você!

REFLEXÃO

GRATIDÃO

NÃO INVERTA A ORDEM

- Deus
- Saúde
- Família
- Trabalho

Revista-se da armadura de Deus

"Mas nós, que somos do dia, sejamos sóbrios, vestindo-nos da couraça da fé e do amor e tendo por capacete a esperança da salvação."

1 TESSALONICENSES 5:8

18 | DEZ

Vista-se com a armadura de Deus e saia para conquistar o dia com coragem!

Devocional 352/365

@devocionalmulhersabia

Mulher sábia, aprenda a se revestir da armadura de Deus todos os dias pela manhã, para blindar a sua mente de todo ataque maligno. A Palavra nos apresenta uma imagem poderosa da armadura espiritual necessária para viver a vida cristã. A couraça e o capacete são elementos essenciais de proteção em uma batalha, simbolizando a proteção que a fé, o amor e a esperança oferecem para a nossa vida.

Na Palavra, a fé e o amor são descritos como a couraça que protege o nosso coração e os nossos sentimentos das investidas do inimigo. Ela nos ajuda a permanecer firmes e seguros, mesmo diante das dificuldades e das tentações. A esperança da salvação, por sua vez, é o capacete que protege a nossa mente, nos dando a certeza e a confiança de que a nossa salvação está garantida em Cristo.

A esperança nos ajuda a ver além das lutas temporais e a manter a nossa mente focada nas promessas de Deus. Ela nos encoraja a viver de maneira sóbria e vigilante. Ao vestirmos essa armadura, podemos enfrentar os desafios da vida com confiança e coragem. Revista-se da armadura de Deus todos os dias, faça isso como o primeiro ato antes de você sair da sua casa e blinde a sua mente de todo ataque maligno. Você vai sair mais forte e corajosa para encarar todos os desafios do dia e nada a abalará. Porque a mulher sábia é inabalável, afinal está sempre revestida com a armadura de Deus.

Eu estou orando por você!

REFLEXÃO

GRATIDÃO

NÃO INVERTA A ORDEM

- Deus
- Saúde
- Família
- Trabalho

Essa luta não é para destruí-la

19 | DEZ

"As lutas não são o fim; são parte do caminho para o seu propósito.

Devocional 353/365

@devocionalmulhersabia

"Quando passares pelas águas, estarei contigo, e, quando pelos rios, eles não te submergirão; quando passares pelo fogo, não te queimarás, nem a chama arderá em ti."

ISAÍAS 43:2

Deus é conosco em todas as situações, seja na água ou no fogo; isso quer dizer que, em qualquer lugar ou circunstância, Ele está com você e por você. Essa é uma poderosa promessa de proteção e presença divina em tempos de dificuldade. A Palavra nos assegura de que Deus está conosco, garantindo que não seremos consumidas por desafios extremos ou situações difíceis. Passar por essas experiências pode parecer aterrorizante, mas Deus promete estar conosco em cada momento, oferecendo proteção e segurança. A presença de Deus é uma garantia de que, mesmo nas circunstâncias mais adversas, não seremos destruídas.

A proteção de Deus não nos livra das dificuldades, mas assegura que, mesmo no meio delas, Ele está conosco; Sua presença é um conforto e uma fonte de força que ajuda a enfrentar qualquer situação com coragem.

Portanto, Deus é a sua proteção, maior do que qualquer dificuldade que possa enfrentar em cada prova. Ele está ao seu lado, garantindo que não será consumida, abalada ou excluída. Porque tudo isso não é para destruí-la, mas para fortalecê-la, aproximá-la do Pai, forjar o seu caráter e fazê-la viver coisas lindas que você nunca sonhou ou imaginou. Mantenha-se firme sabendo que Ele está com você em todas as circunstâncias e situações. Não escute pessoas, não se deixe guiar pelo momento. Seja guiada somente pela voz do Espírito Santo de Deus.

Eu estou orando por você!

REFLEXÃO

GRATIDÃO

NÃO INVERTA A ORDEM

- Deus
- Saúde
- Família
- Trabalho

Eu sei em quem tenho crido

"Por cuja causa padeço também isto, mas não me envergonho, porque eu sei em quem tenho crido e estou certo de que é poderoso para guardar o meu depósito até àquele Dia."

21 TIMÓTEO 1:12

20 | DEZ

Confie na fidelidade de Deus; Ele sempre cumpre Suas promessas!

Devocional 354/365

@devocionalmulhersabia

O apóstolo Paulo escreve com convicção sobre sua fé em Cristo. Mesmo em meio a aflições e sofrimentos, ele reconhece que, embora enfrente dificuldades, não se envergonha, pois tem plena confiança em Deus, Aquele em quem crê. Essa confiança é baseada na certeza de que Deus é poderoso para guardar o que foi confiado a Ele até o dia final.

Deus está no controle, mulher sábia, e Ele é fiel para cumprir suas promessas e proteger o que foi confiado a Ele. A certeza que essa palavra nos dá é a força para enfrentar as dificuldades com coragem e determinação, pois você entende que a fidelidade não muda e que nada pode separar o que foi confiado a Ele.

E essa é a confiança que você pode ter na sua vida, sabendo que Deus é fiel para guardar o que lhe é entregue. Entregue a sua casa, a sua vida, a sua saúde, as pessoas que você ama, os seus negócios nas mãos de Deus. Tenha coragem para fazer essa entrega.

Que você possa enfrentar as dificuldades com a mesma confiança e segurança que Paulo teve, acreditando que Deus é poderoso para guardar tudo que lhe entregamos. A fidelidade de Deus nunca falhará.

Eu estou orando por você!

REFLEXÃO

GRATIDÃO

NÃO INVERTA A ORDEM

- Deus
- Saúde
- Família
- Trabalho

Não siga pelos outros

21 | DEZ

"A sua jornada é única; não compare sua história com a de ninguém.

Devocional 355/365

@devocionalmulhersabia

"Por que estás abatida, ó minha alma, e por que te perturbas em mim? Espera em Deus, pois ainda o louvarei na salvação da sua presença."

SALMOS 42:5

Hoje eu quero desafiá-la a parar de ser guiada pelo que os outros estão fazendo ou vivendo. Deus tem uma história escrita para você que é incomparável à história de outras pessoas. Talvez você olhe pessoas nas redes sociais ou que conhece e fique comparando o seu andar com o dessas pessoas. O que Deus tem para você não se compara com ninguém, pois você é única diante de Deus.

O que Ele tem para você é diferente de todos, porque você é filha amada e única aos olhos do Pai. A sua história é única, o seu DNA é único, então não deixe a sua alma ficar abatida e espere em Deus com confiança. Não compare a sua história com a de ninguém, porque ninguém sabe o sapato que você calçou para chegar até aqui. Só você sabe os espinhos que encontrou, só você sabe o quanto doeu para chegar até aqui, só você e Deus, mais ninguém. Então, pare de comparar a sua história com a de outros.

Deus sabe o quanto você teve que renunciar e conhece o seu coração. Espere em Deus e aumente o volume do seu louvor. Mesmo quando a alma está abatida, confie e busque consolo e força em Deus. Que você possa levantar os seus olhos para Deus, esperando n'Ele mesmo quando enfrenta desafios, com a certeza de que Ele é a salvação e a esperança para seguir em frente. Você é incomparável para Deus, você é única.

Eu estou orando por você!

REFLEXÃO

GRATIDÃO

NÃO INVERTA A ORDEM

- Deus
- Saúde
- Família
- Trabalho

Deus não está atrasado

"Não se turbe o vosso coração; credes em Deus, crede também em mim."

JOÃO 14:1

22 | DEZ

A paciência é uma virtude; aguarde o tempo perfeito de Deus.

Devocional 356/365

@devocionalmulhersabia

Deus nunca se atrasa, mas o que pode estar atrasando o agir de Deus é você, porque ainda não está obedecendo ou ouvindo as instruções do Senhor.

Deus está pronto para terminar a boa obra que já começou a fazer na sua vida. Não atrase o agir de Deus, peça a Ele para a ensinar o que você precisa aprender para que todo esse deserto possa passar logo.

Talvez você ache que é o fim, seu coração esteja perturbado, mas saiba que esse ainda é o início do voo que Deus está começando na sua vida. A perturbação do coração pode vir de muitas fontes, no entanto Jesus a convida a trocar a ansiedade pela fé. A confiança em Deus e em Cristo é a chave para encontrar paz e tranquilidade, mesmo em meio às tempestades da vida. É a sua âncora e a sua fonte de segurança, pois Ele é o caminho, a verdade e a vida, e oferece um consolo e uma esperança, que não podem ser encontrados em nenhum outro lugar.

A fé em Cristo é a certeza de que Ele está conosco e é a nossa paz. Portanto, que possamos deixar nossas preocupações nas mãos de Deus, confiando plenamente em Cristo para nos dar a paz e a segurança que nossos corações anseiam. Em tempos de incertezas, Jesus é a nossa esperança firme e a nossa fonte de calma. O fim da pista é só o início do seu voo, aquiete o seu coração e descanse em Deus.

Eu estou orando por você!

REFLEXÃO

GRATIDÃO

NÃO INVERTA A ORDEM

- Deus
- Saúde
- Família
- Trabalho

O tempo perfeito de Deus

23 | DEZ

A espera pode ser difícil, mas é nessa espera que somos moldadas.

Devocional 357/365

@devocionalmulhersabia

"Aguardo o Senhor; a minha alma o aguarda, e espero na sua palavra."

SALMOS 130:5

Quem olha uma árvore linda, cheia de flores, de frutos, não imagina o tempo do outono que ela passou, como os galhos dela ficaram secos. Os ciclos são importantes para que você seja renovada. Não há como ser primavera o ano todo, mas também não vai ser outono ou inverno. É preciso ter paciência para viver o tempo exato de Deus, esperar no Senhor e aguardar a realização da promessa de Deus com paciência, aguardando o tempo certo para todas as coisas, porque Ele sabe como e quando fazer.

Olhe para a criação do mundo, ele não foi feito em um só dia. Deus não atropela as coisas, há o tempo da espera, então descanse o seu coração. É Deus quem decide começo, recomeço e fim. O Senhor garante que o seu fim será maravilhoso, de cabeça erguida, então respeite os ciclos da vida e entenda em qual estação você está. Seja grata pela estação que está vivendo.

Só quem aprende o que Deus quer ensinar consegue passar pelo tempo de espera. Acredite, logo tudo vai cooperar para o seu bem.

Eu estou orando por você!

REFLEXÃO

GRATIDÃO

NÃO INVERTA A ORDEM

- Deus
- Saúde
- Família
- Trabalho

Só vive a perfeição de Deus quem espera

"Tudo fez formoso em seu tempo; também pôs o mundo no coração deles, sem que o homem possa descobrir a obra que Deus fez desde o princípio até ao fim."

ECLESIASTES 3:11

24 | DEZ

Aprenda com os "nãos" de Deus, eles lhe permitem viver o extraordinário.

Devocional 358/365

@devocionalmulhersabia

Deus faz todas as coisas com perfeição e no seu tempo. Ele colocou a eternidade em nossos corações como uma sensação de que há algo maior do que as experiências temporais da vida. Esse sentimento de eternidade nos lembra da grandiosidade do plano de Deus, que tem um propósito e um tempo determinado para todas as coisas sob o céu.

Para tudo há um tempo determinado; mesmo quando não entendemos completamente o que está acontecendo, podemos confiar que Ele está trabalhando para realizar o seu plano eterno. Aprenda com os "nãos" de Deus e seja grata, pois são eles que a fazem viver o extraordinário. Nossa vida é um reflexo da obra contínua de Deus que transcende o que podemos ver ou compreender. A sensação de eternidade em nossos corações nos dá uma perspectiva mais ampla sobre a vida, nos lembra de que somos parte de um plano de vida maior e de que nossas esperanças e nossos sonhos estão conectados com o eterno de Deus.

Mesmo nas incertezas e dificuldades pode-se confiar que Ele está no controle e cuidou de você até aqui. Olhe para este ano e veja como Deus pôde sustentá-la. Portanto, que você possa viver com a confiança de que Deus faz todas as coisas formosas em seu tempo e de que a eternidade em seu coração a encoraja a buscar e confiar no seu propósito eterno para sua vida. Lembre-se: só vive a promessa quem suporta o tempo da espera.

Eu estou orando por você!

REFLEXÃO

GRATIDÃO

NÃO INVERTA A ORDEM

- Deus
- Saúde
- Família
- Trabalho

Vá para a terra que eu lhe mostrarei

25 | DEZ

Abra mão do que a prende e siga com fé na direção que Deus mostrar.

Devocional 359/365

@devocionalmulhersabia

"O qual, em esperança, creu contra a esperança que seria feito pai de muitas nações, conforme o que lhe fora dito: Assim será a tua descendência."

ROMANOS 4:18

Hoje Deus lhe ordena que abandone tudo que a aprisiona e vá para a terra que Ele mostrará. A Palavra fala sobre a fé que Abraão criou na promessa de Deus. Apesar das circunstâncias aparentemente impossíveis, ele teve esperança confiando que Deus cumpriria sua palavra.

Deus manda Abraão abandonar tudo e ir para o lugar que Ele ainda ia mostrar. E hoje Ele está lhe falando também para seguir no caminho guiado por Ele. A esperança em Deus pode levá-la a acreditar em promessas que desafiam a lógica humana, mesmo quando as evidências externas parecem negativas; a fé em Deus lhe permite ver além das circunstâncias e confiar na sua fidelidade. A esperança que Abraão teve foi baseada em uma relação pessoal com Deus e em sua capacidade de cumprir o que prometeu.

Da mesma forma, você é chamada a ter uma fé que vai além do que pode ver, confiando na promessa de Deus para a sua vida. Que possamos, como Abraão, ter uma esperança firme em Deus, acreditando que Ele cumprirá todas as Suas promessas. Você vai chegar na Terra prometida, mulher sábia, mas para isso você precisa ter fé, esperança e acreditar que é Ele quem a está conduzindo.

Eu estou orando por você!

REFLEXÃO

GRATIDÃO

NÃO INVERTA A ORDEM

- Deus
- Saúde
- Família
- Trabalho

Tenha ótimas expectativas para o próximo ano

"Mas buscai primeiro o Reino de Deus, e a sua justiça, e todas essas coisas vos serão acrescentadas"

MATEUS 6:33

26 | DEZ

Novos começos trazem novas oportunidades; abra seu coração para o que vem!

Devocional 360/365

@devocionalmulhersabia

O ano está prestes a terminar e um novo ano está para se iniciar. Eu tenho certeza de que você fez grandes planos neste ano que passou e pôde ver o agir de Deus nos detalhes. Eu tenho certeza de que você viveu coisas lindas em Deus, mas também tenho certeza de que teve os desafios.

Você pode ver o cuidado de Deus em tudo e o ciclo perfeito do Senhor presente em tudo. E quero que você saiba que as sementes que lançou não foram em vão, portanto nada que fez para Deus neste ano foi em vão. Você pode não ter tido reconhecimento de pessoas, mas tem um reconhecimento de Deus e vai frutificar.

Não se preocupe com as pessoas, não coloque a expectativa em pessoas. Coloque a sua prioridade no lugar certo e deixe Deus ocupar o lugar que a Ele pertence.

Você é filha de Deus, e Ele vai lhe dar tudo que é seu; coloque um sorriso no rosto, sabendo que o que é seu ainda está por vir. Continue constante em Deus, seja grata pelos livramentos e pelas conquistas. Deus vai surpreendê-la.

Eu estou orando por você!

REFLEXÃO

GRATIDÃO

NÃO INVERTA A ORDEM

- Deus
- Saúde
- Família
- Trabalho

Hoje Ele multiplica as suas forças

27 | DEZ

Deus é a fonte inesgotável de sua força e hoje lhe oferece renovação.

Devocional 361/365

@devocionalmulhersabia

"Dá vigor ao cansado e multiplica as forças ao que não tem nenhum vigor."

ISAÍAS 40:29

Deus provê para aqueles que estão cansados e sem vigor e, por serem os últimos dias do ano, talvez você esteja no seu limite. Mulher sábia, Deus é a fonte da sua força, Ele oferece hoje para você renovação e encorajamento.

Ele também multiplica a força daquelas que estão esgotadas. A imagem de Deus fortalecendo os cansados é uma poderosa metáfora da Sua capacidade de a sustentar em momentos de fraqueza, quando as próprias forças se esgotam. Deus lhe dá a energia e a vitalidade necessárias para continuar. Ele é a fonte de sua renovação, garantindo que não enfrente as dificuldades sozinha. Deus conhece o seu limite, a conhece como ninguém.

Você pode confiar que, nos momentos de fraqueza, Ele estará com você fornecendo suporte e a força de que precisa para superar qualquer desafio. Olhe para este ano que passou, quantos momentos você disse que já não aguentaria mais, mas Deus foi lhe dando renovo de forças, multiplicando-as, e você foi suportando, foi vivendo o sobrenatural de Deus. Você passou por coisas que nem imaginava que conseguiria, e tudo porque em Deus você é forte.

Que você possa se apoiar na certeza de que Deus é a sua fonte de força e renovação em momentos de cansaço, para encontrar a esperança e o vigor na presença de Deus, sabendo que Ele está sempre pronto para fortalecê-la.

Eu estou orando por você!

REFLEXÃO

GRATIDÃO

NÃO INVERTA A ORDEM

- Deus
- Saúde
- Família
- Trabalho

Até aqui o Senhor nos ajudou e continuará ajudando

"Então, tomou Samuel uma pedra, e a pôs entre Mispa e Sem, e chamou o seu nome Ebenézer, e disse: Até aqui nos ajudou o Senhor."

1 SAMUEL 7:12

28 | DEZ

Olhe para trás e veja a fidelidade de Deus; Ele nunca a abandonou!

Devocional 362/365

@devocionalmulhersabia

Se até aqui o Senhor a ajudou e sustentou, Ele vai continuar fazendo isso. Quando olhamos para trás, percebemos como Deus é fiel e poderoso, as maravilhas que Ele fez no passado nos dão esperança para o futuro.

A Palavra diz que Deus não muda, então o mesmo Deus que atendeu ao clamor de Samuel é o que está com você hoje. Você pode depositar a sua confiança no Senhor, porque Ele não falha. Deus cuida de quem dedica sua vida a Ele.

Até aqui o Senhor a ajudou, sustentou, cuidou da sua casa, da sua vida e dos detalhes, nada lhe faltou. Veja o sustento e o amor de Deus por você nos detalhes, veja de quanta coisa Deus a livrou e o que ele ainda vai fazer na sua vida. O Senhor a sustentou até aqui, foi fiel a você e vai continuar sendo. Ele vai continuar ajudando, porque a boa obra que começou na sua vida Ele vai finalizar. Deus não deixa nada pela metade, então o que Ele começa, Ele termina.

Eu estou orando por você!

REFLEXÃO

GRATIDÃO

NÃO INVERTA A ORDEM

- Deus
- Saúde
- Família
- Trabalho

Compromisso contínuo

29 | DEZ

"Mas eu esperarei continuamente e te louvarei cada vez mais."

SALMOS 71:14

"O compromisso com Deus traz paz em meio às tempestades da vida.

Devocional 363/365

@devocionalmulhersabia

Esse versículo é uma declaração de fé e compromisso contínuo com Deus. Você reparou quantos versículos existem na Bíblia falando sobre esperar em Deus? Talvez seja porque esperar em Deus é a única forma de viver o sobrenatural do Senhor. Aprender a esperar é a única forma de realmente viver a boa, perfeita e agradável vontade de Deus, a vida em abundância que Ele tem preparado para você. Esperar continuamente no Senhor, louvá-Lo cada vez mais, independentemente das circunstâncias, é uma formação de confiança e da oração constante. Esperar continuamente em Deus é um testemunho de fé inabalável, uma escolha de confiar em Sua bondade e fidelidade, mesmo quando as respostas não são imediatas.

O louvor contínuo é uma expressão dessa confiança, reconhecendo que Deus é digno de adoração em todos os momentos. A decisão de esperar e louvar é uma prática de gratidão e esperança. Em vez de se concentrar nas dificuldades, decida louvar e esperar. A única forma de viver a bondade de Deus é esperando, confiando e louvando.

Foque a fidelidade e a bondade de Deus, essa atitude a encoraja a manter a esperança e a adoração, mesmo em meio às provações. Que você possa esperar continuamente em Deus e louvar cada vez mais em sua espera. Encontre força, consolo e aumente o seu louvor. Vai começar um novo ano. Até aqui o Senhor a sustentou e muito mais Ele fará, é só o início.

Eu estou orando por você!

REFLEXÃO

GRATIDÃO

NÃO INVERTA A ORDEM

- Deus
- Saúde
- Família
- Trabalho

Se Deus é por nós, quem será contra nós?

"Que diremos, pois, a estas coisas? Se Deus é por nós, quem será contra nós?"

ROMANOS 8:31

30 | DEZ

Nada pode pará-la; você é protegida e guiada por um amor incondicional.

Devocional 364/365

@devocionalmulhersabia

Ninguém pode contra uma filha de Deus. Ai daquele que coloca a mão ou fala algo contra uma filha de Deus. Você é filha, é protegida e tem um Pai que está ao seu lado, portanto ninguém pode prevalecer contra você.

Esse versículo é uma promessa de segurança e encorajamento para todas que enfrentam desafios e adversidades. Quando se deparar com pessoas falando de você com injustiças, lutas, obstáculos, dificuldades, mentiras sobre a sua vida, lembre-se de que se Deus é por você, ninguém vai contra você, porque até quem tentar atrapalhá-la, na verdade, vai ajudá-la.

Porque Deus é o seu aliado mais poderoso, a Sua presença ao seu lado é uma garantia de que com Ele pode-se superar qualquer dificuldade. A confiança de que Deus é por nós nos dá a coragem para enfrentar as batalhas da vida, seja ela qual for, com louvor, com sorriso nos lábios.

Mude o seu jeito e pare de lutar reclamando, passe pela luta glorificando. Saiba que, independentemente da circunstância, Deus está trabalhando a seu favor. Portanto, ao enfrentar desafios e incertezas, lembre-se de que Deus está com você e a presença d'Ele é a sua maior força. Se Deus é por nós, mulher sábia, quem será contra nós?

Eu estou orando por você!

REFLEXÃO

GRATIDÃO

NÃO INVERTA A ORDEM

- Deus
- Saúde
- Família
- Trabalho

O ano termina hoje

31 | DEZ

"Espera no Senhor, anima-te, e ele fortalecerá o teu coração; espera, pois, no Senhor."

SALMOS 27:14

> Cada fim é um novo começo; esteja pronta para as bênçãos que virão!

Devocional 365/365

@devocionalmulhersabia

O ano acaba hoje, mas a sua a vida continua. Deus é perfeito em tudo e fez a vida em ciclos que são findados e reiniciados. Imagine se o ano não acabasse hoje, como seria difícil não ter ciclos para encerrar e para começar novamente. Imagine se não existisse divisão de dias, meses e anos, como seria difícil continuar essas divisões das estações. Esses ciclos a ajudam a organizar a vida, a ter esperança, a acreditar em um tempo novo de Deus.

Só você sabe se este foi um ano de luta, de vitórias, um ano em que você se aproximou como nunca de Deus, ou de colheita, sorrisos e bênçãos. Talvez tenha sido um ano de perda, mas independentemente do que aconteceu, eu sei que Deus foi fiel a você, a sustentou e a segurou até aqui.

Mas a vida continua e amanhã começa um novo ano. A única coisa com que você tem que se comprometer neste novo ano é buscar Deus ainda mais e deixá-Lo aperfeiçoar ainda mais o seu caráter, viver ainda mais na dependência d'Ele, decidindo ser melhor e mais constante ainda em Deus, vivendo os sonhos d'Ele e sendo mais parecida ainda com Ele.

Feliz Ano-Novo. Que Deus abençoe a sua vida, a sua casa, a sua geração. Que seja um novo tempo de Deus na sua vida em nome de Jesus.

Eu estou orando por você!

REFLEXÃO

GRATIDÃO

NÃO INVERTA A ORDEM

- Deus
- Saúde
- Família
- Trabalho

Você é uma fonte inesgotável de possibilidades.

@alinesampaio_personalize

Amém, a palavra veio diretamente ao meu coração. Que Deus abençoe nossa semana.

Rafaelle

Deus falando comigo sobre fé, através desse podcast, através de louvores...
Amém papai

Juliana Brito

Obrigada Deus pela vida dessa mulher maravilhosa que todo dia tem uma palavra do SENHOR para nossas vidas.

Ingrid

Incrível como o que você sempre traz, é exatamente aquilo que estamos passando e sentindo. Tudo o que precisamos ouvir!

Marianne Barros

Amém. Que Deus abençoe grandemente amada, eu estava precisando ouvir cada palavra de amor desse devocional.
Saiba que você salva vidas.

Luana Morais

Como Deus tem falado comigo através do devocional mulher sábia.. sempre compartilho com minhas amigas para também serem impactadas! Obrigada meu Deus e obrigada Aline.

Clara Reis Falcão

São edificantes as palavras. É tão bom ouvir pela manhã uma mensagem como essa é feita para nós. Que Deus continue te usando em nossas vidas.

Paula Emmanuela

Ouça você também o devocional **todas as manhãs!**

Agradecimentos finais

Parabéns, mulher sábia, você completou mais uma jornada, e eu tenho certeza de que, após este ano se dedicando a ler, aproximar-se de Deus e cultivar o hábito devocional, você está mais sábia, constante e íntima de Deus.

O **Devocional Seja Mulher Sábia** foi uma ferramenta para sua decisão de buscar Deus em primeiro lugar, e estou com o coração transbordando de alegria por poder escrever para você.

Sei que este ano foi uma jornada repleta de desafios, mas também de momentos inesquecíveis. Tenho certeza de que você nunca viveu um ano tão perto de Deus como este. **Deus moldou o seu caráter, a forjou**, e você cresceu em intimidade com Ele, se tornando uma mulher segundo o coração de Deus.

Vivemos 365 dias, e sei que suas lutas **lhe ensinaram lições preciosas e fortaleceram ainda mais o seu laço com o Pai**. E eu quero agradecer por sua leal companhia ao longo desse tempo; a minha gratidão é imensa por ter feito parte de cada momento deste ano tão especial.

Agora, um ciclo se aproxima, **um novo tempo** que Deus preparou para você. Olhe para o futuro com **expectativa, entusiasmo e fé**. Que esse novo ano seja um tempo para se aproximar ainda mais de Deus e viver em um nível de intimidade cada vez maior com seu Pai.

A boa obra que Deus começou em sua vida será cumprida até o fim. Olhe para o novo ano com fé, permita ao seu coração acreditar, tenha coragem para sonhar e faça viver o amor ágape de Deus que existe em você. Seja grata pelo ano que passou e receba o novo ano como um presente de Deus, repleto de oportunidades, novas promessas e sonhos renovados. Pois tudo o que Ele lhe prometeu, Ele vai cumprir.

Abra o seu coração para viver tudo o que Deus tem para você, pois **Ele tem grandes surpresas preparadas para a sua vida**. Continue crescendo, aprendendo e buscando sabedoria todos os dias. Que você seja edificada e permaneça **enraizada em Deus** todos os dias.

Que possamos seguir essa nova fase juntas, estou ansiosa pelos capítulos que virão. Desejo a você e à sua família um Feliz Ano-Novo, repleto de bênçãos e realizações.

Eu estou orando por você e espero que juntas possamos transformar vidas.

Nos vemos no próximo ano!

Com amor e gratidão,

Aline Sampaio Marcatto